CURSEDSIDE

2. Auflage
Originalausgabe September 2009

Umschlagillustration: Lancha

Printed in Poland
ISBN 978-3-942451-08-6

Besuchen Sie uns im Internet:
www.cursed-side.de

# Bunter Hund

Nora »SnowWhite« Wolff
mit Illustrationen von Lancha

# Widmung

Für Hilda,
die wieder mal großartige Arbeit geleistet hat,
auch wenn sie immer wieder daran zweifelt.

Und für Julia,
die mehrere Panikattacken meinerseits
erfolgreich abgewehrt hat
und auf jede Frage eine Antwort wusste.

# 1

*Vincent*

Ich glaube, meine Finger frieren gerade ab.

Mit zusammengebissenen Zähnen krampfe ich die Hände fester um den Fahrradlenker, aber genauso gut könnte ich versuchen, mit einem Fön Staub zu saugen. Der eiskalte Wind bohrt sich gnadenlos durch meine bloße Haut hindurch und setzt sich in meinen Knochen fest. Zum tausendsten Mal verfluche ich mich dafür, meine Handschuhe vergessen zu haben, und klammere mich grimmig an dem Gedanken fest, in ein paar Minuten da zu sein.

Als ich um die nächste Ecke biege, taucht dann auch endlich der Weihnachtsmarkt vor mir auf, auf dem um kurz vor elf jedoch noch nichts los ist. Ohne irgendwelchen Hindernissen ausweichen zu müssen, fahre ich direkt auf Fredericks Glühweinstand zu. Piet, ein Student, mit dem ich mir heute die erste Schicht teilen werde, kommt ebenfalls gerade aus einer anderen Richtung angeradelt.

»Hey, Vincent«, begrüßt er mich und springt quietschfidel von seinem Superbike.

Ich steige etwas gemäßigter von meiner schrottreifen Rostlaube und lehne sie an der Rückseite der Glühweinbude an. Anschließen muss ich sie nicht, weil das Teil sowieso niemand klauen würde, was so ziemlich der einzige Vorteil von dem Mistding ist. Aber ein neues Fahrrad ist zur Zeit finanziell einfach nicht drin.

»Piet«, nicke ich ihm zu und gehe anschließend zur Tür in der Holzhütte hinüber.

»Und? Bist du schon in Weihnachtsstimmung?«, fängt Piet sofort Smalltalk an. Er hat unheimliches Talent dafür, was ihm während einer Schicht wesentlich mehr Trinkgeld einbringt als mir. Darauf könnte ich neidisch sein. Wenn es mir nicht so geheuchelt vorkäme, alle Leute mit einem Monstergrinsen im Gesicht zu begrüßen. Ist nicht so ganz mein Ding.

»Geht«, antworte ich sparsam, während er gleich drauf los quasselt und mir was von den Weihnachtsgeschenken erzählt, die er alle schon besorgt hat und die er noch besorgen muss.
Zugegeben, jetzt werde ich doch ein bisschen neidisch. Einen iPod für seinen kleinen Bruder, eine romantische Reise für sich und seine Freundin nach Andalusien und für seine Eltern eine Kiste voller Exklusivweine. Piet hat's ja. Ich frage mich immer noch, was zum Teufel er in den Wintermonaten in einer abgewrackten Glühweinbude mit Hungerlohn will. Wenn ich mir solche Weihnachtsgeschenke so locker-flockig leisten könnte, würde ich mir hier nie und nimmer den Arsch abfrieren. Zum Glück muss ich nicht allzu viele Leute beschenken. Seit meine Eltern vor fünf Jahren bei einem Autounfall ums Leben gekommen sind, ist da eigentlich nur noch meine Oma.
Aber die Weihnachtsgeschenke sind gerade, ehrlich gesagt, mein geringstes Problem. Bei dem Gedanken daran, wie es nach der Schule weitergehen soll, wird mir jetzt schon ganz schlecht.
Ich krame in meiner Hosentasche nach dem Schlüssel für das Türschloss der Bude und höre nebenbei mit halbem Ohr Piet zu, nicke hin und wieder und sage: »Hm-hm«, oder: »So?« Das reicht ihm. Keine Ahnung, ob er weiß, dass mich sein Gerede nicht sonderlich interessiert.
Leicht überrascht stelle ich fest, dass Frederick gestern gar nicht abgeschlossen hat, was absolut nicht zu ihm passt. Aber da Samstag gewesen ist, kann es gut sein, dass er mit Bekannten noch was getrunken und es dann schlicht vergessen hat.
Ich nehme das Schloss ab und stecke es ein, damit uns niemand während unserer Arbeitszeit in der Bude einsperren kann, öffne die Tür und –
»Ach du Scheiße.«
»Was?« Piet tritt neben mich. »Ist etwa...« Er stockt, als er ebenfalls die zusammengekauerte Gestalt in der hinteren Ecke entdeckt, die sich in einen Haufen Stoff eingemummelt hat und uns noch nicht bemerkt zu haben scheint. »... eingebrochen worden«, beendet

Piet etwas verspätet den Satz. »Du meine Güte, was ist das denn?«
»Nach was sieht's denn aus?« Leicht genervt rolle ich mit den Augen und will die Glühweinbude betreten, aber Piet hält mich augenblicklich am Arm zurück.
»Hey, was hast du vor?«
»Ihn wecken und rauswerfen. Oder willst du vielleicht Glühwein ausschenken, während Dornröschen zu deinen Füßen schnarcht?«
»Ähm, nee. Aber... ich weiß nicht. Was ist, wenn er... na ja, gefährlich ist?«
Gefährlich? Mann, was liest der nachts nur zum Einschlafen? Einen abgewrackten Landstreicher, Penner oder was auch immer werde ich gerade noch aus einer Glühweinbude rauswerfen können, ohne danach mit der Ambulanz ins Krankenhaus gefahren werden zu müssen.
»Ist er nicht«, antworte ich daher nur und gehe zu dem Bündel Mensch in der Ecke hinüber. Nicht wirklich hart, aber auch nicht gerade sanft stoße ich ihn mit dem Fuß an. »Hey. Hey, aufwachen!«
Der Stoffberg, der bei näherer Betrachtung aus ein paar bunt zusammengewürfelten Klamotten zu bestehen scheint, bewegt sich leicht und ich höre ein schläfriges Brummeln. Dann ist alles wieder ruhig.
Na, der hat aber einen gesunden Schlaf! Hat der keine Angst, dass man ihn nachts auf offener Straße absticht?
»HEY!«, werde ich lauter und stupse ihn noch mal mit dem Fuß an.
Das wirkt.
Aus dem Stoffberg ruckt ein Kopf hervor wie ein Springteufel, der aus einer Kiste saust.
»Ach du Scheiße«, wiederhole ich, als ich in aufgerissene, hellgrüne Augen blicke, die in einem viel zu jungen Gesicht sitzen. Jünger als meins. Der kann nicht älter als sechzehn sein. Ein Ausreißer? Grandios! Hätte der nicht wenigstens so schlau sein können, im Sommer abzuhauen?

Dann hätte ich ihn jetzt nicht in Fredericks Glühweinbude finden müssen.
»Fuck.« Hektisch reibt sich der Ausreißer über die Augen, um wohl auch die letzte Dösigkeit zu vertreiben, rührt ansonsten aber keinen Finger, um seinen Kram zusammenzupacken. »Wie spät ist es?«
»Kurz nach elf«, erwidere ich automatisch. »Noch genug Zeit für dich, deinen Kram zu packen und zu verschwinden, ehe hier viel los sein wird.«
»Oh, nur nich' so freundlich.«
»Entschuldige mal?« Piet schiebt sich ebenfalls in die Bude hinein, nachdem er die Gefahr, von einem betrunkenen Landstreicher angepöbelt zu werden, als nicht existent erkannt hat. Was für ein Held – und der will vier Jahre älter sein als ich? »Du bist hier in Privatbesitz eingebrochen. Wir sollten die Polizei rufen und ihn nicht laufen lassen«, meint er an mich gewandt und hat mit dieser Feststellung vermutlich auf sein frisch erworbenes Wissen zurückgegriffen; Piet studiert Jura im Nebenfach.
»Privatbesitz?«, bollert der Ausreißer los, ehe ich was dazu sagen kann. »Alter, sieh' dich hier doch mal um – eine kleine Holzhütte. Ach was, Kabuff! Kein Grund, hier so 'nen Terror zu schieben. Wenn ich wollte, hätte ich mir so ein Teil auch schnell selbst zimmern können.«
»Hast du aber nicht und genau das macht dich zu einem Einbrecher.«
»Toll. Verklag' mich.«
Der Ausreißer schüttelt verspottend den Kopf, ehe er sich aufrappelt und uns seine stolze Größe von... herrje, er reicht mir gerade mal bis zur Schulter. Beziehungsweise das, was auf seinem Kopf los ist, reicht mir gerade mal bis zur Schulter. Sieht sehr danach aus, als hätte er allein und ohne Spiegel oder auch nur die geringste Ahnung versucht, sich die Haare schwarz zu färben. Herausgekommen ist ein zotteliges Etwas, das an manchen Stellen tiefschwarz und an anderen hellgrau bis dunkelgrau ist.

An seiner linken Augenbraue steckt ein unauffälliges Piercing und seine Klamotten sehen ziemlich verlottert aus. Da bin ich mir allerdings nicht sicher, ob das Absicht ist oder von den Tagen zeugt, die er schon auf der Straße lebt.

Als er sich aus dem Stoffhaufen eine schwarze Jacke mit zig Buttons und Aufnähern fischt, die ein erstaunlich dickes Innenfutter zu haben scheint, bemerkt er, dass Piet und ich ihn beobachten.

»Was denn, zur Hölle? Ich bin doch schon dabei, meinen Kram zu packen!«

»Vielleicht...«, setzt Piet ein wenig unsicher an und tauscht einen kurzen Blick mit mir aus. »Vielleicht würde es dir ganz gut tun, von der Polizei gefunden zu werden. Deine... deine Eltern machen sich bestimmt Sorgen.«

Der Ausreißer — oder sollte ich besser sagen: Freak? — runzelt verärgert die Stirn, während er in seine Jacke schlüpft. »Kümmer' dich doch einfach um dein' eigenen Scheiß, ja?«

»Würden wir ja«, antworte ich. »Wir warten nur noch darauf, dass du hier endlich verschwindest.«

Mittlerweile geht es auf zwanzig nach elf zu und mehrere Buden um uns herum sind ebenfalls dabei, sich für die Kundschaft fertig zu machen oder haben gar schon alles aufgestellt. Die ersten Weihnachtsmarktverrückten tummeln sich auch bereits zwischen den einzelnen Buden, obwohl es eigentlich immer noch viel zu früh ist.

Allerdings habe ich keine Lust, dass plötzlich Frederick um die Ecke kommt, weil er meint, nach uns sehen zu müssen. Auch wenn's nur ein Hungerlohn ist, ich hänge an dem Geld und will nicht riskieren, dass Frederick uns aus einer Laune heraus rauswirft.

»Vincent... wir können doch nicht —«

»Natürlich können wir. Bin ich die Wohlfahrt? Er hat sich das doch wohl selbst eingebrockt.« Ich sehe zu dem Freak hinüber, dem meine Worte offensichtlich nicht so ganz schmecken, so wie der mich anfunkelt.

Was, hat er vielleicht geglaubt, ich spendiere ihm aus Nächstenliebe einen Glühwein?
»Geh' wieder nach Hause. Da musst du nirgendwo einbrechen, um dir nachts nicht den Arsch abzufrieren.«
Er sieht aus hellen Augen zu mir hoch. »Steck' dir deine Samaritertipps sonst wohin.«
»Gleich, nachdem du verschwunden bist, versprochen.« Ich packe ihn am Arm, ziehe ihn an mir und dem verblüfften Piet vorbei und schubse ihn in Richtung der Tür.
»Hey!« Er stolpert nach draußen in die Kälte, wirbelt aber gleich darauf wieder herum und blafft: »Meine Sa-«
Ich werfe ihm seinen vollgestopften Rucksack direkt in die Arme, was ihm augenblicklich die Sprache verschlägt und obendrein einen Schritt zurücktaumeln lässt. Dann ziehe ich die Tür demonstrativ zu, auch wenn Piet und ich daraufhin in einem diffusen Halbdunkel stehen.
Draußen tritt der Freak einmal kräftig gegen das Holz und brüllt: »ARSCHLOCH!«, dann ist es ruhig.
»Das war zu hart«, meint Piet sofort und macht sich gleichzeitig an der Fensterluke der Bude zu schaffen, damit wir auch endlich öffnen können.
»Findest du?«, frage ich gelangweilt zurück und erhitze die Glühweinbehälter.
»Natürlich! Allein schon aus Trotz wird er jetzt nicht zurückgehen.«
Ich blinke ihn etwas irritiert an. »Na und? Wenn das so kalt bleibt, rennt er spätestens nach Hause, wenn er Frostbeulen bekommen hat. Oder die Grippe.«
Ich sehe nicht ein, warum ich mir um irgendeinen verblödeten Ausreißer Gedanken oder gar Sorgen machen soll, wenn ich nicht einmal weiß, was ich selbst nach der Schule machen werde. Einen Ausbildungsplatz habe ich nicht bekommen und Studieren übersteigt eindeutig meine Verhältnisse. Wenn das jetzt bei diversen Fast-Food-Ketten oder Cafés auch nichts mit einer Einstellung

wird, habe ich ein echtes Problem. Vielleicht bin ich ein bisschen zu schnell dabei gewesen, mich beim Bund ausmustern zu lassen. Hätte ich bei der Musterung nicht so viel herumgeschwindelt, weil mir zu der Zeit der Gedanke an Wehrdienst noch ziemlich quer gegangen ist, hätte ich wenigstens erst einmal für neun Monate so was wie einen Job gehabt. Scheiße, ich kann mich ja nicht mal in einer anderen Stadt bewerben, weil ich es mir nicht leisten kann, umzuziehen.
Mag ja sein, dass der wohlbehütete und wohlhabende Piet irgendeinen unbekannten Helferkomplex hat, der ihn dazu zwingt, dem Ausreißer helfen zu wollen, aber dann bitte ohne mich.

***

Neidisch sehe ich zum nahenden Schichtwechsel auf Piets eingenommenes Trinkgeld, das er gerade — ohne auch nur einen näheren Blick darauf zu werfen — in seine Brieftasche stopft. Ich habe keine Ahnung, wie er das anstellt, dass ihm die Kunden bei einer Gesamtsumme von, sagen wir, 7,50 Euro einen Zehner in die Hand drücken und freundlich — oder betrunken — lächelnd: »Passt so!«, sagen.
Ich kriege — wenn überhaupt — die fünfzig Cent, und das ist auch eher ein Seltenheitsfall. Vielleicht sollte ich doch mal versuchen, dieses unverbindliche Lächeln auf meinen Lippen festzukleben. Scheint ja doch irgendwie zu helfen. Aber dann würde mir immer noch das Smalltalk-Talent fehlen. Schätzungsweise ist es genau das, was Piet so reich macht. Noch reicher.
Frederick kreuzt um kurz vor sechs auf und entgegen meiner Erwartungen hält Piet bezüglich unseres ungebetenen Übernachtungsgastes sogar die Klappe. Da der Ausreißer allerdings auch tatsächlich nichts angefasst und noch beinahe alles auf seinem Platz gestanden hat, besteht dazu auch gar keine Veranlassung.
Mit einem zufriedenen Brummen nimmt Frederick das viele Geld in der Kassette wahr, ist aber wohl auch nicht so glücklich damit,

dass er unseren Lohn spontan etwas anhebt.
Um kurz nach sechs, als gerade eine größere Verkaufslücke ist, räumen Piet und ich für Frederick und seinen Freund, der ihm in seiner Schicht aushilft, die Bude.
»Mann!« Piet reibt sich die Hände, formt dann einen Hohlraum mit ihnen und pustet kräftig hinein. »Noch zwei Minuten länger und ihr hättet mich als Eisskulptur da rausholen können!«
»Hm-hm«, mache ich zustimmend und vergrabe mein Gesicht tiefer im Schal. Diese Erkenntnis habe ich schon heute morgen gehabt.
»Und, was machst du jetzt noch?«, versucht Piet, das Gespräch nicht einschlafen zu lassen. Er scheint immer noch nicht begriffen zu haben, dass Smalltalk im Allgemeinen nicht so ganz mein Fall ist — völlig egal ob vor, nach oder während unserer gemeinsamen Schichten.
Ich zucke mit den Schultern. »Nach Hause fahren. Mal gucken.«
»Also, ich werde meine Freundin gleich erst mal überreden, ein heißes Bad mit mir zu nehmen!« Er wackelt vielsagend mit den Augenbrauen. »Das ist das beste Mittel, um wieder aufzutauen.«
»Wenn du das sagst.«
Piet blinkt mich ein paar Sekunden sprachlos an, dann bricht er in schallendes Gelächter aus und schlägt mir freundschaftlich auf die Schulter. »Entschuldige, Kumpel, da du neunzehn bist, dachte ich irgendwie, du hättest von solchen Dingen eine Ahnung.«
Unwillig verziehe ich den Mund. »Mach' dir mal um meine Ahnungen keine Gedanken. Die reichen wahrscheinlich sogar noch weiter als deine.« Im Falle von Patrizia heißt das allerdings eher leider. Auf diese Erfahrung hätte ich gut und gerne verzichten können.
»Hä?«, macht Piet wenig ästhetisch und folgt mir automatisch, als ich mich in Bewegung setze, um hinter der Bude endlich mein Fahrrad abzuholen. Allerdings hält Piet mich verwirrt am Arm zurück.
»Wie meinst du das denn?«

»Ich bin schwul«, sage ich unumwunden und biege um die Holzbude herum. Ich strecke schon die Hände nach meinem Fahrrad aus, als ich mitten in der Bewegung verwundert innehalte. »Hey, wo... wo ist mein Rad?«

Piet kommt um die Ecke. »Was?«

»Mein Fahrrad!« Ich deute auf den leeren Fleck an der Glühweinbudenwand. Piets Superbike steht ein paar Meter entfernt unangetastet in einem Fahrradständer.

»Nein, ich meine... du stehst auf Männer?«

Beinahe sprachlos drehe ich mich zu ihm um. »Hast du gerade mitgekriegt, was ich gesagt habe?«

»Du bist schwul«, verkündet er im Brustton der Überzeugung.

Oh Mann! *»Mein Fahrrad ist weg!«*

»Dein...« Sein Blick gleitet automatisch zur Rückwand der Glühweinbude. »Oh. Hast...« Piet versucht sichtlich, zum wichtigeren Thema zurückzukommen. »Hast du es denn nicht angeschlossen?«

»Ich schließe es schon die ganze Woche nicht an.«

»Hm, na... dann darfst du dich aber nicht wundern.«

Wie bitte? Fehlt nur noch, dass er vor meinem Gesicht mit seinem Zeigefinger herumfuchtelt, weil er ja der *Erwachsene* ist, der alles besser weiß.

»Du, ähm... du stehst aber nicht auf mich, nein?«

Ich starre ihn an, als hätte er mich gerade gefragt, ob ich – nur um mir meiner sexuellen Neigung auch wirklich sicher zu sein – nicht mal seine Freundin flachlegen will. Am besten noch während ihres romantischen Urlaubs in Andalusien.

»Nur weil ich dir sage, dass ich schwul bin, mache ich dir nicht automatisch eine Liebeserklärung.«

»Oh.« Er lacht erleichtert auf. »Na, da bin ich aber beruhigt.«

Und ich erst. Fälschlicherweise habe ich Piet für einen etwas intelligenteren Menschen gehalten.

»Könnten wir jetzt wieder zum Diebstahl meines Fahrrads zurückkommen?«

»Was? Natürlich. – Vielleicht hat der Kleine es gestohlen.«

»Der Kleine?«
»Der Ausreißer. Immerhin war der ganz schön sauer auf dich, als du ihn rausgeschmissen hast.«
Noch mal: Der Kleine? Damit verbinde ich irgendwie etwas Süßes und Niedliches. Als wir bei dem Freak heute Mittag Weckruf gespielt haben, ist der ganz sicher nicht süß oder niedlich gewesen. Aber vielleicht hat er gerade deswegen mein Rad gestohlen. Zuzutrauen wäre es ihm auf alle Fälle.
Scheiße. Wenn ich den erwische, schleife ich ihn persönlich zur nächsten Polizeistation.
»Du wolltest die Polizei rufen – warum hat er deins nicht geklaut? Oder wenigstens die Reifen aufgeschlitzt, weil er das Schloss nicht knacken konnte?«
Piet verzieht über meine offensichtliche Missgunst auf sein Glück etwas pikiert den Mund. »Ich war dabei wenigstens noch nett. Außerdem stand mein Rad nicht direkt an der Bude. Vielleicht hat er gedacht, ich bin zu Fuß oder so.«
Grandios. Wenn der Typ denken könnte, wäre er sicherlich nicht von zu Hause ausgerissen.
»Soll ich dich vielleicht mitnehmen? Auf dem Gepäckträger?«
»Nein, danke. Du musst ja in eine ganz andere Richtung. Ich laufe.«
»Okay, wie du willst.« Er zuckt mit den Schultern und verabschiedet sich dann von mir.
Vielleicht wäre es besser gewesen, ich hätte bezüglich meines Schwulseins noch ein bisschen länger die Klappe gehalten, aber wenn es nicht gerade um meine Oma geht, sehe ich da keinen Grund für.
Ich hoffe, Piet gewöhnt sich schnell daran, weil ich nämlich keine Lust habe, die letzten zweieinhalb Wochen bis Weihnachten immer wieder schräg von ihm angesehen zu werden.
Verstimmt ramme ich die Hände in meine Manteltaschen und gehe los. Mit dem Fahrrad brauche ich bis hierher fünfzehn Minuten – zu Fuß würde das also wie lange dauern?

Keine Ahnung. Ist vielleicht auch besser, ich grüble nicht darüber nach, sonst komme ich noch sehr schlecht gelaunt zu Hause an. Hoffentlich bekommt meine Oma vor lauter Sorge wegen meiner Verspätung keinen Herzkasper. Der letzte hat sie schon ins Krankenhaus gebracht; noch mal muss ich das nicht mitmachen. Ich würde sie ja anrufen, wenn ich nicht zum letzten Monat meinen Handyvertrag gekündigt hätte, weil das auf die Dauer zu teuer geworden ist. Jetzt schleppe ich nur noch rund drei Euro auf meiner Prepaid-Karte mit mir rum, aber die müssen für wirklich, *wirklich* wichtige Notfälle reichen. Und das bis zum Januar.

Allmählich lasse ich die Lichter und den Lärm des Weihnachtsmarkts und der Einkaufsstraße hinter mir und tauche in etwas ruhigere Wohnviertel ab. Wirklich ruhig ist es natürlich nicht, aber man gewöhnt sich an alles. Besonders, wenn man hier aufgewachsen ist. Dann kann man auch die lichtscheuen, finsteren Gestalten rechts und links ignorieren oder die Streitgespräche, die aus offenen Fenstern auf die Straße schallen.

»Oh, zu Fuß unterwegs?«, tönt es da auf einmal laut hinter mir. »Was ist mit deinem Rad passiert?«

Dieser...!

Ich drehe mich um und sehe wie erwartet den Freak von heute Mittag vor mir stehen, den Rucksack lässig über eine Schulter gehangen, die Jacke fröstelnd bis oben hin zugezogen. Er hat weder einen Schal noch Handschuhe dabei, und dass ihm arschkalt ist, kann ich ihm an der roten Nasenspitze ansehen.

»Ich weiß auch nicht. Frag' den Dieb.« Ich mache einen Satz nach vorne und packe ihn am Arm, ehe er mir ausbüxen kann. »Also, was ist mit meinem Rad passiert?«

»Autsch!«, zetert er los und rüttelt erfolglos in meinem Griff herum, ehe er mich wütend anblitzt. »Alter, an deiner Stelle wär' ich etwas netter zu mir. Ich müsste nur einmal laut schreien und schon bist du der Kinderschänder vom Dienst.«

Ich glaube, der überschätzt sich selbst ganz gewaltig. Und er scheint nicht in dieser Stadt zu wohnen, sonst wüsste er, dass er,

wenn er so viel Zivilcourage erwartet, einen anderen Stadtteil hätte wählen müssen.
Daher verstärke ich meinen Griff noch ein wenig und ziehe ihn so dicht an mich heran, dass er den Kopf in den Nacken legen muss, wenn er den Augenkontakt nicht unterbrechen will. Das helle Grün flackert unsicher.
»Nur zu«, raune ich bewusst bedrohlich, woraufhin sich seine Augen ein wenig weiten.
»Hey. Cool bleiben. Schon gut. *Schon gut.* Lass mich los.«
Bin ich denn von allen guten Geistern verlassen?
Ich lasse ihn zwar nicht los, aber ich lockere den Griff etwas und rücke wieder von ihm ab. Keine Ahnung, wie lange er schon auf der Straße unterwegs ist, aber eine Dusche hat er auch schon länger nicht mehr von innen gesehen.
»Mein Rad?«, hake ich nach.
»Weg«, antwortet er genauso kurz angebunden.
Ich rolle genervt mit den Augen. »Wie, *weg*?« Er zögert eindeutig zu lange, als dass es was Gutes heißen könnte. Ich schüttle ihn kurz. »Was heißt weg?«
Er versucht wieder, sich aus meinem Griff zu winden, aber ich bleibe unnachgiebig. »Das heißt«, raunzt er, als er erkennt, dass ich stärker bin, »dass es momentan unabkömmlich ist. Du kriegst es wieder, wenn... wenn du mich die Nacht bei dir schlafen lässt. Und duschen. Mit einem kleinen Snack. Oder so.«
Entgeistert starre ich ihn an. Das kann ja wohl nicht sein Ernst sein. Ich hole mir doch nicht freiwillig so einen freakigen Flohzirkus ins Haus, ganz egal, ob mein Fahrrad dabei draufgehen muss.
»Du spinnst. Ich lasse dich höchstens in irgendeiner Zelle schlafen, weil ich jetzt nämlich doch die Polizei rufen werde. Vielleicht lassen die sich ja mit einem gestohlenen Fahrrad erpressen.«
Ich glaube, er wird ein wenig blass, weil seine rote Nase, die roten Wangen und Ohren plötzlich noch ein bisschen stärker glühen. Er kann ja nicht wissen, dass ich nur bluffe.

Wenn es geht, vermeide ich den Kontakt mit jedweden Beamten und Ordnungshütern, und das hier scheint mir kein so großer Notfall zu sein, dass ich mit diesem Grundsatz brechen müsste.
»Shit. Okay.« Er leckt sich in einer nervösen Geste über die trockenen Lippen. »Soll ich dir erzählen, warum ich von zu Hause weg bin?«
»Nein. Das ist mir scheißegal. Ich will mein Fahrrad und fertig.«
Um ihm ein bisschen Beine zu machen, fische ich mit der freien Hand mein Handy aus der Hosentasche. Die Aussicht, bald von der Polizei gefunden zu werden, scheint ihn in eine sehr redselige Stimmung zu versetzen.
Sein Atem kommt ein bisschen abgehackt und er zappelt schon wieder in meinem Griff herum. »Du kriegst es morgen, versprochen. Aber ruf' bitte nicht die Bullen.«
Ich lasse das Handy aufklappen und schiele auf die Tasten, als müsste ich irgendwelche Zahlen suchen.
»Warte! Shit! Er schlägt mich, verdammt! Mein Vater schlägt mich!«, platzt es dann aus ihm heraus.
Skeptisch schaue ich von meinem Handy wieder in sein Gesicht.
»Glotz nicht so!«, keift er angriffslustig. »Deswegen bin ich da weg!«
Ich weiß nicht, wieso, aber irgendwie kann ich ihm das nicht ganz abnehmen. Das und seine merkwürdige Sprechweise. Passt irgendwie nicht zu ihm.
»Was sagt deine Mutter dazu?«
Damit bringe ich ihn leicht aus dem Konzept, denn er blinzelt mich verwirrt an. Das hat er sich garantiert gerade nur aus den Fingern gesogen. Und mit dieser Frage hat er jetzt nicht gerechnet.
»Sie... ist... tot«, sagt er so bedächtig, als wäre es entweder gerade gestern geschehen – oder aber als müsste er sich die Worte beim Sprechen erst zurechtlegen.
»Dann bist du ein Fall für das Jugendamt«, stelle ich klar. »Die Polizei kann dir da bestimmt weiterhelfen.«
»Fuck! Hast du Watte in den Ohren? Mein Vater prügelt mich

windelweich und was soll das scheiß Jugendamt tun? Mich wahlweise in ein beknacktes Heim stecken, wo die Gott weiß was mit mir anstellen, oder zu Pflegeeltern, wo ich noch am besten vergewaltigt werde?!«

Meine Güte, der hat ja eine blühende Phantasie. Fast ein bisschen zu blühend. Und warum habe ich das Gefühl... andererseits – kann man sich so was ausdenken?

Ich mustere ihn kritisch. »Ich würde sagen, du hast dir zeitweise zu viel Schwachsinn im Fernsehen angeguckt.«

Er knirscht mit den Zähnen. »Du glaubst mir nicht.«

»Warum sollte ich? – Hey.«

Unvermittelt wirft er mir seinen Rucksack vor die Füße und öffnet mit der linken Hand seine Jacke. Dann zieht er etwas ungelenk den linken Arm heraus und hält ihn mir hin, weil ich seinen rechten immer noch festhalte.

Irritiert sehe ich ihm dabei zu, ohne mich zu rühren. Als er fertig ist, frage ich ruhig: »Was soll das werden?«

»Du glaubst mir nicht, also sieh' nach. Sieh' nach!«, befiehlt er fast, als ich ihn weiterhin etwas begriffsstutzig anblicke.

Nach wie vor argwöhnisch stecke ich das Handy weg und schnappe mir nun seinen linken Arm, allerdings zuckt er dieses Mal zu meiner Überraschung tatsächlich etwas schmerzhaft zusammen. Vorsichtiger, als wahrscheinlich angebracht wäre, schiebe ich den Ärmel seines weiten, dunkelblauen Kapuzenpullovers, auf dem irgendein unkenntlicher Aufdruck prangt, hoch und frage mich in derselben Sekunde, worauf ich mich da eigentlich einlasse. Eigentlich sollte ich nicht lang fackeln und die Polizei rufen. Interessiert mich doch nicht, wenn ihn sein Vater...

Unwillkürlich stocke ich, als ich die bläuliche Verfärbung erblicke, die an seinem Ellenbogen losgeht und sich noch ein bisschen weiter nach oben zieht. Sieht sehr frisch aus. »Hör mal«, fange ich leicht betreten an; nicht, dass der Freak am Ende noch die Wahrheit gesagt hat, »nur weil du einen blauen Fleck hast, heißt das nicht... Ich meine, hast du dich irgendwo gestoßen?«

»Ich bin die Treppe runter gefallen«, faucht er biestig. »Ich bin so ungeschickt und tollpatschig, es ist alles meine Schuld.«
Da kann ich irgendwie nicht drüber lachen.
»Außerdem... wer hat gesagt, dass es *einer* ist?«
Ohne auf eine Aufforderung zu warten, zerrt er mit der rechten Hand seinen Pullover und das T-Shirt darunter hoch und präsentiert mir seinen nackten, flachen Bauch, auf dem... ach du Scheiße. Seine linke Seite ist ein einziger blauer Fleck, der sich bis zu den Rippen hochzieht, als hätte ihn jemand getreten, während er schon am Boden gelegen hat.
Mir wird ein bisschen schlecht.
»Sind das genug Beweise, Herr Hauptkommissar?«, fragt er leicht bibbernd, weil die Kälte ihm so wohl ganz schön zu schaffen macht. Kein Wunder. Ist auch der reinste Hungerhaken.
Grimmig zieht er den Pulli wieder runter und rupft seinen anderen Arm aus meiner Umklammerung, die ich plötzlich ganz locker lasse, um seine Jacke wieder zuzuziehen. Dann hebt er den Rucksack auf und schwingt ihn sich über die Schulter.
»Keine gehässige Bemerkung?«
»Du solltest damit wirklich zur Polizei«, sage ich dumpf, weil mich diese offensichtlichen *Beweise* seiner Geschichte unvorbereitet erwischt haben. »Oder zu einem Arzt. Vielleicht ist was gebrochen oder angeknackst.«
Er verzieht höhnisch den Mund. »Wenn du mir helfen willst, dann biete mir einen Schlafplatz an. Auf alles andere scheiß' ich.«
Oh Mann. Wie zum Henker bin ich denn *da* jetzt nur reingeraten?! Scheiße. Ich hätte standhaft bleiben und ihn einfach ignorieren sollen. Wie kann ich ihn denn *jetzt* noch ignorieren? Außerdem soll's in der Nacht minus acht Grad werden. Und wenn ich morgen einfach die Polizei rufe, ohne ihm etwas davon zu erzählen? Bevor sie ihn zurück zu seinem Vater stecken, müssen bei solchen Anschuldigungen doch Untersuchungen eingeleitet werden? Und vielleicht hat er ja irgendwo noch eine Tante oder einen Onkel des x-ten Grades, die ihn aufnehmen würden.

Oder eine Oma.
Wenn meine Oma nicht gewesen wäre, wäre ich mit Sicherheit auch im Heim gelandet. Mit vierzehn lebt es sich schlecht allein.
Mist. Ich lasse mich doch tatsächlich von ihm einlullen.
»Eine Nacht«, bestimme ich hart und sehe, wie noch im selben Moment ein wahres Monstergrinsen auf seinen Lippen explodiert.
»Morgen verschwindest du wieder, klar? Und wenn du vorhast, mich abzustechen oder zu bestehlen, dann wird mein verschwundenes Fahrrad deine geringste Sorge sein, verstanden?«
»Absolut!« Er salutiert halbherzig und sieht sich dann neugierig um. »Wo geht's lang? Ich frier' mir hier draußen schon seit Stunden den Arsch ab.«

# 2

*Maxi*

Was für ein Trottel. Hat mir doch tatsächlich alles abgekauft, was ich ihm da aufgetischt habe!
Aber gut, ich muss mich da wirklich mal selbst loben: Meine Performance ist schon nicht von schlechten Eltern gewesen, dafür hätte ich eindeutig einen Oscar verdient. Bei nächster Gelegenheit muss ich Britta unbedingt dafür danken, dass sie mich an diesem einen schicksalhaften Tag mit in die Theater-AG geschleppt hat. Hätte ja nie gedacht, dass das was für mich wäre, aber Britta hat mich wohl schon damals besser gekannt als ich mich selbst.
Dabei fällt mir ein: Hoffentlich hat der Kerl eine funktionierende Steckdose in seiner Wohnung, damit ich endlich mein Handy aufladen kann. Seit das Teil gestern Mittag den Geist aufgegeben hat, rotiert Britta zu Hause bestimmt. Ich hoffe, die hat meinen Eltern gegenüber nicht aus Versehen was verlauten lassen.
Auweia, die würden mir beide mit Vergnügen den Kopf abschlagen, wenn die mein kleines Ammenmärchen gerade mitbekommen hätten. Mutter tot, Vater ein Schläger – die werden höchstens dazu, wenn die das erfahren und wenn ich wieder zu Hause bin. Na ja, oder in England.
Heilige Scheiße, nicht dran denken! Das ist ja wohl hoffentlich bald gegessen.
Stattdessen sollte ich mich lieber darüber freuen, ein warmes Plätzchen zum Schlafen gefunden zu haben. Meine Fresse, als das gestern plötzlich so kalt geworden ist, dachte ich schon, mein letztes Stündlein hätte geschlagen. Zum Glück sind diese albernen Schlösser beim Weihnachtsmarkt kein Hindernis gewesen, sonst wäre ich wohl noch versehentlich erfroren.
Und auch jetzt bin ich am Zittern ohne Ende. Dabei habe ich schon extra versucht, mich den ganzen Tag lang in irgendwelchen Kaufhäusern und Klamottengeschäften aufzuhalten, aber

das ist schwieriger, als man denkt. Vor allem diese allumfassende Weihnachtsliederbeschallung macht mich ganz meschugge. Ich glaube, ich kann mittlerweile jedes beknackte Weihnachtslied auswendig und diesen verdammten Ohrwurm von *Last Christmas* werde ich wohl auch nie wieder los.

»Hey!«, blökt mich mein unverhoffter Samariter an und ich drehe mich verwundert um.

»Was'n?«

Er deutet genervt auf das quietschgelbe, schmale Häuschen neben sich, das sich zwischen einem abgeblätterten roten mit blinden Fenstern und einem... ist das Türkis? Jedenfalls sehen die Häuser hier alle gleich aus, bis auf die potthässlichen Anstreichfarben. Und sie sind phänomenal winzig und mit teils frischem, teils altem Graffiti verziert. Das könnte die etwas zwielichtigen Gestalten erklären, die zwanzig Meter weiter weg in einem dichten Kreis stehen und düster zu uns rüberstieren. Eindeutig nicht gerade die beste Gegend, obwohl es sicher noch schlimmer geht. Die Bahnhofsgegend hier ist zum Beispiel total zum Fürchten.

»Wir sind da. Oder hast du es dir anders überlegt?«

Mann, wenn der noch ein bisschen hoffnungsvoller klingt, kommt gleich ein Weihnachtsengel vom Himmel herabgeschwebt.

»Nee. Keine Chance.«

Ich trotte die paar Meter, die ich zu viel gelaufen bin, wieder zurück zu ihm und sehe ihn abwartend an. Hat der heute noch vor, die Tür aufzuschließen, oder warum schaut der mich so an?

Ernsthaft, als der mich vorhin so in die Mangel genommen hat, hab' ich doch glatt ein wenig Panik gekriegt. Dachte schon, das war's, und gleich werde ich im nächsten Straßengraben entsorgt. Der hat aber auch einen Killerblick drauf mit seinen eigentlich ganz ansehnlichen Schokoladenaugen. Viel zu lecker, um so finster drein zu starren. Aber die Gutaussehenden sind ja bekanntlich die Schlimmsten.

Auf dem Weihnachtsmarkt bin ich auch drauf und dran gewesen, mich für den anderen Kerl zu entscheiden.

Der hat eindeutig was Freundliches an sich gehabt und wäre vermutlich wesentlich leichter zu überzeugen gewesen, mich mitzunehmen, als der hier. Aber dann habe ich nur die Worte *Freundin* und *schwul* gehört und die Sache war gegessen. Also hab' ich mich an die Fersen von... wie hat der andere ihn genannt? Vincent? Ein kolossal beknackter Name.

Jedenfalls bin ich dann Vince gefolgt und prompt habe ich mir einen Schlafplatz ergattert. Dass es rein zufällig auch seine Schrottlaube gewesen ist, die ich da an diesen Kauz verschachert habe, habe ich ja nicht wissen können. Und noch viel weniger, dass er das alte Teil wiederhaben will. Ich dachte, der stellt das da quasi als Einladung zum Klauen hin.

Na, bis Vince gemerkt hat, dass er sich sein geliebtes Rad abschminken kann, bin ich hoffentlich schon über alle Berge.

»Möchtest du 'n Foto?«, frage ich, als er sich immer noch nicht rührt.

Der zuckt nicht mal mit der Wimper, als er stoisch antwortet: »Nein, danke. Hör zu... wenn ich dich mit rein nehme, hältst du die Klappe, bis wir im ersten Stock sind, verstanden?«

»Hältst du mich für 'nen Köter, oder was? *Wenn ich dich mit rein nehme...*«, äffe ich ihn nach, was er aber nicht besonders lustig zu finden scheint.

»Sei einfach leise, okay?«

Ich kann mir ein kleines Grinsen nicht verkneifen und trete noch einen Schritt weiter auf ihn zu, bis ich dicht vor ihm stehe und ihn von unten her anblinke. Aus dieser Perspektive heraus kommen meine langen, dichten Wimpern in Kombination mit dem hellen Grün meiner Augen besonders gut zur Geltung – und das weiß ich auch.

»Wieso?«, säusle ich. »Hat jemand was dagegen, wenn du dir einen Übernachtungsgast mit nach Hause nimmst?«

Er reagiert mit der einzigen Empfindung, mit der ich absolut nicht gerechnet hätte: Gleichmut. Die meisten sind stinksauer und die restlichen zutiefst aufgegeilt.

Ihn scheint's schlicht nicht zu interessieren.
»Ja – ich.« Er packt mich wieder am Arm, als wäre ich irgendein lästiges Gepäckstück. Der glaubt auch, dass ich nur so aufnahmefähig bin, was? »Wenn du also mit rein willst, tust du, was ich dir sage. Und in diesem Moment bedeutet das: Klappe halten.«
»Meine Fresse, geht klar«, brummle ich ein bisschen eingeschnappt und warte kommentarlos darauf, dass er endlich die behämmerte Tür aufschließt. Wenn's heute Nacht schön warm ist, kann ich wohl auch mal zwei Sekunden die Zähne zusammenbeißen.
Er schiebt mich vor sich her in einen winzig kleinen Hausflur rein, von dem aus eine Treppe nach oben und eine nach unten führt. Links ist eine Tür aus dunklem Holz mit einem Spion – offensichtlich eine Wohnung – und den restlichen Platz nimmt ein gigantischer Schirmständer ein, in dem genau ein mickriger Schirm steckt.
Was jedoch am schlimmsten ist, ist, dass es extrem stark nach Essen riecht; warmem, selbst gekochtem Essen. Mir läuft das Wasser augenblicklich im Mund zusammen, so dass ich kaum schlucken kann, und mein Magen zieht sich beinahe schmerzhaft fest zusammen, ehe er laut losröhrt. Shit.
Von hinten stößt mich Vince unsanft an, woraufhin ich ihn verärgert über die Schulter anblitze. »Als ob ich da was für könnte!«
Er macht große Augen, wohl weil ich mein Schweigegelübde gebrochen habe, und scheucht mich dann die Treppe nach oben. Bevor wir jedoch oben ankommen, ruft plötzlich jemand: »Vincent?«
»Mist«, höre ich ihn zischen, dann brüllt er lauter zurück: »Ich komme gleich!«
Die Person scheint das nicht zu interessieren, weil sie besorgt meint: »Du bist spät dran. Ist was passiert?« Gleichzeitig wird ein Schlüssel im Schloss der unteren Tür herumgedreht und Vince drückt mir hektisch seinen in die Hand.
»Geh' schon mal vor. Und verhalt dich *ruhig*!«
»Ja, ja, ich hab's begriffen, bin ja nich' blöd.«

»Dann *mach*!«, drängelt er und schiebt mich die letzten Stufen zur ersten Etage hoch, während er die Treppe wieder runterpoltert. Täusche ich mich oder wackelt das ganze Haus dabei? Die Baufirma muss ja eindeutig was von ihrem Job verstanden haben!
»Vincent?«
Die Tür im Erdgeschoss ist mittlerweile offen, aber da ich oben ebenfalls schon in die Wohnung geschlüpft bin, kann ich die Person unten nicht sehen. Der Stimme nach zu urteilen, eine weibliche, ältere Person. Sehr viel älter. Seine... Großmutter? Warum wohnt ein Kerl wie Vince — der doch bestimmt schon Student ist? — über seiner Großmutter? Würd' mich ja total kirre machen, wenn ich als wilder Student immer einen so mühseligen Aufpasser an der Backe hätte. Kann ja keine Partys feiern und kein nix, ohne dass seine Omi unten aus ihrem Bettchen fällt.
Trotzdem mich der leckere Essensgeruch halb wahnsinnig vor Hunger macht, lasse ich die Wohnungstür einen Spalt breit auf und hocke mich neugierig dahinter, um dem anheimelnden Gespräch zu lauschen.
»Entschuldige, ich habe noch schnell was hoch gebracht.«
Was? Ich bin kein Was!
»Ah.« Die Alte lacht rau. »Verstehe schon, es geht auf Weihnachten zu, hm? Aber wir haben doch schon darüber gesprochen, Vincent. Du musst mir nichts schenken.«
»Ich möchte aber.«
Wahnsinn, wie aalglatt der lügen kann, denn ich werde ja wohl kaum das Weihnachtsgeschenk für seine Großmutter sein.
»Schau mal, Oma — ein zweiter Enkel! Nur für dich! Willst du ihn nicht auspacken?« — Nee, nie im Leben.
»Ach, Junge«, seufzt sie. »Kauf' dir von deinem Geld lieber was Anständiges. Immerhin arbeitest du so hart dafür.«
Pff, an ein paar Tagen die Woche, und das auch nur vor Weihnachten, ein bisschen Glühwein ausschenken — was kann daran schon hart sein? Ich meine, nicht dass ich das schon mal gemacht hätte, aber die Stellenbeschreibung hört sich nach einer für Idioten an.

»Möchtest du noch etwas essen? Du bist doch bestimmt ganz durchgefroren?«
Ha! Wenn hier einer durchgefroren ist, dann ja wohl ich! Vince hat es die ganze Zeit wenigstens schön windgeschützt gehabt und einen heißen Bottich Glühwein direkt vor der Nase. Und Kakao. Und Kinderpunsch. Und weiß der Teufel, was noch alles.
»Ich habe noch ein Schnitzel und Kartoffeln für dich. Gemüse ist auch noch da.«
WAS?! Her damit!
Unvermittelt fängt mein Magen wieder zu grollen an wie ein Bär, dem man auf den Schwanz getreten ist. Fuck, wie hoch ist wohl die Chance, dass er was von den Leckereien für mich mit nach oben nimmt? Oder gleich oben isst?
Verschwindend gering, schätzungsweise.
Aber irgendetwas muss ich jetzt essen!
Mit einem Ohr kriege ich noch mit, dass Vince dankend ablehnt — dieser Volltrottel! —, was er dann aber noch zu sagen hat, bekomme ich nicht mehr mit, weil ich schon auf der Suche nach was zu Essen durch die Wohnung schleiche.
Der Flur ist lang und zieht sich quer zur Eingangstür durch die ganze Wohnung. Ich wende mich zuerst der Tür mir schräg gegenüber zu und finde dahinter ein mit lauter Gerümpel voll gestelltes Zimmer vor. Weiß der Kuckuck, was das ursprünglich mal gewesen ist, jetzt scheint es der Lagerraum für alles Mögliche zu sein. Ich sehe zwei große, klobige Schränke, zig Kisten und Kartons, Lampen, einen Koffer und noch mehr Kram. Ganz vorne links scheint Vince ein paar Putzsachen aufzubewahren. Staubsauger, Wischer, Putzmittel... was der gute Hausmann halt so braucht.
Aber eindeutig nicht die Küche.
Ich schließe die Tür wieder und begebe mich nach rechts, wo noch zwei Türen auf mich warten.
Die linke steht sperrangelweit offen und dahinter kann ich so etwas wie ein Wohnzimmer erkennen. Die rechte ist leicht angelehnt und sieht stark nach Küche aus.

Hungrig schlüpfe ich hinein und reiße als erstes die Kühlschranktür auf.
Heilige Scheiße! Lebt der Kerl nur von Luft und Liebe, oder was?!
Ich greife nach dem einzigen Joghurtbecher da drin und stelle grimmig fest, dass er Donnerstag abgelaufen ist. Scheiß drauf, die schreiben das Verfallsdatum eh nur zur Zierde hin.
Ich werfe die Kühlschranktür zu und bin gerade dabei, die Schubladen nach einem Löffel zu durchstöbern, als Vince zur Tür rein kommt.
»Scheiße.« Er schließt die Tür hinter sich. »Nennst du das leise?«
»Wieso?« Ich sehe nicht mal auf. »Du bist doch jetzt oben, kannst doch genauso gut du sein. Außerdem hätte deine Oma sicher nichts dagegen, wenn du deinen Freund bei dir übernachten lässt. Ganz harmlos. Musst da mal ein bisschen kreativer werden.«
»Du hast gelauscht«, stellt er beinahe etwas erschüttert fest.
»Ich durfte mich doch nicht bewegen«, feixe ich über die Schulter und ziehe dann endlich einen Löffel aus einer Schublade heraus.
»Ta-da! Guten Appetit.« Ich reiße den Joghurt auf. »Du solltest übrigens echt mal deinen Kühlschrank auffüllen, Vince. Da finde ich ja in jedem Mülleimer mehr zu Essen.« Nicht, dass ich schon mal aus einem Mülleimer gegessen hätte — zum Teufel, nein! Aber die meisten sind besser gespickt als sein Kühlschrank.
Er verzieht ein wenig angewidert das Gesicht, als würde ihm allein schon bei der Vorstellung übel werden. Dann jedoch meint er beinahe gequält: »Vince?«
»Klar.« Genüsslich schiebe ich mir den nächsten Löffel zwischen die Lippen. »Vincent ist ja wohl voll für'n Arsch.«
»Wenn du das sagst.«
Er tigert an mir vorbei zu einer weiteren, größeren Schublade rüber und fischt eine Tüte Brot daraus hervor. Großartig! Davon könnte ich auch eins vertragen. Oder zwei oder drei. Allerdings hat er, soweit ich das gesehen habe, bloß Marmelade im Kühlschrank.
Sonst nichts.

Ungewöhnlich lange und intensiv betrachtet er sich zwei Scheiben von allen Seiten, ehe er sie in einen Toaster steckt, was mich ja irgendwie zu der Annahme führt, dass das Brot schon etwas älter ist.

»Willst du gar nicht wissen, wie ich heiße?«

»Wozu?«, fragt er gelangweilt und starrt den Toaster an, als würde das Brot dadurch schneller fertig geröstet.

»Na, um mich anzuschreien, zum Beispiel? Wenn ich mal wieder zu laut geatmet habe? — Du kannst mir auch zwei davon machen«, füge ich hinzu, als seine Brotscheiben aus dem Toaster springen.

Langsam dreht er den Kopf in meine Richtung und sieht mich ein bisschen sehr seltsam an.

»Bitte?«, hänge ich noch hinten dran, weil ich keinen Schimmer habe, was ich jetzt schon wieder falsch gemacht haben soll.

Er nickt auf den leer gefutterten Joghurtbecher, den ich auf dem Küchentresen abgestellt habe. Der ist übrigens auch schon etwas älter. Wie die ganze Einrichtung. Wahrscheinlich vom Vormieter übernommen oder so und obendrein hässlich wie die Nacht. Kackbraun mit hellbraun gemischt und sehr viel antikes Holz.

»Du hast doch schon gegessen«, stellt er unumstößlich fest und knabbert an der gerösteten Brotscheibe, dass es nur so knuspert. Auf irgendwas drauf verzichtet er. Aber mich macht schon allein das Geräusch wieder hungrig.

»Machst du Witze? Ich könnt' noch 'n halbes Schwein mit Sahne hinterher schieben!«

Also bitte. Der Joghurt ist ja nicht mal was für den hohlen Zahn gewesen. Der hat mich nicht mal ansatzweise gesättigt.

»Na« — er schnappt sich die zweite Scheibe aus dem Toaster — »dann mach' dich mal auf die Suche nach einem. Und nimm das Schlachtermesser mit.«

»Wie bitte?«, entfährt es mir entgeistert. »Erzähl' mir nich', du hast mich so großmütig aufgenommen, um mich jetzt verhungern zu lassen! Ich bin im Wachstum, da muss ich ordentlich essen!«

Entnervt sieht er mich an.

»Du hast sicherlich nicht vergessen, wo deine Eltern wohnen. Geschweige denn die Nummer der Polizei.«
Das gibt's ja wohl nicht! Hat der einen an der Klatsche? Erst einen auf Retter machen und jetzt darf ich zum Dank dafür seine Kücheneinrichtung annagen, weil er mir was Richtiges verweigert, oder was?
Klar, er ist nicht verpflichtet, mich zu füttern — aber gehört das, verdammte Scheiße, nicht zum Rundum-Service, wenn er mich schon bei sich aufnimmt? Alles andere ist doch kacke.
»Wenigstens eine. Komm' schon. Ich hab' seit gestern nichts gegessen und lauf' schon auf dem Zahnfleisch.«
Na ja, das stimmt nicht so ganz. Mit dem Geld, das ich für sein Fahrrad bekommen habe — was wirklich ein absolut lachhafter Betrag gewesen ist —, habe ich heute Mittag erst einmal einen SB-Bäcker beglückt. Mann, so viel wie heute hat der garantiert noch nie an einer Person verdient. Das Dumme ist nur, dass mein Magen ein schwarzes Loch zu sein scheint. Außerdem hätte ich so gerne mal wieder etwas *Richtiges* zwischen den Zähnen, aber wenn Vince das Ambrosiaessen seiner Oma in einem Anfall von Schwachsinn ablehnt, muss ich mich eben mit Brot begnügen.
Vince mustert mich eine Zeitlang schweigend und versucht wahrscheinlich wieder, mit diesem Röntgenblick herauszufinden, ob ich die Wahrheit sage oder nicht. Glücklicherweise habe ich schon immer zu der eher zierlicheren Sorte gehört und sehe daher tatsächlich etwas abgemagert aus, was ihn irgendwie zu überzeugen scheint.
Mit geschlossenen Augen reibt er sich über die Stirn. »Eine«, murrt er dann.
Vor Freude hätte ich fast gejauchzt. »Mit Marmelade?«
Entgeistert starrt er mich an.
»Okay, vergiss es. Keine Marmelade.«
Meine Fresse, man kann aber auch etwas sehr knickrig sein, oder? Ich wusle zu ihm rüber und mache mich an der Schublade zu schaffen, aus der er eben das Brot gefischt hat.

Hoppla, hier herrscht aber auch fast gähnende Leere. In der Plastiktüte mit dem Brot sind noch genau vier Scheiben drin. Wahnsinn. Das heißt dann wohl, dass es morgen zum Frühstück auch wieder nur Rationsessen gibt. Vergisst der Kerl etwa ständig, einkaufen zu gehen?

Ich stopfe die Scheibe in den Toaster und warte hungrig und ungeduldig darauf, dass sie wieder hochspringt.

»Sag mal«, frage ich Vince zur Ablenkung, der immer noch neben mir steht, »hättest du was dagegen, wenn ich bei dir gleich mal kurz unter die Dusche jumpe?«

Meine letzte Dusche ist ungefähr... hm... 'ne Woche her?

Irgendwas um den Dreh. Und diese elendige Katzenwäsche an irgendwelchen Waschbecken in öffentlichen Toiletten ist auch nicht gerade lustig. Ständig wird man seltsam angeguckt oder blöd angepampt und richtig sauber wird man auch nicht. Ich habe manchmal schon das Gefühl, vor Dreck zu starren, ganz zu schweigen von dem Geruch.

»Kurz«, nickt er zustimmend, nachdem er flüchtig gegrübelt hat. Dabei bilden sich auf seiner Stirn richtig intellektuelle Denkerfalten.

»Danke«, strahle ich ihn an und schnappe beinahe in der Sekunde nach dem Toast, als es hochspringt. Au, Shit, heiß! Egal. *Hunger*!

»Deine gute Tat für heute hast du damit sicherlich erfüllt.«

Er seufzt eher genervt als einsichtig. »Dann werde ich ja ganz friedlich schlafen können.«

Hastig nicke ich. »Klar. Du wirst gar nicht merken, dass ich da bin. Und ich klau' dir auch nix, versprochen.« Fuck, wo ist der blöde Toast hin? Ich sollte unbedingt mal lernen, mit etwas mehr Genuss und Geduld zu essen. Ich hab' immer noch Hunger...

»Hey, mir kommt da grad 'ne tolle Idee: Wie wär's, wenn du runter zu deiner Oma gehst und uns doch noch das Schnitzel hoch holst, hm? Ich meine, bevor die Gute das wegschmeißt, ist es in meinem Magen bestimmt besser aufgehoben, oder?«

»Ich werde nicht merken, dass du da bist, was?«

»Ey, ich kann ganz leise essen!«
»Du kannst vor allen Dingen wie ein Scheunendrescher essen. – Willst du jetzt duschen, oder nicht?«, wechselt er abrupt das Thema.
Leider ein sehr geschickter Schachzug, denn die Aussicht auf eine schöne, heiße Dusche lässt mich fast meinen Hunger vergessen. Außerdem... ein bisschen was habe ich ja schon im Bauch.
»Ja, klar.«
»Dann komm mit.«
Er verlässt mir voraus die Küche und ich folge ihm ganz brav den Flur entlang. Als wir an der Wohnungstür vorbeikommen, schnappe ich mir noch schnell meinen Rucksack vom Boden. Im Bad gibt's doch bestimmt 'ne Steckdose. Ich muss mich unbedingt mal wieder bei Britta melden, aber schätzungsweise wäre es nicht das Geschickteste, wenn Vince das mitbekommt. Könnte mein kleines Lügenmärchen auffliegen lassen.
Das Bad ist klein, aber mit allem ausgestattet, was ich so brauche. Der Anzahl der Zahnbürsten nach zu urteilen, wohnt Vince hier tatsächlich allein.
»Gibt's auch so was wie Handtücher?«, will ich wissen, nachdem ich mich kurz umgeblickt habe. Einen Schrank oder so, wo er die hätte aufbewahren können, gibt's nämlich nicht.
»Ich hole dir welche.«
Schon wieder diese Denkerfalten auf seiner Stirn und dieser misstrauische Ausdruck in seinen Augen. Dann greift er nach dem Schlüssel im Schloss und zieht ihn vorsichtshalber raus, um ihn in die Hosentasche zu stecken.
Ich glaub's nicht! Der hat ja wohl kein bisschen Vertrauen zu mir! Was glaubt der eigentlich, was ich hier vorhabe? Mich jetzt, wo ich ein schönes Plätzchen zum Sterben gefunden habe, mit seinem Fön – hat der überhaupt einen? – unter die Dusche zu stellen und ihm meine Leiche zu überlassen?
»Hast du vor zu spannen?«, frage ich anzüglich.
»Ich will nur verhindern, dass du dich hier allzu häuslich

einrichtest oder irgendwelchen Blödsinn machst.«
»Oh, klar, ich verbringe gerne den Rest meines Lebens in deinem Badezimmer. Könnte mir nichts Gemütlicheres vorstellen. – Alter, ich niste mich hier doch nicht für 'ne Nacht ein, um dann in deinem Bad den Löffel abzugeben, okay?«
»Wie auch immer«, meint er desinteressiert und ist dabei, das Bad zu verlassen, um meine Handtücher zu holen. Hoffe ich. »Den Schlüssel bekommst du trotzdem nicht wieder.«
»Perversling.«
»Freak.«
»Ich bin *kein* Freak«, bollere ich los, weil ich dieses Wort hasse wie die Pest. Ist jeder gleich ein Freak, nur weil er nicht mit Nadelstreifenanzug jeden Morgen zu seinem beknackten Beamtenjob unterwegs ist? Fuck, der würde sich bestimmt wunderbar mit meinem Vater verstehen! Vielleicht sollte ich die beiden mal einander vorstellen – das wird der Beginn einer wunderbaren Ätzfreundschaft!
Vince scheint mein Gekeife aber nicht im Mindesten zu jucken, weil er einfach das Bad verlässt und die Tür hinter sich zuzieht.
»Arschloch!«, knurre ich, ehe ich lauter brülle: »Vergiss die Handtücher nicht!«
Mann, mittlerweile glaube ich, ich wäre bei dem anderen Kerl vom Weihnachtsmarkt doch besser aufgehoben gewesen. Der wäre bestimmt netter und freundlicher zu mir und seine Freundin kann bestimmt kochen und hat einen furchtbaren Helferkomplex. Dann würde ich ein, zwei Wochen in ihrem riesigen Loft hausen, mich tagtäglich mit genügend Futter voll stopfen und in ihrem erstklassigen Whirlpool baden.
Das wär' doch was!
Und dann würde ich einfach wieder nach Hause marschieren und die Sache wäre gegessen.
Shit, oder auch nicht.
Leicht angefressen fange ich schon mal an, mich aus meiner Jacke zu schälen.

Vince kann ruhig sehen, dass ich das ernst gemeint habe mit der Dusche. Nachher denkt er noch, ich will mir hier heimlich Drogen oder so einen Blödsinn spritzen und will mir deshalb einen Überraschungsbesuch im Bad abstatten. Wenn das gerade dann ist, wenn ich mit Britta telefoniere, na dann Prost Mahlzeit.

Ich werfe die Jacke in eine Ecke und zerre mir als nächstes den Kapuzenpulli und das T-Shirt über den Kopf, wobei meine Rippen schon ein bisschen schmerzen. Zur Sicherheit sehe ich noch mal im Spiegel nach. Sich in Ruhe und nur halb angezogen auf öffentlichen Toiletten im Spiegel zu betrachten, kann mitunter zu recht seltsamen Begegnungen führen. Als ich das am Bahnhof gemacht habe, wo dieser Spinner über mich hergefallen ist, ist doch glatt so ein schwabbeliger Typ auf Durchreise oder sonst wohin angekommen und wollte wissen, wie viel denn einmal Blasen kosten würde.

Meine Fresse, als ob ich wie ein verdammter Stricher aussehen würde! Und selbst wenn: Welches notgeile Schwein möchte sich freiwillig von einem frisch geprügelten, schmutzigen, abgewrackten Typen einen blasen lassen?! Und an dem Tag habe ich echt nicht gut ausgesehen, aber so, wie dieser Gierschlund mich angeglotzt hat, hat ihm das wohl am besten gefallen. Da kommt's einem ja echt hoch.

Heilige Scheiße, das sieht aber gar nicht gut aus, was ich da im Spiegel sehe. Kein Wunder, dass Vince seine Meinung noch mal überdacht hat. Wenn ich mir diesen monströsen Fleck so angucke, kommt gleich wieder die Erinnerung an diesen besoffenen, aggressiven Scheißer in mir hoch. Shit, ich dachte, der nimmt mich an Ort und Stelle auseinander, nur weil ich mich versehentlich auf seine zurück und völlig allein gelassenen Sachen gestürzt habe.

Klar, ist natürlich sein Eigentum gewesen – auch wenn da, ehrlich gesagt, nichts dabei gewesen ist, was beschützenswert gewesen wäre –, aber ich habe die schmuddelige Decke und den abgegriffelten Rucksack fast dreißig Minuten im Auge behalten. Also echt, wer seinen Kram eine halbe Stunde am Bahnhof mitten in der Nacht unbeaufsichtigt lässt, darf sich doch nicht wundern, wenn sich ein anderer daran gütlich tun will, oder?! Ist jedenfalls kein Grund gewesen, gleich so dermaßen auf mich loszugehen, finde ich.

Vorsichtig taste ich mit Blick auf mein Spiegelbild an meiner linken Seite herum und zucke leicht zusammen, als ein dumpfer Schmerz lospocht. Die rechte Schulter hat auch ein bisschen was abgekriegt, da ist auch ein Fleck zu sehen. Oh, und da auf der Brust. Da bin ich gegen die Bank geknallt und mir ist alle Luft aus den Lungen gepresst worden. Mann, da habe ich es doch ein bisschen mit der Angst gekriegt, zugegeben.

Ich drehe mich um und versuche mit einigen Verrenkungen meinen Rücken in Augenschein zu nehmen, weil sich da das Ende des Treppengeländers hineingebohrt hat. Oh, und da bin ich gegen den Getränkeautomaten gekracht.

Verdammt, ich glaube, der Typ wollte mich echt umbringen.

Die Tür geht auf und Vince kommt mit einem hellblauen Handtuch ins Bad getrampelt, bleibt aber augenblicklich stehen, als er mich halbnackt vor sich sieht. Die hübschen Augen ploppen ihm fast aus dem Gesicht, als sie über meinen Oberkörper hinwegrasen.

»Ach du Scheiße«, entfährt es ihm.

Okay, vielleicht ist er doch nicht so von meiner halben Nacktheit schockiert, sondern eher von den Flecken. Meine Fresse, muss der so erschrocken aus der Wäsche gucken, da kriegt man ja Beklemmungen.

»Das hat schon lange keiner mehr gesagt, wenn ich halbnackt vor ihm gestanden hab'«, versuche ich ein bisschen ungelenk zu scherzen, aber das ist wohl nicht genug gewesen, um ihn unter dem Türrahmen hervorzulocken. Mann, wieso ist mir nur so danach, mir schnell wieder mein Shirt zu schnappen und es überzuziehen?

»Keine Sorge, es ist nicht die Beulenpest, du darfst dich mir nähern«, brumme ich ein wenig angefressen.

Er macht genau einen Schritt, dann bleibt er wieder stehen.

»Du musst deinen Vater anzeigen.«
Was? Ach ja. Mein prügelnder, saufender Vater. Haha. Auweia, was sag' ich denn da jetzt?
»Das... äh, das bringt doch nichts.«
Fuck, Maxi, Gehirn an, sonst bist du raus aus der Nummer!
Er sieht mich lange an. »Aber es bringt was, von zu Hause auszureißen und auf der Straße zu leben?«
»Bis jetzt hat es mich nicht umgebracht.« Na ja, oder nur fast. Dieser Spinner vom Bahnhof ist aber auch eine Ausnahme gewesen.
»Bist du dir sicher, dass du nicht doch zu einem Arzt willst?«
Shit, muss der denn da jetzt so drauf rumreiten? Warum hab' ich ihm bloß nicht die Wahrheit gesagt?
Oh, stimmt ja, sonst hätte er nur einen weiteren Grund gehabt, warum es für mich sicherer und besser zu Hause ist, und mich draußen in der Kälte zum Erfrieren zurückgelassen.
Trotzdem. Diese Prügelvater-Story ist vielleicht doch etwas heftig. Mein Vater grillt mich, wenn der das spitz kriegt. England, ich komme!
»Ja, verdammt«, fauche ich gereizt, damit er das Thema endlich auf sich beruhen lässt, und strecke eine Hand aus. »Gibst du mir jetzt freundlicherweise das Handtuch und fünfzehn Minuten Duschzeit?«
Da sind sie wieder, die Denkerfalten. Allerdings dauert es nur Sekunden, bis er mir tatsächlich das Handtuch zuwirft.
»Fünfzehn Minuten.«
»Jawohl, Herr Oberaufseher. – Und jetzt raus!« Ich presse das Handtuch vor mich, damit er mich nicht länger so ungehindert taxieren kann, und stürme in derselben Sekunde zu meinem Rucksack, als er die Tür hinter sich schließt. Hoffentlich – *hoffentlich* – bringt er mir wenigstens ein bisschen Vertrauen entgegen und bleibt die ersten fünf Minuten weg. Länger kann ich eh nicht mit Britta sprechen, wenn ich noch ausgiebig die heiße Dusche genießen will.
Eilig krame ich in meinem Rucksack nach meinem Handy und

dem Aufladegerät und ramme letzteres in eine freie Steckdose neben dem Waschbecken. MANN! Warum braucht das Scheißding denn so lange, um anzugehen? PIN eingeben... Willkommen... blabla... Beinahe blind tippe ich Brittas Nummer ein, weil ich sie ungefähr im selben Moment auswendig gelernt habe wie ihren Namen. Außerdem ist das theoretisch gar nicht mein Handy, weil ich meins noch am Bahnhof meiner Heimatstadt gegen dieses Teil hier eingetauscht habe — nachdem wir die jeweiligen SIM-Karten gelöscht haben, versteht sich. Anders hätte es ja nix gebracht. Der Typ ist zwar etwas maulig gewesen, weil er seine SIM-Karte gerne behalten wollte, aber die Aussicht auf ein kostenloses, niegelnagelneues iPhone plus bezahltem Jahresvertrag hat ihn dann zum Glück schnell umgestimmt. Und solange er seinen Vertrag erst in einem Monat kündigt, ist alles gut.

Das gleiche Spielchen hat's dann noch an zwei weiteren Bahnhöfen gegeben und jetzt hoffe ich, dass sich niemand die Mühe machen will, mich durch dieses Kuddelmuddel per GPS aufzuspüren.

Britta geht beim zweiten Klingeln dran.

»Ja, hallo?«

Und sie meldet sich nie mit ihrem Namen. Dafür klingt sie so nervös, als hätte sie geradezu auf meinen Anruf gelauert.

»Hey, Britta, ich bin's!«

»MAXI, DU ARSCH!«, krakeelt sie los, kaum dass ich zu Ende gesprochen habe. »DU WOLLTEST MICH JEDEN TAG ANRUFEN! UND JETZT HABE ICH SCHON SEIT VORGESTERN NICHTS MEHR VON DIR GEHÖRT, GAR NICHTS! DU MACHST MICH WAHNSINNIG, ECHT WAHNSINNIG! ICH HABE DIE GANZE NACHT NICHT GESCHLAFEN, WEIL ICH DACHTE, DU LIEGST TOT UND VERGEWALTIGT IN IRGENDEINER MÜLLTONNE!!!«

Ich halte das Handy etwas auf Abstand. »Autsch! Beruhig' dich, Britta, mir geht's gut.«

»Dann sag' mir, wo du bist, damit ich kommen und dir deinen verdammten Hals umdrehen kann!«

Ha, das hätte sie wohl gerne.

Wenn ich ihr das sagen würde, rennt sie bei meiner nächsten, unvorhergesehenen Nichtmeldung bestimmt direkt zu meinen Eltern und jammert denen die Ohren voll, dass sie das letzte Mal was von mir gehört hat, als ich da und da gewesen bin, und dass es ihr furchtbar Leid tut, dass sie mich bei meinem Schwachsinn unterstützt hat, aber als beste Freundin wäre das ja wohl ihre Pflicht gewesen...!

Nee, das kann ich echt nicht gebrauchen.

»Du weißt, dass ich dir das nicht sage. Ich wollte dich übrigens die ganze Zeit anrufen, aber als ich gestern deine Nummer eingegeben habe, ist mein Akku leer gegangen.«

»Toll, und jetzt hast du deine Zauberkräfte eingesetzt und ihn wieder aufgeladen?«

»Nein, jetzt stehe ich halbnackt im Bad eines Kerls mit dem selten dämlichen Namen *Vincent* und spreche mit dir über das eingestöpselte Handy, anstatt eine heiße Dusche zu nehmen.«

Am anderen Ende ist es totenstill.

»M...Maxi«, ächzt Britta dann bodenlos entsetzt. »Du... du hast doch nicht... ich meine... wie... wie kannst du nur?«, haucht sie zittrig.

Wie? Was zur Hölle ist jetzt wieder an mir vorbeigefahren? Sie denkt doch nicht – oh!

»Fuck, nein! Britta! Wofür hältst du mich?«

»Du bist schon über eine Woche weg, was soll ich denn da denken?«, zischelt sie ein bisschen verstimmt über meine heftige Antwort zurück. »Ich habe keine Ahnung, wo du steckst, du wirst kein Geld mehr haben, weil du Schwachkopf deine Konten nicht benutzen willst, und –«

»Ich *kann* meine Konten nicht benutzen, weil sonst die ganze Welt weiß, wo ich bin!« Mal ganz davon abgesehen, dass dieser Hahn sicherlich der erste gewesen ist, den mein Vater zugedreht hat.

»*Und*«, betont sie scharf, ohne sich von meinem Einwand ablenken zu lassen, »du lässt dich von irgendwelchen Typen mitnehmen. Warum zum Henker darf ich dann nicht denken,

dass du plötzlich den Verstand verloren hast und deinen hübschen Körper verkaufst?«
»Weil ich meinen Verstand nicht verloren habe!«, blöke ich ins Handy. »Ich weiß genau, was ich tue.«
»Ach ja? Weißt du auch genau, was dein Vincent tun wird, sobald du unter der Dusche stehst oder schläfst?«
»Er wird mich wahrscheinlich ankeifen, warum ich immer noch unter der Dusche stehe, obwohl er mir nur fünfzehn Minuten gegeben hat.«
Ernsthaft, so, wie der sich gesträubt hat, mich überhaupt mitzunehmen, wird der nicht plötzlich über mich herfallen, ganz gleich, ob er den Badezimmerschlüssel eingesteckt hat oder nicht. Außerdem schlummert seine Omi ein Stockwerk tiefer friedlich in ihrem Bettchen. Der ist so ausgetickt, als die mich beinahe entdeckt hätte, dass ich mir irgendwie nicht vorstellen kann, aus Versehen bei einem Psychopathen gelandet zu sein.
»Oh Gott!«, stöhnt sie absolut nicht überzeugt und appelliert im nächsten Moment an meine Vernunft. »Maxi, tu uns allen einen Gefallen und komm' wieder nach Hause, okay?«
»Nein.«
»MAXIM!«
»BRITTA!«, äffe ich sie nach. »Wie oft denn noch? Es ist noch zu früh.«
»Zu früh? Meine Güte, weißt du, wie deine Eltern rotieren? Da du vorsätzlich weggelaufen bist, gibt es keine großräumige Fahndung, aber die Polizei weiß trotzdem Bescheid und dein Vater pumpt so viel Geld in die Suche nach dir, dass es sowieso nur noch Tage dauert, bis sie dich gefunden haben werden. In der Schule und in jedem Scheißkrankenhaus in der Nähe gibt es Bilder von dir und eine Nummer, die sofort anzurufen ist, wenn dich irgendjemand sieht. Mit Aussicht auf eine Belohnung – eine *Belohnung,* Maxi! Sie haben jede Anlaufstelle für Ausreißer und jede wichtigere Behörde im weiträumigen Umkreis damit zugepflastert! Und«, fügt sie noch etwas kleinlaut hinzu,

»dein Vater ist stinksauer.«

Ich täusche ein Gähnen vor. »War's das?«

Gleichzeitig läuft es mir ein bisschen schauderhaft den Rücken runter. Meine Fresse, so viel Aufwand nur wegen mir. Eins der dusseligen Flugblätter habe ich sogar schon gesehen, aber ich dachte, das hätte sich eher aus Zufall hierher verirrt.

Schätzungsweise werden da ein, zwei Wochen nicht reichen, um sein Gemüt wieder friedlich zu stimmen. Oder wird er immer wütender, je länger ich wegbleibe? Fuck. FUCK! Warum zerfließt er nicht einmal vor Sorge um mich und lässt die Zeit machen, bis ich wieder da bin? Er verzeiht mir, ich verzeihe ihm, England ist Geschichte und alles geht so weiter wie vorher.

»Du kannst mir nichts vormachen, Maxi«, durchschaut Britta mich allerdings sofort und ich kann beinahe sehen, wie sie mitleidig den Kopf schüttelt. »Das lässt dich nicht so kalt, wie du's gern hättest. Sieh mal, würde dein Vater sich so viel Mühe machen, wenn du ihm egal wärst?«

»Er will mir nur persönlich die Leviten lesen, deswegen macht er sich so viel Mühe«, brumme ich. »Außerdem hast du gerade selbst gesagt, dass er stinksauer ist.«

»Natürlich! Wer wäre das nicht?«

»Er soll sich Sorgen machen, verdammt! Mir könnte ja wer weiß was passiert sein!« Und dann soll er den ganzen Scheiß auf sich beruhen lassen!

»Nun«, meint Britta trocken, »offenbar setzt er mehr Vertrauen in dich als du in ihn.«

Darüber bin ich tatsächlich so erstaunt, dass ich kurzzeitig sprachlos bin. Dann allerdings finde ich den Faden wieder und ätze: »Das ist doch ein prima Schlusswort! Ich will jetzt duschen, Britta. Vielleicht kann ich dich morgen wieder anrufen.«

»Du SOLLST mich morgen wieder anrufen!«, korrigiert sie biestig.

Unwillkürlich muss ich grinsen. »Okay, ich versuch's. Bis dann.«

Ehe sie noch was erwidern kann, weil ihr die Antwort erneut nicht passt, lege ich auf.

# 3

*Vincent*

Als bei dem Freak nach dreiundzwanzig Minuten immer noch das Wasser rauscht, klopfe ich laut und deutlich an die Tür.
»Hey! HEY! Fünfzehn Minuten sind um!«
Drinnen fällt irgendwas zu Boden und ein garstiger Fluch dringt zu mir nach draußen. Grandios! Demoliert der kleine Ausreißer zum krönenden Abschluss noch meine ganze Einrichtung? Was hat mich bloß geritten, ihn mitzunehmen? Für den guten Geist der Weihnacht ist es noch zwei Wochen zu früh.
Wenigstens scheint seine Geschichte im Ansatz glaubwürdig zu sein, auch wenn mir mein Bauchgefühl noch immer etwas anderes sagt.
Die blauen Flecken haben für mich sehr frisch ausgesehen, aber vielleicht ist er auch erst seit ein, zwei Tagen auf der Straße? Obwohl er definitiv nicht so ausgesehen oder gerochen hat.
»Hey, hast du gehört?«
Ich poltere noch mal gegen die Tür und öffne sie dann einen Spalt, weil das Wasser immer noch rauscht. Offensichtlich hat der Kerl nicht die geringste Vorstellung davon, dass mich sein kleines Wellnessvergnügen ein Vermögen kostet. Im ganzen Bad hängt schwerer Dampf vom heißen Wasser und die Spiegel sind vollständig beschlagen.
Ich dusche morgens fünf Minuten, wenn's hochkommt. Lauwarm. Der kleine Flohbeutel lässt sich jetzt schon zwanzig Minuten lang kochend heißes Wasser über den Rücken laufen.
»Hey!« Nun trete ich ganz ins Badezimmer und starre finster die undurchsichtigen Schiebetüren der Duschkabine an, hinter denen ich seine schmale Silhouette erkennen kann. Mittlerweile wünsche ich mir doch, seinen Namen zu kennen, um ihn – wie er vorgeschlagen hat – vernünftig anbrüllen zu können.
»Shit! Ist ja gut! Bin fast fertig!«, blökt er.

»Du bist *jetzt* fertig, wenn du nicht willst, dass ich dich aus der Dusche zerre.«
Keine Ahnung, was der sich so vorstellt, aber er verhält sich die ganze Zeit schon so, als müsste alles und jeder nach seiner Pfeife tanzen. Dabei hat er *mich* doch um Hilfe gebeten. Wie wär's also mit ein bisschen mehr Dankbarkeit? Vielleicht sollte ich meine spontane Samaritertat noch einmal überdenken und ihn schlicht wieder vor die Tür setzen. Gegessen und geduscht hat er ja schon und bei seinem Verhalten ist es bestimmt ein Kinderspiel für ihn, sich irgendwo über Nacht einzunisten.
»Meine Fresse!« Endlich dreht er das Wasser ab und schiebt die Tür einen Spalt breit auf. »Okay, ich komm' raus! Gib mir das Handtuch.«
Ich starre sein tropfnasses Gesicht an, in dem überall Strähnen seiner verhunzten Frisur kleben, und kann bei dieser selbstverständlich klingenden Aufforderung nur den Kopf schütteln.
»Hol's dir selbst«, rate ich ihm und verziehe mich dann wieder aus dem Bad.
»Heißt das jetzt, ich hab' noch fünf Minuten?«
»NEIN!«
Ich überlege gerade, ob ich zur Sicherheit nicht einfach das Wasser abdrehen sollte, als ich höre, wie die Duschkabine ganz geöffnet wird und der kleine Freak mich obendrein verflucht. Schön, wenn's ihm Spaß macht.
Im Wohnzimmer werfe ich mich auf die Couch und sehe abwesend auf den Fernseher, während ich mit einem Ohr immer in Richtung Badezimmer lausche. Fraglich, ob ich heute Nacht überhaupt in Ruhe schlafen kann, wenn ich die ganze Zeit Babysitter spielen muss. Zumal mir mein gesunder Menschenverstand die ganze Zeit zuflüstert, dass ich die Polizei endlich einschalten sollte, damit die seinen durchgedrehten Vater verhaften können. Wer sein eigenes Kind so als Punchingball missbraucht, gehört ins Gefängnis.
Mein Blick wandert vom Fernsehbildschirm zum Telefon.

Oder ich warte tatsächlich noch eine Nacht, lasse ihn bei mir schlafen und rufe morgen die Polizei. Wenn er halbwegs ausgeschlafen ist, ist er vielleicht offener für vernünftige Vorschläge. Mir scheint, als hätte er ein wenig Panik vor der Polizei. Oder vielleicht auch nur vor der Tatsache, dass sie ihn zu seinem Vater zurückbringen kann.

Eine Viertelstunde später höre ich ihn über den Flur in Richtung Wohnzimmer tapsen, wo er sich auf einem der zwei Sessel niederlässt, während ich auf dem Sofa sitze. Ganz ungeniert greift er sich ein Kissen, presst es sich vor die Brust und verschränkt die Arme darum. Neugierig schaut er zum Bildschirm.

»Was guckst'n?«

»Fernsehen.«

Er sieht mich genervt an. »Witzig. Ich meine — was?« Suchend sieht er sich nach einer Fernsehzeitung um, die ich allerdings nicht besitze, weil das in meinen Augen ein unnützer Kostenfaktor ist. Dann will er nach der Fernbedienung greifen, um vielleicht den Teletext aufzurufen, aber ich bin schneller und schnappe sie ihm vor der Nase weg.

»Ist doch egal. Du hast doch bestimmt eine Weile schon kein Fernsehen mehr geguckt, also freu dich.«

Er runzelt die Stirn. »Ist das ein Versuch, dich mit mir zu unterhalten? Alter, wenn du wissen willst, wie lange ich schon auf der Straße unterwegs bin, dann frag' doch einfach.«

Ein wacher Kopf ist er ja, dass muss man ihm lassen. Und er nimmt definitiv kein Blatt vor den Mund. Darüber hinaus... jetzt, wo ich ihn nicht nur aus den Augenwinkeln beobachte, sondern direkt ansehe, bin ich mir ziemlich sicher, dass er überall einen warmen Platz zum Schlafen finden würde. Zweifellos ist er sich seines Aussehens bewusst, sonst hätte er vorhin nicht derart damit gespielt — und da war er noch schmutzig, schwitzig und hat, gelinde gesagt, wie eine tote Kanalratte gestunken.

Jetzt hat er halbwegs frische Klamotten an, riecht nach meinem Shampoo und meiner Duschseife und die schwarzen Schlieren

um seine Augen sind auch verschwunden. Ich habe mich schon die ganze Zeit gefragt, was das wohl gewesen ist, aber offensichtlich gehört er zu der Sorte Freaks, die sich hin und wieder ganz gerne Kajal und Wimperntusche um die Augen schmieren.
Allerdings muss ich zugeben, dass seine Wimpern ohne diesen Quatsch immer noch verboten lang, dicht und dunkel sind.
Gefährlich. Besonders, wenn man dieses helle Grün in der Mitte bedenkt.
»Erstens bin ich nicht *Alter*, sondern Vincent. Und zweitens interessiert mich nichts, mit dem du in Zusammenhang stehst.«
»Außer deinem Fahrrad«, wirft er geistesgegenwärtig ein.
»Außer meinem...« Scheiße, muss der so überlegen grinsen?
Er lümmelt sich auf dem Sessel in eine bequemere Position und richtet die hellen Augen wie zwei Scheinwerfer auf mich. »Übrigens ist *Vincent* ein total beknackter Name, deshalb solltest du dich freuen, wenn ich *Alter* oder *Vince* zu dir sage. Ehrlich, was haben deine Eltern geraucht, als sie sich das ausgesucht haben?«
Da es mittlerweile fünf Jahre her ist, seitdem meine Eltern gestorben sind, ist der Schmerz nicht mehr allzu heftig, wenn so unerwartet die Sprache auf sie kommt. Aber dieses dumpfe Pochen wird wahrscheinlich nie ganz verschwinden. Auf ewig ein leerer Fleck.
»Was auch immer es gewesen sein mag, du wirst sie nicht mehr fragen können.«
»Oh, sind sie...?« Er bricht betreten ab und schluckt etwas kräftiger. »Sorry. Konnt' ich ja nich' wissen.« Verlegen weicht er meinem Blick aus und sieht wieder auf den Fernseher. Ich habe irgendeinen so genannten Blockbuster laufen, der mich nicht sonderlich interessiert, aber er hebt plötzlich gespannt den Kopf an. »Hey, das ist ja Will Smith!« Er sieht mich wieder an, und obwohl ich mich grimmig dagegen wehren will, erkenne ich sein Bemühen, vom Thema abzulenken und das peinliche Schweigen zu beenden. »Der Film ist zwar bestenfalls durchschnittlich, aber Wills Performance macht das wieder wett. – Kennst du ihn?

Den Film, meine ich, nicht Will.«
»Nein.« Aber so, wie er redet, scheint er Will Smiths ganze Filmografie zu kennen. Auswendig.
»Möchtest du ihn sehen? Dann halt' ich die Klappe, wirklich. Stattdessen könnt' ich noch was zu trinken holen, wie wär's? 'n Bierchen? Also, ich könnt' eins vertragen!«
Ich runzle die Stirn. Er hat doch eben schon einen Blick in meinen Kühlschrank geworfen. Bier wird er da wohl nicht gesehen haben. Außerdem...
»Ich verführe keine Minderjährigen zum Alkoholgenuss.«
Er blinkt mich an und legt dann leicht den Kopf schief. »Das war schon wieder eine Frage, ohne eine Frage zu sein. Willst du wissen, wie alt ich bin?«
»Nein.«
»Also, Bier darf ich schon trinken«, teilt er mir mit betont kindlicher Stimme mit.
»Wie schön für dich.« Warum stellt er Fragen, wenn er die Antworten ignoriert?
»Und Sex darf ich auch schon haben«, säuselt er auf einmal mit lasziver Verführerstimme, so dass es mir unverhofft im Nacken prickelt. Seine Lider hängen auf Halbmast und sein Blick ist so einladend und erotisch, dass er ihn einfach geübt haben muss und wahrscheinlich auch sehr oft anwendet.
Dafür, dass er jünger ist als ich, hat er das wirklich verdammt gut raus.
Trotzdem ist das keine Entschuldigung dafür, so dreist mit mir zu spielen. Und wahrscheinlich auch nicht ganz gesund, wenn man so attraktiv ist wie er. Aus einem Impuls heraus stehe ich plötzlich vom Sofa auf, gehe zu ihm rüber und stütze mich auf der Armlehne ab, um mich nah zu ihm rüber zu lehnen. Sehr nah. Und für den kleinen Ausreißer eindeutig zu nah, weil er automatisch ein Stückchen zurückweicht. Die hellen Augen sind wie festgetackert auf meine gerichtet und auch wenn ich seinen Puls jetzt nicht messen kann, bin ich sicher, dass er rast.

»Ist dir vielleicht schon mal in den Sinn gekommen«, beginne ich mit leiser, rauer Stimme, der ich einen unüberhörbar gefährlichen Unterton beifüge, bei dem der Freak auf seinem Sessel leicht zusammenfährt, »dass es sehr riskant für kleine Jungs sein kann, sich fremden Männern gegenüber so zu verhalten?«
In seinen Augen flackert es wie eben draußen auf der Straße kurz auf und seine Finger krallen sich regelrecht am Kissen vor seiner Brust fest. Dann sagt er in einem etwas zu kratzigen Tonfall: »Ich bin kein kleiner Junge«, und das, ohne auch nur einmal den Blickkontakt zu unterbrechen.
»Dann verhalt' dich auch nicht so.« Mit einiger Verspätung werfe ich ihm nun doch die Fernbedienung für den Fernseher zu und stelle mich wieder gerade hin, um den Abstand zwischen uns zu vergrößern. Der Knirps entspannt sich sichtlich.
»Schau' dir den Film zu Ende an, wenn du magst, ich gehe.«
»Äh... was? Wie... Hey! Warte. Mann! Ich hab's nicht so gemeint. Fuck! Kein Grund, gleich abzuhauen, Vince!«
Ich ziehe die Wohnzimmertür hinter mir zu, ohne auf sein Gezeter zu reagieren. Aber da das zwei Sekunden später sowieso verstummt ist, hat ihn wohl die Bequemlichkeit, in der ich ihn zurückgelassen habe, eingeholt. Freie Verfügung über ein komplettes Wohnzimmer und das Fernsehprogramm. Muss für ihn doch der Himmel auf Erden sein, wenn er schon ein paar Tage auf der Straße rumstreunt.
Bevor ich mich in mein Schlafzimmer verkrieche, schließe ich noch die Wohnungstür ab und stecke den Schlüssel ein. So kann der Kerl wenigstens nicht auf den Gedanken kommen, mich um meine spärlichen Habseligkeiten zu erleichtern und sich damit dann klammheimlich aus dem Staub zu machen. Dazu muss er schon die Tür aufbrechen, womit er mich zwangsläufig wecken würde. Ein bisschen Misstrauen muss schon noch erlaubt sein. Und wenn ihn das stört: Wen juckt's?

***

Um halb sieben klingelt mein Wecker. Da ich die Hälfte der Nacht in einem unbefriedigenden Halbschlaf zugebracht habe und wohl erst kurz vor dem Morgen richtig eingeschlafen bin, fühle ich mich wie gerädert, als ich blind nach dem Knopf zum Ausschalten taste. Normalerweise schlafe ich immer eine gute halbe Stunde länger, wenn ich zur Schule muss, aber normalerweise besitze ich auch ein Fahrrad und nehme keine Straßenstreuner für eine Nacht bei mir auf.

Murrend rolle ich mich aus dem Bett und überprüfe als aller erstes, ob die Wohnungstür immer noch verschlossen ist.

Ist sie.

Dann schleiche ich weiter zum Wohnzimmer und stecke den Kopf hinein. Mein einmaliger Übernachtungsgast liegt unter einem Berg von Kissen und Decken begraben, als wäre des Nachts ein eiskalter Schneesturm durch den Raum gefegt. Friedlich schnarcht er vor sich hin.

Das dürfte mir genug Zeit geben, schnell unter die Dusche zu springen und mich fertig zu machen.

Eine Viertelstunde später stehe ich komplett angezogen und mit nur noch leicht feuchten Haaren wieder im Wohnzimmer. Der Freak schläft immer noch und scheint sich obendrein nicht mal gerührt zu haben. Mir ist schon in der Glühweinbude aufgefallen, dass er einen besonders tiefen und festen Schlaf zu haben scheint. Für jemanden, der auf der Straße oder bei wildfremden Leuten pennt, ganz schön wagemutig. Offensichtlich ist er es gewohnt, irgendwo wohl behütet zu schlafen — was auch mein komisches Gefühl in Bezug auf seinen Vater erklären würde. Wenn der ihn wirklich schlägt, hätte der Freak ganz bestimmt nicht so einen Dornröschenschlaf.

Unwillkürlich fällt mein Blick auf seinen zerfledderten Rucksack, den er dicht am Sofa auf dem Boden abgestellt hat. Soweit ich das mitbekommen habe, behält er ihn entweder gut im Auge oder aber dicht in seiner Nähe. Unweigerlich drängt sich mir die Frage auf, was er darin wohl versteckt...

Na ja – was soll's? Immerhin gewähre ich ihm kostenlose Logis.

Auf leisen Sohlen nähere ich mich seinem Rucksack, aber ich hätte vermutlich auch auf einem Elefanten reiten können und er hätte mich nicht bemerkt.

Ich schnappe mir den Rucksack und lasse mich damit auf einem der beiden Sessel nieder, ehe ich langsam den Reißverschluss aufziehe.

Dem etwas unangenehmen Geruch nach zu urteilen, bewahrt er hier drinnen seine älteren, getragenen Klamotten auf und nach kurzem Wühlen – so groß ist der Rucksack schließlich auch nicht – entdecke ich auch den dunkelblauen Kapuzenpulli von gestern. Ganz unten am Boden sind die etwas schwereren Dinge hingerutscht und ich staune nicht schlecht, als ich unvermutet ein Handy herausfische. Es ist eingeschaltet und somit fasse ich es als Einladung auf, ein bisschen darin herumzustöbern. Ein Ausreißer mit einem voll aufgeladenen Handy... Irgendwie kommt mir das seltsam vor.

Im Telefonbuch oder im Nachrichtenspeicher gibt es allerdings keine abgespeicherten Nummern oder SMS. Nur die Anrufliste verrät, dass er nahezu jeden Tag immer dieselbe Nummer anruft. In Düsseldorf. Wie zum Henker ist der bloß von Düsseldorf hierher gekommen? Und warum? Ist er auf der Durchreise nach Hamburg? Das würde größenmäßig viel eher hinhauen als unsere vergleichsweise kleine Stadt. Oder noch weiter, nach Berlin?

Kopf schüttelnd lasse ich das Handy wieder in die Tasche fallen und bin kaum überrascht, daneben auch noch ein Ladegerät zu finden. Hat der sich also nicht nur mein Wasser, mein Essen und meine Couch ergaunert, sondern auch noch meinen Strom. Aber ein sehr unpraktisches Reisestück. Vielleicht hätte er sich lieber mehr zu Essen mitnehmen sollen oder einen Schal oder etwas in der Richtung.

Als nächstes fällt mir wieder ein rechteckiger Gegenstand in die

Hand und als ich ihn aus dem Rucksack ziehe, habe ich sein Portemonnaie in den Fingern. Interessant.
Zur Sicherheit werfe ich ihm einen kurzen Blick zu, aber der Freak schnarcht immer noch selig vor sich hin. Hat wohl einiges nachzuholen.
Ich klappe die Geldbörse auf. Es wundert mich nicht, dass er, wenn's hochkommt, gerade mal fünf Euro in bar besitzt, aber die vielen Karten machen mich doch etwas stutzig. Ich entdecke vier Bankkarten von drei verschiedenen Banken, eine von einer privaten Krankenkasse und daneben diverse Mitgliedschaftskarten von Klamottenmarken, einem offensichtlich sehr exquisiten Sportverein sowie... von einem Golfclub? Handicap 24. Was auch immer das bedeuten mag. Klingt sehr nach Highsociety. Ich wette, der kleine Freak könnte mir das im besten Fachchinesisch erklären.
Außer natürlich, das ist gar nicht sein Portemonnaie und er hat es irgendwem in der Einkaufsstraße abgenommen.
Dann ziehe ich jedoch den Ausweis aus einem leicht versteckten Fach heraus und damit sind wohl alle Zweifel beseitigt.
Auf dem Foto hat er zwar noch hellbraune Haare, die sehr gepflegt und perfekt gestylt auf seinem Kopf liegen, aber die hellen Augen stechen genauso markant hervor wie das Lächeln.
Darf ich vorstellen: Auf meinem Sofa schnarcht offiziell Maxim Herman Sander zu Carlbergen, in zwei Monaten siebzehn, wohnhaft am Feenhügel 3 in Düsseldorf.
Und da wirft er mir vor, einen beknackten Namen zu haben. Da soll er sich mal lieber an die eigene Nase fassen. An seine goldene Nase. Ein armer Schlucker scheint er jedenfalls nicht zu sein mit diesem ganzen Mist im Portemonnaie.
Grimmig stecke ich den Ausweis wieder zurück, wobei er sich an einem Führerschein verhakt. Sieh mal einer an, Roller darf der gute Maxim also auch fahren. Wahrscheinlich steht zu seinem achtzehnten Geburtstag schon der eigene Mercedes bereit. Oder der Porsche. Jaguar? Lamborghini? Was fährt wohl jemand mit so einem Namen?

Und wie kommt so jemand dazu, von zu Hause wegzulaufen? Kriegt doch bestimmt alles in den Arsch geschoben.
Verstimmt pfeffere ich das Portemonnaie zurück in die Tasche.
Ach ja, richtig, weil sein Vater ihn schlägt und seine Mutter tot ist. Ich verwette meinen Hintern darauf, dass die kleine Ratte sich das ausgedacht hat. Klar kann Missbrauch auch in den buchstäblich besten Familien vorkommen, aber ob das wohl auf ihn zutrifft? Ich sollte lernen, mehr auf mein Bauchgefühl zu hören. Und das hat schon von Anfang an Alarm geschlagen. Die blauen Flecken hat er sich höchstens vor zwei Tagen zugezogen und die Anrufliste mit nur der einen, ominösen Nummer in seinem Handy beginnt heute genau vor zehn Tagen.
Der kleine Scheißer hat mich völlig abgebrüht hinters Licht geführt, damit ich ihn hier schlafen lasse und *nicht* die Polizei rufe. Nicht zu fassen! Und ich hätte ihm beinahe nicht nur das Familienmärchen, sondern auch die Stricherandeutungen abgenommen!
Ich lasse seinen Rucksack wie eine kleine Bombe auf dem Boden neben seinem Kopf einschlagen, aber Herr Maxim Von-und-Zu rührt sich immer noch nicht. Na, wenigstens ist jetzt das Geheimnis um seinen unnatürlich tiefen Schlaf geklärt.
»Hey, *aufwachen*!«, rufe ich ärgerlich und trete zusätzlich noch unsanft gegen das Sofa, woraufhin Maxim kurz zusammenzuckt, schmatzt, murmelt – und weiter pennt.
Das ist doch...!
»EY!«
Ich habe ein sehr heftiges Déjà-vu, als sein Kopf plötzlich hochsaust und er mich aus verschlafenen Augen anblinzelt. Bei der ruckartigen Bewegung ist eines der Kissen zu Boden gesegelt und seine Haare stehen ihm buchstäblich zu Berge.
»Hm? Was'n?«, nuschelt er und versucht eifrig, den Schlaf aus seinen Augen zu blinzeln.
»Ich muss zur Schule, das heißt für dich, du musst aufstehen und deinen Arsch aus meiner Wohnung schwingen.«

Auf Nimmerwiedersehen.
Verwirrt runzelt er die Stirn. »Schule?« Er fährt sich mit einer Hand übers Gesicht, um sich die Müdigkeit abzustreifen. »Du gehst noch zur... Schule?«
»Ja.« Ich reiße ihm die Decke weg. »Steh' auf.«
So plötzlich der warmen Decke beraubt, zuckt Maxim zusammen. Fröstelnd klammert er sich an ein Kissen und drückt es sich vor die Brust, als ob es hier drinnen zehn Grad unter Null wären. Dann mustert er mich nachdenklich.
»Siehst älter aus. – Wie spät ist es?«
Das scheint immer eine seiner ersten Fragen zu sein, wenn er aufwacht.
»Sieben.« Pi mal Daumen. Jedenfalls Zeit für ihn, zu gehen.
»Sieben?!«, blökt er und zieht sich brummend das Kissen über den Kopf. »Ich steh' nich' auf, ehe es eine zweistellige Uhrzeit ist!«
Das glaube ich ihm sogar. Und jetzt kann ich auch verstehen, warum er so eine selbstverständliche Art drauf hat. Und warum mir sein merkwürdiger, manchmal hervorbrechender Straßenslang oder für was auch immer er das Gequatsche hält, so deplatziert vorgekommen ist.
»Gut, dann holt dich die Polizei eben ungewaschen ab, mir recht.«
Er lässt das Kissen soweit sinken, bis er mich darüber hinweg böse anblitzen kann. »Alter«, murmelt er vom Kissen gedämpft, »der Trick mit den Bullen zieht nich' immer. Außerdem siehst du doch, dass ich nix geklaut oder demoliert hab'. Warum gehst du also nich' einfach zur Schule und wenn du wieder kommst, hab' ich was gekocht. Oder so. Hm?«
Ich soll ihn hier allein zurücklassen? Sehe ich wirklich so bescheuert aus?
»Ich *habe* die Polizei schon gerufen, als du geschlafen hast«, unterstreiche ich es noch mal deutlich. Was er kann, kann ich schon lange. »Für so jemanden wie dich gibt's bestimmt sogar einen Finderlohn.« Augenblicklich sitzt er senkrecht auf der Couch und starrt mich entsetzt an.

»Du hast schon...« Seine Augen verengen sich misstrauisch, als er sich unterbricht und lauernd fragt: »So jemanden wie mich?«
»Maxim Herman Sander zu Carlbergen«, sage ich so langsam wie möglich und betone dabei jede einzelne Silbe. Laut ausgesprochen ruft der Name sogar eine vage Erinnerung in mir wach. Aber die ist zu schnell wieder weg, als dass ich sie greifen könnte.
Maxim reißt die Augen auf, ehe sein Blick zum Rucksack hinüberhuscht und anschließend zurück zu mir schnellt. »Du hast in meinen Sachen herumgewühlt.«
»Du hast dich in meiner Wohnung eingenistet.«
»Fuck!« Plötzlich springt er wie von der Tarantel gestochen vom Sofa und zerrt sich den Pullover über den Kopf. Anscheinend fällt er drauf rein. »Wenn du so scharf auf die winzige Belohnung bist, warum hast du dann nicht 'n Ton gesagt, hä?«, keift er und stopft den noch halbwegs sauberen Pulli hastig in den Rucksack hinein, um den dunkelblauen von gestern daraus hervorzuziehen und hastig überzustreifen. »Vielleicht hätte ich dir ja mehr gezahlt als mein Vater.«
Überrascht sehe ich ihm dabei zu, wie er in Windeseile in seine Schuhe schlüpft. »Es gibt *wirklich* eine Belohnung für dich?«
Mitten in der Bewegung hält er inne und starrt mich an. »Du hast doch gerade gesagt...« Verwirrt bricht er ab. »Shit, du wusstest das gar nicht?! Du hast nur aufgrund des pompösen Namens angenommen, dass es vielleicht, eventuell, *möglicherweise* eine Belohnung gibt? Du beschissenes Arschloch! Und wenn ich nun arm wie 'ne Kirchenmaus wäre und zu Hause gleich wieder eins auf die Fresse kriegen würde? Mal daran gedacht?«
»Dann hast du bezüglich deines Vaters also auch gelogen?«
Er gibt ein zischendes Geräusch von sich, als würde man aus einem Autoreifen die Luft raus lassen.
Das ist Bestätigung genug für mich, mehr noch, weil er gleich darauf pampig das Thema wechselt. »Wie viel Zeit hab' ich noch, bis die Polizei kommt? Wann hast du angerufen?«
Ich sehe keinen Grund, ihm zu sagen, dass ich ihn nur angelo-

gen habe, weil ich ihn so wenigstens schnell aus meiner Wohnung kriege. Wer weiß, vielleicht hätte er mich sonst tatsächlich noch dazu gebracht, ihn den Vormittag über hier bleiben zu lassen.
»Vor zehn Minuten«, sage ich wahllos.
»*Zehn Minuten*? Shit. Shit!«
Er reibt sich mit beiden Händen übers Gesicht und weitet das dann auf seine strubbeligen Haare aus. Ich kann erkennen, wie er sich mit der Zunge über die Zähne fährt, als müsste er überlegen, ob er noch Zeit genug hat, sich hier schnell die Zähne zu putzen, dann schüttelt er jedoch kaum merklich den Kopf.
Mist. Bin ich jetzt dafür verantwortlich, wenn der junge Herr Sander zu Carlbergen demnächst mit Karies zu kämpfen hat? Scheiße, natürlich nicht. Soll er doch nach Hause gehen. In seinem Haus gibt's bestimmt zig Badezimmer. So schlimm kann's da ja wohl nicht sein, dass er partout nicht zurück will.
Unvermittelt sieht er mich an. »Kannst du mir einen Gefallen tun?«, fragt er knurrig und fährt fort, ohne eine Antwort von mir abzuwarten: »Sag' ihnen nicht meinen Namen, okay? Sag' einfach, du hättest einen namenlosen Ausreißer aufgegabelt, weil... weil... ach, was weiß ich denn! Und du hast es als deine Pflicht oder sonst was angesehen, die Polizei zu rufen. Oder — noch besser — erzähl' von deiner Raffgier. Das ist immer glaubwürdiger. Sonst wirst du noch wegen Unterstützung von Prostitution Minderjähriger oder was verhaftet. Okay? *Okay*?« Wieder ist er schneller, als ich antworten kann, weil seine Hand plötzlich hervorschießt und mich am Arm packt. »Oder hast du ihnen etwa schon gesagt, *wen* du aufgegabelt hast? Am Telefon?«
Da ich in seinen hellen Augen neben der Hektik und dem Ärger auch leichte Furcht erkennen kann, sage ich schlicht: »Nein.«
»Nein? Was, nein? Nein, kein Gefallen, oder nein, kein —«
»Nein, kein Name«, falle ich ihm ins Wort, woraufhin er kurz erleichtert die Augen schließt. Dann durchbohrt mich sein Blick aufs Neue.
»Und der Gefallen?«

Ich zögere kurz. »Wie hoch ist die Belohnung?« Ich frage aus reiner Neugier. Wahrscheinlich eh nur ein Pappenstiel. Wer will diesen Freak schließlich wieder zu Hause haben, wenn der freiwillig das Weite sucht?
Ein paar Sekunden lang starrt er mich sprachlos an, dann entfährt ihm ein humorloses Schnaufen. Nervös leckt er sich über die Lippen, während er aus dem Augenwinkel zum Fernseher rüberschielt, an dem die roten Ziffern der Digitaluhr leuchten. Wahrscheinlich rechnet er sich aus, dass er nur noch ein paar Minuten hat.
»Von mir kriegst du mehr«, sagt er dann eindringlich, was meine Neugierde noch ein bisschen mehr anstachelt, zugegeben.
»Wie hoch ist die Belohnung?«, wiederhole ich unnachgiebig, wobei ich beinahe ein bisschen enttäuscht feststellen muss, dass ich ihn nicht um des Geldes willen ausliefern würde. Zumindest solange nicht, bis ich nicht weiß, warum er sich offenbar so sehr dagegen sträubt, zurückzugehen. Wenn das ein absolut lachhafter Grund ist – es gibt keinen Mercedes/Porsche/Jaguar/Lamborghini zum Geburtstag, sondern nur einen Audi! –, überlege ich es mir noch mal. Zu seinem Besten.
Er ringt sichtlich mit sich, dann grollt er: »Für sachdienliche Hinweise zu meinem momentanen Aufenthaltsort, die am besten noch zu einer Ergreifung führen, gibt's tausend Euro.«
Meine Kinnlade ist nur einen Millimeter davon entfernt, durch den Boden auf den Fernsehtisch meiner Oma zu krachen. *Wie viel*?!
»Du kriegst das Doppelte von mir, wenn du der Polizei gegenüber meinen Namen nicht nennst«, haspelt er schnell hinterher. »Nicht sofort, allerdings. Sondern erst, wenn... wenn ich irgendwann wieder zu Hause bin. Und dann... in Raten.«
Ich kann immer noch nicht wieder so richtig denken. »Tausend Euro?«
»Ja, verdammt!«, faucht er. »Willst du die oder lieber zweitausend?« Er lässt endlich meinen Arm los, um in seine gut gefütterte, schwarze Jacke zu schlüpfen, und erst jetzt bemerke ich, dass

er ziemlich fest zugepackt hat.
»Du...« Ich räuspere mich kurz. »Du solltest das Geld besser für ein Zugticket nach Hause verwenden.«
Ach du Scheiße, ich denke doch gerade nicht allen Ernstes darüber nach, leicht verdiente zweitausend Euro in den Wind zu schlagen?! Mann, der hat's ja wohl!
»Und du solltest dich besser um deinen eigenen Scheiß kümmern!«, blafft er ungehalten, zerrt den Reißverschluss seiner Jacke zu und schnappt sich seinen Rucksack. »Was ist jetzt? Wenn wir hier noch länger rumdiskutieren –«
»Verschwinde«, sage ich knapp. Argwöhnisch blickt er mich an. »Ich sage nichts. – Oder doch: Wenn dein Vater so viel Geld als Belohnung in Aussicht stellt, solltest du freiwillig nach Hause gehen, bevor er sich noch mehr Sorgen macht.«
»Er macht sich keine Sorgen«, schnaubt er im Brustton der Überzeugung und dreht sich dann um, um in Richtung Wohnungstür zu verschwinden. Bevor er sie jedoch aufreißt und geht, was funktionieren würde, weil ich die Tür zwischenzeitlich wieder aufgeschlossen habe, dreht er sich noch mal zu mir um. »Und du willst wirklich gar kein Geld?«
»Nein.« Obwohl mich der Verzicht auf diese Summe bestimmt noch in dem einen oder anderen Alptraum heimsuchen wird. Andererseits bedeutet zu viel Geld auf einem Haufen immer Ärger – wenigstens das habe ich von Patrizia gelernt – und Ärger brauche ich derzeit absolut nicht. So, wie Maxim Von-und-Zu aussieht, heißt und teuer ist, zieht er den garantiert magisch an. Besser also, ihn schnell loszuwerden. Auch wenn's ein bisschen wehtut. »Aber zum Dank für meine Verschwiegenheit könntest du mir verraten, was du mit meinem Fahrrad angestellt hast.«
Es ist bestimmt ein alles andere als gutes Zeichen, dass er sich bei der Erwähnung meines Rads sofort schuldbewusst auf die Unterlippe beißt und sich seine rechte Hand verdächtig schnell auf den Türgriff legt.
Ich hab's geahnt.

»Ähm...« Er drückt die Klinke runter. »Weißt du, gestern kannte ich dich ja noch nich' so gut und die Umstände... hm, haben mich quasi dazu gezwungen... also, um ehrlich zu sein...« Mit einem sehr aufrichtigen, reumütigen Blick sieht er mir direkt in die Augen, während er die Tür gleichzeitig weiter aufzieht. »Ich hab's... äh, an so einen Kerl... ver... verkauft.«
»WAS?!«
Ich will im selben Moment nach ihm greifen, als er schon flink durch die Tür schlüpft und die Treppen runterpoltert.
Scheiße, ich glaub's ja nicht! *Verkauft*?!
Ich hetze ihm hinterher und kann im Treppenhaus nur hoffen, dass meine Oma noch nicht die Haustür aufgeschlossen und in den Briefkasten geguckt hat, so dass Maxim vor verschlossenen Toren steht. Aber da reißt er die Tür auch schon auf und flüchtet auf die offene Straße hinaus, ohne sich auch nur einmal umzudrehen.
So ein verdammter Mist!
»Dafür bist du mir was schuldig!«, brülle ich ihm hinterher, weil er erstaunlich schnell das Weite sucht. »Sonst verpfeif' ich dich doch! Du...« Als ich erkenne, dass schon der eine oder andere Frühaufsteher auf der Straße unterwegs ist, um zur Arbeit aufzubrechen, breche ich abrupt ab und versetze der Eingangstür nur einen ungeduldigen Stoß.
Das darf ja wohl alles nicht wahr sein!
»Vincent?« Hinter mir geht die Tür auf und meine Oma — komplett angezogen, geschniegelt und gestriegelt, weil sie immer schon um halb sechs quietschfidel ist — sieht mich verwirrt hinter ihren kreisrunden Brillengläsern an. »Was ist denn hier los? Warum schreist du so?«
»Klingelstreiche, nichts weiter«, lüge ich schnell und unkompliziert.
Erschreckend, wie gut ich das kann. Eigentlich habe ich keine Lust meine Oma anzulügen, aber da sie auch völlig ahnungslos ist, was mein Schwulsein oder meine wackeligen Zukunftschancen

angeht, ist mir das schon beinahe in Fleisch und Blut übergegangen. Und da meine Oma nicht blöd ist, muss ich wirklich gut darin geworden sein, denn sie denkt bis heute, dass ich nach der Schule die glorreiche Ausbildung zum Elektriker antreten werde. Bei einem Unternehmen allerdings, das es nur in meiner Phantasie gibt und das im Notfall urplötzlich pleite machen wird. Ja, die freie Marktwirtschaft kann grausam sein.

Mit einem unbeschwerten Lächeln gehe ich zu ihr hinüber und gebe ihr einen kurzen Begrüßungs- und gleichzeitig Abschiedskuss auf die Wange. »Ich muss jetzt zur Schule.« Der Weg dahin wird heute nämlich etwas länger dauern als gewöhnlich.

»In Ordnung. Soll ich dir heute Mittag das Schnitzel von gestern aufwärmen?«

»Ich bin nach der Schule wieder beim Glühweinstand eingeteilt.« Aber bei dem Gedanken daran, dass Maxim sich gestern noch die Finger nach diesem Schnitzel geleckt hat, füge ich hinzu: »Aber ich kann's ja heute Abend essen.«

Das zaubert ein kleines Lächeln auf die Lippen meiner Oma, die permanent findet, dass ich zu wenig esse, weil ich einmal den Fehler begangen habe, sie in meinen Kühlschrank gucken zu lassen. Dann verschwindet sie wieder in ihrer Wohnung und ich mache mich – zu Fuß! – auf den Weg zur Schule.

# 4

*Maxi*

Meine Fresse, ich hab' ja schon einige schräge Vögel erlebt, aber Vince ist unter denen echt ein ganz komischer Kauz.
Nachdenklich spritze ich mir auf dem Männerklo eines mittelgroßen Klamottengeschäfts lauwarmes Wasser ins Gesicht. Heißes gibt es nicht, das ist wohl nur den ganz großen Einkaufsparadiesen vorbehalten. Genauso wie die kleinen gewissen Extras. Streichholzschachteln, Seifenproben, richtige Handtücher und solch schnieken Kram. Aber da ich darauf schon etwas länger verzichte, macht mir das lauwarme Wasser auch nichts aus. Alles ist besser, als diese eisige Kälte draußen, bei der ich mir noch diverse Körperteile abfrieren werde, wenn ich nicht aufpasse. Der Wetterbericht für die nächsten Tage sieht laut Radio, das hier im Klo besonders laut dröhnt, allerdings nicht sehr rosig aus. Sinkende Temperaturen, Bodenfrost und solche Scherze. Vielleicht gibt es sogar ein bisschen Schnee.
Juhu. Weiße Weihnacht und Frostbeulen, ich freu' mir ein Loch ins Knie!
Mit einer Hand wische ich mir über das feuchte Gesicht, während ich mit der anderen in meinem Rucksack nach meinen Zahnputzsachen krame, die ich in weiser Voraussicht von zu Hause mitgenommen habe. Ich hasse Zahnärzte wie die Pest und habe keine Lust, einen Besuch bei denen herauszufordern. Allein schon, wenn ich diesen horrorartigen Stuhl und die ganzen Bohrer und ominösen Instrumente sehe, die direkt aus zig Horrorfilmen entsprungen sein könnten, dreht sich mir der Magen um.
Zwei meiner Weisheitszähne — die anderen beiden habe ich noch und wenn es nach mir geht, muss ich die auch nicht unbedingt loswerden — mussten mir unter Vollnarkose herausoperiert werden, weil ich dem Doc sonst vermutlich während des Vorgangs in einem Anfall von panischem Wahnsinn an die Gurgel gegangen

oder gleich in Ohnmacht gefallen wäre.
Ganz schön peinlich das, aber was soll ich machen? Da putze ich mir lieber ein paar Mal am Tag die Zähne und gut ist. Und da Vince mich heute Morgen fürs Leben geschockt hat, muss ich das eben hier tun.
Dabei ist überhaupt nichts gewesen. Da komme ich immer noch nicht drüber weg. Hat der mich doch glatt ohne mit der Wimper zu zucken angelogen. In einem riesigen Bogen hab' ich mich zurück zu seinem Haus geschlichen und mir fast eine Viertelstunde im Schutz eines parkenden Vans die Beine in den Bauch gestanden. Ich wollte wissen, ob Vince den Bullen nicht vielleicht doch meinen Namen verraten hat, damit ich meine nächste Reiseroute gleich schon mal planen kann. Denn hätte er was gesagt, wäre die Polizei bestimmt im Sechseck gesprungen und hätte noch an Ort und Stelle eine Großraumfahndung angeleiert.
Aber Pustekuchen.
Keine Polizei, keine Spürhunde, kein nichts. Nur ein Vince, der nach fünfzehn Minuten mit angefressenem Gesichtsausdruck das Haus verlassen hat. Vermutlich zur Schule.
Und ich habe ihm sein Gequatsche total abgenommen und bin wie eine Rakete aus seinem Haus geschossen.
Na ja, schätzungsweise ist das seine Rache für meine kleine Schwindelei gewesen, obwohl ihm mein fulminanter Name ja nicht allzu viel zu sagen schien. Vielleicht bin ich aber auch schon zu weit von Düsseldorf weg, auch wenn es mir schwer fällt zu glauben, dass die Macht meines Vaters irgendwelche regionalen Grenzen kennt.
Ich spüle mir den Mund aus, packe Zahnbürste und Zahnpasta weg und fische stattdessen meinen Kajal aus einer Seitentasche heraus. Ist bestimmt total albern, sich den jetzt um die Augen zu kleistern, wo ich sowieso weder taufrisch aussehe, noch rieche — und ich habe mich so wahnsinnig auf eine schöne heiße Dusche heute Morgen gefreut! —, aber Vince' *kleiner Junge* hat mich doch etwas gekränkt.

Gut, vielleicht muss ich mich noch nicht mit so was Lästigem wie Bartwuchs herumschlagen, den ich in den meisten Fällen sowieso extrem abtörnend finde, von künstlerischen Drei-Tage-Bärten vielleicht einmal abgesehen, aber so was kann ja durchaus auch genetisch bedingt sein. Also, wie stark und ab wann und so weiter. Außerdem werde ich in nicht einmal zwei Monaten siebzehn und Mister Killerblick kann ja wohl auch noch nicht so ganz erwachsen sein, wenn er noch zur lausigen *Schule* geht. Dass er sich allerdings für erwachsen hält, ist ja wohl offensichtlich. Immer dieser bierernste Ausdruck im Gesicht und diese Denkerfalten auf der Stirn, pff. Drauf geschissen. Es tut mir Leid für ihn, dass er seine Eltern offenbar schon so früh verloren hat, aber das ist kein Grund, rumzurennen, als würde er die Last der Welt auf den Schultern tragen.
Und keine Entschuldigung dafür, mich *Freak* oder *kleiner Junge* zu nennen.
Obwohl ich ihm andererseits hoch anrechnen muss, sowohl die tausend, als auch die zweitausend Euro in den Wind geschossen zu haben, obwohl ich ihm gleich im Anschluss gestanden habe, sein Rad verscherbelt zu haben. In der heutigen Zeit würde das so gut wie gar keiner mehr machen, davon kann ich aber ein Liedchen singen.
Sollte mir irgendwann buchstäblich der Arsch auf Grundeis gehen, weiß ich jedenfalls, bei wem ich um Asyl bitten werde. Da kann er mich auch nicht mit seinen komischen Anwandlungen abschrecken, mir auf die Pelle zu rücken und mit dieser sexy Mafiosostimme zu sprechen, die er wohl für gefährlich hält. Bei mir hat die bis jetzt eher den gegenteiligen Effekt bewirkt. Na ja, oder zumindest habe ich sein Getue *nicht nur* gruselig gefunden.
Nachdem ich mir ein paar saubere Linien um die Augen gemalt habe, stecke ich den Kajal wieder weg, schnappe mir meinen Rucksack und verlasse das öde Klamottengeschäft, um mir lieber eins dieser monströsen Kaufhäuser mit zig Abteilungen auf sechs Etagen zu suchen.

Da kann man's ungefährlicher und unentdeckter und obendrein locker ein paar Stunden ohne Langeweile aushalten.

***

Um die Mittagszeit herum bin ich allmählich soweit, dass ich den Hunger, der mich schon seit heute Morgen nach dem mickrigen Brötchen vom SB-Bäcker plagt, nicht mehr ignorieren kann.
Das Schwarze Loch in meinem Bauch hat wieder zugeschlagen – und macht in meinem Portemonnaie gleich weiter. Denn da sind nur noch etwas mehr als vier Euro drin, also wird's wohl wieder auf den SB-Bäcker hinauslaufen, wenn ich noch ein, zwei Tage was von dem Geld haben will. Langsam hängt mir das Zeug echt zum Hals raus, ganz besonders, wenn man quasi auf der Einkaufsstraße lebt und von allen Seiten mit Gerüchen von *warmem* Essen zugeschüttet wird.
Fettige Imbissbudenpommes, knusprige Pizza, saftige Bratwürstchen, triefende Burger, knoblauchstinkende Döner...
Fuck!
Mein Magen zieht sich so schmerzhaft zusammen, dass ich eine Hand auf meinen Bauch pressen muss und krampfhaft versuche, nur durch den Mund zu atmen, um nicht allzu viel von dieser Geruchshölle mitzubekommen.
Vielleicht sollte ich meine vier Euro doch für irgendetwas Warmes ausgeben, aber dann hätte ich morgen ein noch viel größeres Problem.
Und wenn es nur ein klitzekleiner Burger von McDonald's ist...? Eine kleine Pommes? Nur, damit ich nicht völlig den Geschmack von so was Göttlichem vergesse...?
Verdammt, nein, Maxi! Du hast deine kleine Ausreißertour ja wohl keine zehn Tage durchgestanden, nur um dann vor einem mickrigen Burger zu kapitulieren, der dich im schlimmsten Fall noch nicht mal satt macht! Ach was, der macht mich nie und nimmer satt!

Und dann komme ich zu Hause angekrochen, weil ich meine Finanzen und meinen Monsterhunger nicht im Griff hatte, oder was? Das Einzige, was ich dann von meinem Vater ernten werde, wird ein außergewöhnlich lang anhaltender Lachanfall sein.
Was ich bräuchte, wäre noch einmal ein unvorsichtig abgestelltes Fahrrad oder...
Vor mir taucht der Weihnachtsmarkt auf.
Ob Vince heute wohl wieder arbeitet? Vielleicht ist seine Samaritersträhne noch nicht abgerissen und er lädt mich auf irgendwas Leckeres ein, egal was? Wenn ich ihm im Gegenzug ein neues Fahrrad verspreche? Ha, das wär' doch was!
Fragen kostet schließlich nichts — zum Glück!
Suchend schlängle ich mich zwischen Buden und herumschlendernden Passanten hindurch, bis ich glaube, Vince' Glühweinbude gefunden zu haben. Oder doch nicht? Das Mädel und den Kerl, die da fröhlich Glühwein unters Volk mischen, kenne ich nicht. Aber ich bin mir ziemlich sicher, dass das die richtige Bude ist.
»Entschuldigung?«
»Ja?« Das Mädel lächelt mich unverbindlich an und hat schon eine Hand an einer Glühweintasse, als sie zögert. »Tut mir Leid, bist du schon achtzehn?«
Meine Fresse, *so jung* sehe ich ja wohl auch nicht aus! Und wenn man selbst aussieht, wie gerade der Minderjährigkeit entsprungen, sollte man die Klappe nicht so aufreißen.
»Ich such' jemanden«, ignoriere ich ihre Frage, deren Antwort sie, finde ich, überhaupt nichts angeht. »Der arbeitet hier eigentlich auch. Oder hat hier zumindest gestern gearbeitet. Vincent? Kennen Sie den?«
»Vincent? Junker?« Sie streicht sich eine schmutzig blonde Haarsträhne hinters Ohr, die sich aus ihrem Zopf im Nacken gelöst hat, und scheint auf eine Antwort zu warten. Dabei ist es doch wohl höchst unwahrscheinlich, dass gleich zwei Kerle mit ein und demselben dämlichen Namen an der gleichen Glühweinbude arbeiten oder sehe nur ich das so?

Offensichtlich schon, weil sie immer noch auf irgendwas wartet. Also nicke ich brav.

»Klar kenne ich den.«

Meine Fresse, wenn das in dem Tempo weitergeht, sind wir in drei Jahren noch nicht fertig.

»Arbeitet der heute noch?«

»Ja. Aber erst ab vier.«

Shit. Es ist gerade mal halb zwei. Als ob ich Lust hätte, noch zweieinhalb Stunden zu hungern!

Sie mustert mich neugierig. Ein bisschen zu neugierig. Und in ihren Augen flackert so ein vages Erkennen auf, aber ich bin nicht sicher, ob das ernst zu nehmen ist.

»Soll ich ihm was von dir ausrichten? Bist du ein Schulfreund von ihm?«

Ich überhöre beide Fragen geflissentlich und lächle stattdessen.

»Danke, ich werd' dann einfach später noch mal vorbeikommen.«

Sie guckt etwas irritiert aus der Wäsche, aber das kümmert mich nicht und ich marschiere zurück in Richtung Einkaufsstraße. Muss ich eben noch ein bisschen Zeit in 'nem Buchladen oder so rumbringen. Vielleicht gibt's ja was Neues von Christopher Moore oder irgendeinen spannenden Psychothriller. Die könnte ich zwar nicht kaufen, aber manche Buchläden haben auch ganz nette Sitzecken zu bieten. Und wenn das Buch gut ist, kann ich vielleicht sogar den Hunger vergessen.

***

Kurz nach vier stehe ich frierend und halb verhungert auf meinem Posten der Glühweinbude gegenüber. Vince schnackt mit der Blonden von vorhin, während sich der Kerl klammheimlich davon stiehlt.

Shit, teilt sich etwa die die Schicht mit Vince? Wo ist denn der andere Typ von gestern? Der mit der Freundin, dem fiktiven Whirlpool und dem Phantasieloft?

Ich habe keine Lust, mich von dem neugierigen Mädel entdecken zu lassen, falls die mich wirklich erkannt haben sollte.
Andererseits... sterbe ich beinahe vor Hunger.
Ungeduldig passe ich einen Moment ab, in dem die Blonde mit Kundschaft beschäftigt ist, und schleiche mich hastig an den äußersten Rand der Bude.
»Hey, Vince«, grüße ich ihn fröhlich und warte, bis er mich etwas perplex anguckt. »Lust, mir 'ne Pizza zu spendieren?«
Er sieht mich an, als hätte ich mich vor seinen Augen in einen dreiköpfigen Drachen verwandelt. »Hast du das Geld, das du für mein Fahrrad bekommen hast, etwa schon ausgegeben?«, fragt er mit tödlich ruhiger Stimme, so dass mir ein bisschen mulmig zumute wird. Offensichtlich hat er mir das Ding mit seinem Fahrrad noch nicht so ganz verziehen.
»Na ja, sooo unendlich viel habe ich dafür jetzt auch nich' bekommen.«
Erschrocken zucke ich zusammen, als er unvermittelt mit der Faust auf den Ausschanktresen haut. Links von mir guckt ein älteres Ehepaar ebenfalls sehr missbilligend und huscht dann gleich weiter zur nächsten Bude, wo es auch Glühwein gibt. Also, das mit dem Kundenkontakt üben wir aber noch mal, was, Vince?
»Nenn' mir einen guten Grund, warum ich dich nicht auf der Stelle bei der Polizei verpfeifen sollte, Herr Sander zu Carlbergen, damit *ich* zu ein bisschen Geld komme.«
Ich kann nicht verhindern, dass ich bei dem Namen regelrecht erstarre und vorsichtshalber ein paar misstrauische Blicke über beide Schultern werfe. Meine Fresse, hol' doch gleich das Megaphon raus, du Hornochse!
»Ich kauf' dir ein neues Rad. – Und im Übrigen brauchst du nicht so zu schreien. Muss ja nich' jeder wissen.«
»Ein neues Rad?« Er schnaubt verächtlich und schüttelt dann den Kopf. »Verschwinde.«
»Hey, ich meine das ernst! Ich, ähm... ich kann's dir zwar nicht von jetzt auf gleich kaufen, aber irgendwann im... im nächsten

Jahr kriegst du es. Mit Sonderausstattung. Nur... hm, bis dahin bin ich irgendwie etwas blank.« Ich lächle ihn ein bisschen beklommen an und versuche es mit einem Augenaufschlag von unten zu ihm hoch. »Und sehr, sehr hungrig. Was ist nun mit der Pizza?«

Unvermittelt langt er über den Tresen rüber und hat sich so schnell meinen Jackenaufschlag geschnappt, dass ich nicht mal Zeit habe zu blinzeln. Ein bisschen zu heftig zieht er mich dichter an die Bude heran, so dass ich leicht schmerzhaft mit dem Arm gegen das Holz schlage.

»Au!«, beschwere ich mich, was Vince jedoch völlig kalt zu lassen scheint. Stattdessen schießt er einen seiner gruseligen Killerblicke auf mich ab, bei dem es mir leicht im Nacken prickelt. Dieses Mal tatsächlich ein wenig vor Furcht. Will der mich jetzt so festhalten, bis er die Polizei alarmiert hat und die mich abtransportieren kommt?!

»Ver-schwin-de!«, betont er dann jedoch nur überdeutlich und lässt mich mit einem kleinen Schubs wieder los.

Ach ja. Hab' ganz vergessen, dass er vorzugsweise mit mir redet, wenn er mich irgendwie fest anpacken kann — wie einen Schwerverbrecher oder so was Abgedrehtes. Der träumt wohl davon, eine glorreiche Karriere als Polizist in Angriff zu nehmen.

»Komm schon, Vince. Wir können uns die Pizza auch teilen!«

Er rollt mit den Augen und fährt sich mit einer Hand durch das dunkelbraune Haar. »Spreche ich eigentlich undeutlich? Wenn du Hunger hast, lass dich von deinem Daddy finden, aber lass mich — verdammt noch mal — in Ruhe, okay?!«

Bevor ich die Gelegenheit habe, zu fragen, was denn diese abfällige Bemerkung wieder zu bedeuten hat, flötet es auf einmal hinter mir: »Hey, Vinnie!«

Gleich darauf bekomme ich einen so spitzen Ellenbogen in die Seite gerammt, dass man dafür unter Garantie einen Waffenschein braucht. Grob werde ich wie ein Haufen leerer und nutzloser Umzugskartons an die Seite geschoben und da, wo ich vor zwei

Sekunden noch gestanden habe, steht wie von Zauberhand ein großes, schlankes Etwas mit eindrucksvollen, rotbraunen Locken. Das übrigens so penetrant nach *Frischer Blumenwiese* oder *Fruchtigem Obstkorb* oder weiß der Geier, was für ein ekelhafter Süßkram das sein soll, riecht, dass mir spontan ein bisschen schlecht wird. So was auf leeren Magen zu ertragen, ist hundertprozentig zu viel verlangt und mir kratzt es regelrecht im Hals, der Trulla auf ihre blütenweiße Jacke zu kotzen.

»Patrizia«, stöhnt Vince alles andere als begeistert, was meine Laune doch gleich mal wieder etwas anhebt. Der Gute hätte mich auch kolossal enttäuscht, wenn der auf so eine offensichtliche Mogelpackung hereingefallen wäre. Noch dazu als geouteter Schwuler!

»Machst du mir einen Glühwein?«, trällert Patrizia und lehnt sich dichter über den Tresen zu Vince rüber.

Ich muss mich fast ein bisschen schämen, als ich bemerke, dass sie ihn genauso von unten her anblinkt, wie ich das gerade noch gemacht habe.

»Nein«, knurrt Vince abweisend und ich möchte ihn dafür am liebsten mit einem Orden auszeichnen. So ist's richtig, Vince! »Hier gibt es ungefähr fünfzig Buden, an denen du Glühwein bekommen kannst, also such' dir bitte eine andere, ja?«

Bei dem Geräusch, das Patrizia im nächsten Moment von sich gibt, stellen sich mir die Nackenhaare auf; ich glaube, das ist ein Kichern gewesen.

»Aber hier schmeckt's mit Abstand am Besten. Komm schon, Vinnie, mein Geld ist doch wohl genauso gut wie das der anderen, oder?«

Shit, und sie hat sich ebenso wie ich auf Hartnäckigkeit und Kompromisse spezialisiert, was natürlich prompt wirkt. Vince greift grimmig nach einer Tasse, nicht jedoch, ohne auch ihr vorher einen finsteren Blick zuzuwerfen. Mann, als würde das jetzt noch den Schein wahren! Der hält sich vielleicht für Mister Eisklotz persönlich, aber trotzdem lässt der sich von allem und jedem um

den kleinen Finger wickeln wie ein Anfänger.
»Danke, Vinnie«, säuselt Patrizia zufrieden, als sie mitverfolgt, wie Vince ihr die Tasse füllt. »Bist ein Schatz!«
Auf den sie sich am liebsten in diesem Augenblick stürzen will, so wie sie ihn anstiert. Offensichtlich hat sie noch nicht mitbekommen, dass er schwul ist. Oder weiß sie das noch gar nicht? Gestern habe ich den Eindruck gehabt, dass er damit recht offen umgeht. Vielleicht kennt sie auch bloß nicht die Bedeutung dieses Wortes oder glaubt Vince nicht?
Na, das kann man aber schnell ändern. Zeit für einen Rettungsplan à la Maxi. Und als Dankeschön, weil ich ihm die Trulla vom Hals geschafft habe, gibt es kein lumpiges Stück Pizza, sondern ein phantastisches Fünf-Gänge-Menü mit anschließender Übernachtung im Warmen auf Vince' Couch – ach was, in seinem Bett!
Ich mache einen Satz nach vorne und remple dabei mit sehr viel Absicht Patrizia an, um meinen Platz am Tresen zurück zu ergattern. Patrizia quiekt erschrocken auf, verschüttet etwas von ihrem heißen Glühwein auf dem Holz und starrt mich fassungslos wie zornig von der Seite an. Bevor sie jedoch den Mund zum Zickenterror öffnen kann, komme ich ihr zuvor und strahle Vince entschuldigend an.
»Sorry«, sage ich etwas außer Atem, als wäre ich gerannt, weil sie gerade bestimmt nicht darauf geachtet hat, wen sie zur Seite bugsiert hat, »bin zu spät. Ich hoffe, du hältst noch nicht lange nach mir Ausschau?« Ich stemme mich am Holztresen hoch und drücke dem völlig überrumpelten Vince einen eigentlich viel zu harmlosen Kuss auf die geschlossenen, unerwartet weichen Lippen. Ohne Zunge und ohne alles, aber zu mehr reicht es auch gar nicht, weil ich mich dann wieder auf den Boden fallen lassen muss.
Den gewünschten Effekt hat es trotzdem, weil Patrizia ihre Worte buchstäblich im Hals stecken bleiben und sie nur so ein komisches Geräusch zwischen Ächzen und Keuchen ertönen lässt.

Obwohl ich sie nicht anschaue, kann ich förmlich spüren, wie sich ihr entsetzter Blick seitlich in meine Schläfe bohrt.
Unglücklicherweise sieht Vince nicht viel besser aus. Fuck, jetzt spiel' doch mal mit, du Trottel!
»Ich wäre schon eher hier gewesen«, plappere ich weiter, damit sich keiner über die merkwürdige Stille wundern kann, »aber es ist so unglaublich voll in der Stadt, wegen der Vorweihnachtszeit. Da ist echt kein Durchkommen.« Heilige Scheiße, jetzt rühr' dich doch mal und hör' auf, mich anzuglotzen, als wäre ich Frankenstein! »Und dann hat auch noch so eine Frau ihre ganzen Einkäufe über die Passage verstreut, weil die zwei Elefantenbabys des Penners an der Ecke sie über den Haufen gerannt haben! Das war ein Anblick!«
»Was...« — ah! Endlich eine Reaktion! Großartig, Vince! —
»... quasselst du da?«
»Ha, tja, du kennst ja meinen abgedrehten Humor, nicht?« Ich beuge mich über den Tresen und schnappe mir einen Zipfel seines dunkelblauen Schals, um ihn daran etwas ruppig zu mir herunter zu zerren. Wahrscheinlich verdanke ich es immer noch dem Überraschungsmoment, dass er mich nur mit diesem Todesblick anstarrt, anstatt mir gleich die Rübe vom Kopf zu reißen.
»Verdammt!«, zische ich ihn so leise wie möglich an, als wir auf einer Augenhöhe sind. »Jetzt mach' doch mal mit!«
»Mitmach-«
Um des guten Schauspiel Willens lasse ich mich dazu verleiten, ihn erneut zu küssen. Passt jetzt auch viel besser, wo unsere Gesichter so dicht voreinander sind und er endlich mal die Zähne auseinander bekommen hat. Allerdings ist Vince offensichtlich zu geschockt, um richtig mitzumachen, weil ich mir nicht vorstellen kann, dass er immer so schlecht küsst wie jetzt gerade. Ich mache praktisch die ganze Arbeit, damit es auch ja echt aussieht, fahre mit der Zungenspitze neckend an seinen Lippen entlang und muss sagen... die sind wirklich sehr weich. Wenn er mitmachen würde, wäre das hier bestimmt das reinste Vergnügen.

Ich traue mich, mich weiter vorzutasten und – autsch! Dieses Arschloch hat mir doch nicht gerade wirklich auf die Zunge gebissen?! Nicht besonders kräftig, zugegeben, aber die Warnung habe ich eindeutig verstanden. Pff, der weiß ja gar nicht, was er verpasst!

Langsam löse ich mich von ihm, weiche aber nicht nennenswert vor ihm zurück. Seine dunkelbraunen Augen fixieren mich eisig. Na, da kann ich ja nur hoffen, dass er mich nicht die ganze Zeit so angeschaut hat, als wollte er mich fressen. Der hat auch noch nie was von Schauspielerei gehört, oder?

Ich senke meine Lider auf Halbmast und hauche leicht dösig, als wäre das gerade ein phänomenal guter Kuss gewesen – was in diesem Fall *wirklich* gut geschauspielert ist, das muss ich ja mal erwähnen: »Hast du mich vermisst?«

Um Vince' Mundwinkel herum zuckt es, dann ringt er sich ein: »Schrecklich«, heraus.

Okay, Kumpel, du bist ein hoffnungsloser Fall, wenn es nicht gerade darum geht, den raubeinigen Mafiaboss zu mimen.

Ich lehne mich wieder zurück und lasse Vince' Schal los. Dann tue ich so, als würde ich rein zufällig und just in dieser Sekunde Patrizia bemerken, obwohl dieses penetrante, kuhäugige Gestarre eigentlich nicht zu ignorieren ist.

»Oh, hi. Ich wollte euch nicht unterbrechen, ich hatte nur solche *Sehnsucht* nach Vince.« Der sieht bei diesem Wort übrigens so aus, als hätte ich gerade auf ihn geschossen. »Ich bin Maxi.« Braver Junge, der ich ja nun mal bin, strecke ich ihr meine Hand entgegen, die von ihr jedoch ungefähr so stark beachtet wird wie der Straßendreck unter den Sohlen ihrer hochhackigen Dominastiefel.

Ein bisschen wie betäubt sieht Patrizia erst mich eine ganze Weile an und wendet sich dann an Vince. »Wer ist das?«

»Maxi«, wiederhole ich, bevor Vince auf die Idee kommen kann, etwas anderes zu antworten. »Ich bin Vince' Freund. Und du bist...?«, setze ich provokativ hinzu.

»Vince...?«, japst Patrizia, als wäre ihr *Vinnie* eine so viel bessere Alternative. Der Name ist einfach an sich für die Tonne, da kann nichts mehr dran gerettet werden. »Das ist doch wohl ein Scherz, oder, Vinnie?«, redet sie weiter auf Vince ein, als wäre ich überhaupt nicht anwesend. »Der Zwerg ist zwölf!«

»Siebzehn«, werfe ich ein. »Fast.«

Inzwischen ist ihre Fassungslosigkeit eindeutig verraucht, denn als Patrizia mich wieder anschaut, hat sie einen äußerst genervten Blick drauf. Offenbar glaubt sie, wir wollen sie verarschen. Hm, nun, kluges Köpfchen.

»Kannst du nicht mal fünf Minuten die Klappe halten? Oder gleich verschwinden? Geh' mit deinen Zwergenfreunden spielen und lass uns Erwachsene ein vernünftiges Gespräch miteinander führen, ja?«, meint sie herablassend und taxiert mich mit dem dazugehörigen Blick über ihre ekelhaft süße Stupsnase hinweg.

Ich muss nicht telepathisch begabt sein, um zu wissen, dass sie mich für ein abgerissenes Straßenkind hält, das sich am besten noch auf dem Strich etwas dazu verdient und das in ihrer Gegenwart bloß kein zweites Mal wagen sollte, den Mund aufzumachen. Oder Vince zu küssen. Ich glaube, das hat sie viel mehr getroffen. Hätte sie wohl auch gerne gemacht. Na, bis jetzt kann ich eindeutig sagen... sie hat nix verpasst.

Gespielt beleidigt sehe ich Vince wieder an. »Sind deine Freunde immer so unfreundlich?«

Vince bleckt verärgert die Zähne. »Könnt ihr nicht beide einfach verschwinden? Ihr vergrault die Kunden.«

»Ich glaube, das schaffst du schon ganz allein«, bemerke ich spitz. »*Schatz.*«

Patrizia schüttelt entgeistert den Kopf und fixiert immer noch Vince. »Du willst mir doch nicht wirklich erzählen, dass du plötzlich Interesse an einem zwölfjährigen Jungen hast.«

»Siebzehn.« Ist die schwer von Begriff? Zumindest scheint sie gewissen Menschen oder Aussagen gegenüber taub zu sein, weil sie mich schon wieder nicht beachtet.

So ein Wahrnehmungsvermögen möchte ich auch mal haben. Ich blende einfach alles aus, was mir nicht passt. Ha, dann hätte ich auch zu Hause bleiben können – *Was soll ich getan haben, Papa? Das glaubst du doch wohl selbst nicht. Also, was gibt's zum Mittag?* – und England wäre kein Thema mehr.

Im ersten Moment sieht Vince so aus, als wollte er ganz reflexartig Patrizias Zweifel bestätigen und mich im selben Atemzug noch ans Messer liefern, aber dann zögert er kurz und wechselt einen flüchtigen Blick mit mir.

»Doch«, sagt er dann ganz gelassen. »Genau das will ich dir erzählen. Ich bin zwar noch nicht lange mit Maxi zusammen, aber so ist es schon seit ungefähr zwei Jahren. Ich weiß nicht, wie viel Bestätigung du noch brauchst.«

WOW! Standing Ovations, mein lieber Vince! Das ging dir ja richtig glaubwürdig über die Lippen! Da bin ja sogar ich baff, warum hat er das nicht schon von Anfang an so gemacht, wenn er es doch kann? Dann hätte das Küssen bestimmt auch mehr Spaß gemacht.

Patrizia schüttelt immer noch den Kopf, als hätte sie die zauberhafte Fähigkeit, damit irgendetwas rückgängig zu machen. »Ich weiß«, betont sie, »dass du keinerlei schwule Ambitionen gezeigt hast, als du mit mir zusammen warst. Im Gegenteil.« Sie wirft mir erneut einen Blick der Marke *Du-bist-Abschaum* zu. »Es fällt mir schwer zu glauben, dass dich der Knirps hier genauso auf Touren bringen kann wie ich.«

Du meine Fresse, meine Ohren bluten gleich – was bitte?! Soll ich nur für sie eine Live-Peepshow aufziehen oder nimmt sie diese Ungeheuerlichkeit freiwillig zurück? Und hat Vince zufällig einen schlimmen Schlag auf den Kopf bekommen oder warum ist er so umnachtet gewesen, mit der Trulla was anzufangen? Bevor ich meine Wut jedoch in scharfe Worte umwandeln kann, stößt Vince ein entnervtes Seufzen aus und rollt demonstrativ mit den Augen. »Bist du fertig? Grandios. Das macht dann drei Euro, Pfand inklusive. Die Tasse kannst du an jeder anderen Bude abgeben.«

Patrizia schnaubt abfällig, zieht aber bereitwillig ihr monströses Riesenportemonnaie aus ihrem winzigen Handtäschchen. Daneben dürfte in dem Ding allerhöchstens noch ein Ersatzpaar Ohrringe Platz haben. Mir ploppen ein bisschen die Augen aus dem Kopf, als sie das Portemonnaie aufklappt und ich viele bunte Scheine erkennen kann. Beinahe gönnerhaft zupft sie einen Fünfer zwischen einer DVD-Box und einem *Nintendo DS* aus dem Scheinfach und schnippt ihn Vince zu.
Ich muss nicht erst ihren Kontoauszug einsehen, um zu wissen, dass sich hinter ihr eine Menge Geld auftürmt. Vermutlich nicht so viel wie hinter mir, aber es reicht, um diese widerliche Art der Arroganz zu entwickeln, die damit oft einhergeht.
»Behalt' den Rest.«
»Danke, aber ich kann mich gerade noch beherrschen.« Verärgert greift Vince nach einer grauen Geldkassette, stopft den Fünf-Euro-Schein hinein und kramt zwei Euro wieder heraus, die er Patrizia hinhält wie eine scharfe Bombe.
Die macht allerdings keine Anstalten, das Wechselgeld anzunehmen, sondern schiebt nur ihre Hände in die Taschen ihrer schneeweißen Winterjacke. Ihr Glühwein steht auch immer noch unberührt auf dem Tresen – buchstäblich wie rausgeschmissenes Geld.
»Behalt' es«, wiederholt sie. »Und kauf' deinem kleinen Freund saubere Unterwäsche. Wer weiß, wer da schon alles dran war.«
WAS?!
Sie dreht sich im selben Moment um, als ich mich auf sie stürzen will, aber das macht nichts. Ich gebe mich auch mit ihrem Rücken zufrieden! Allerdings komme ich nicht weit, weil Vince von hinten eine Hand in meinen Jackenkragen hinein schiebt und mich wie einen bissigen Hund am Halsband festhält. Dass ich mich dabei um ein Haar selbst erwürge, scheint ihm völlig schnuppe zu sein.
FUCK!
»Lass los...!«, ächze ich und versuche, seine Hand von meinem Jackenkragen zu zerren. Heilige Scheiße!

Der Sprung nach vorne und unerwartet in meinen Jackenkragen hinein hat mir beinahe den Kehlkopf eingedrückt! Falls der plant, mich umzubringen, soll er mich doch bitte vorwarnen, dieser Hohlkopf!
Anstatt mich jedoch loszulassen, zieht er mich rückwärts dichter an die Glühweinbude heran, bis sich das leicht hervorstehende Brett des Tresens in meinen Rücken bohrt. Dann schiebt sich Vince' Kopf rechts über meine Schulter.
»Beruhige dich. Sie ist es nicht wert.«
Nicht wert? NICHT WERT?! Was kümmert mich das, verdammte Scheiße? Sie hat mich gerade als verfickten Stricher bezeichnet, glaubt der vielleicht, da schicke ich sie mit einem lieben Gruß an die Eltern nach Hause?!
Inzwischen habe ich meine Hände vorne in den Kragen meiner Jacke gekrallt und versuche, sie etwas weiter von meinem Hals wegzuziehen, da es irgendwie doch ganz schön beängstigend ist, so kurz davor zu stehen, die Luft abgeschnürt zu bekommen. Als Vince jedoch bemerkt, dass ich mich immer noch gegen seinen Griff wehre, zerrt er noch einmal sehr unnachgiebig an meiner Jacke.
»Hör auf«, sagt er genauso eindringlich und dicht an meinem Ohr, so dass es mir sehr, sehr wohlig im Nacken prickelt und anregend meinen Rücken runterkrabbelt. Und noch ein Stückchen weiter.
Oh, fuck!
»Okay«, murre ich. »Okay! Lass mich los, zum Henker!«
»Ich meine das ernst.«
»Ich nicht, oder was?! Lass mich jetzt *sofort* los oder ich schreie den ganzen Weihnachtsmarkt zusammen!«
Er zögert noch ungefähr zwei Sekunden, dann muss ihm aufgegangen sein, dass sich seine reizende Freundin eh schon aus dem Staub gemacht hat und ich sie gar nicht mehr anspringen kann. Ohne große Umschweife lässt er mich los und ich wirble sofort zu ihm herum, wobei ich beinahe mit seinem Gesicht kollidiert wäre, weil er sich ziemlich weit über den Ausschanktresen hinweg

gelehnt hat, um mich noch zu fassen zu bekommen.
Das Mädel mit den schmutzig blonden Haaren steht zwei Meter neben ihm, das Handy im Anschlag.
»Ähm... alles in Ordnung, Vincent?«
»Ja.« Er bringt sogar so was wie ein Lächeln zustande, das meiner Meinung nach allerdings reichlich verunglückt aussieht. Es liegt ihm eindeutig nicht, sonnige, fröhliche Menschen zu mimen. »Meine Ex-Freundin ist etwas... schwierig.«
»Aha«, macht das Mädel in einem Tonfall, der sich erstens eindeutig nicht überzeugt und zweitens total verständnislos anhört. Verständlich, Vince' Geschwafel ist ja nicht mal im Ansatz eine Erklärung gewesen und wer weiß, wie viel das Mädel eben von der netten Unterhaltung mitbekommen hat.
»Hey, Linda, hast du was dagegen, wenn ich mal gerade fünf Minuten Pause mache?«
»Nein«, erwidert das Mädel sofort und wirft mir einen kurzen Blick zu. »Ich würde das sogar vorschlagen.«
Ich auch! Deshalb warte ich auch mehr oder weniger geduldig, bis Vince aus der Tür an der Seite getreten ist und sich meinen Arm schnappt. Okay, das hört ab heute auch auf!
Ich rupfe meinen Arm frei. »Könntest du aufhören, mich ständig überall hinzuschleifen? Ich bin kein verdammter Hund!«
»Und könntest du aufhören, mir hinterher zu rennen? Wie kommst du überhaupt dazu, hier so eine Show abzuziehen? Da hat dich wirklich absolut niemand drum gebeten!«
Also...! Das ist ja wohl nicht zu fassen! »Falls du es nicht mitbekommen hast: Ich habe dich gerade vor dieser abgedrehten Person gerettet.« Hätte nicht mehr viel gefehlt und die hätte einen Satz über den Tresen in die Bude hinein gemacht und Vince die Klamotten vom Leib gerissen. An seiner bodenlos schlechten Kuss-Technik kann das allerdings nicht liegen. Aber da sie offensichtlich seine *Ex-Freundin* ist, was wirklich ein ganz abscheulicher Gedanke ist, weiß sie ja vielleicht was, was ich nicht weiß.

»Ungefragt, ja«, betont Vince. »Und anschließend hättest du beinahe das Dümmste gemacht, was dir überhaupt einfallen kann.«
Da er das nicht weiter ausführt, kann ich nur annehmen, dass er meinen kleinen Temperamentsausbruch meint, bei dem ich Patrizia um ein Haar an die Gurgel gegangen wäre, was ich — nebenbei gesagt — absolut nicht dumm finde. Wenn die für so ein niveauloses Verhalten keinen Dämpfer verpasst bekommt, macht die das in Zukunft doch immer wieder. Vince sollte mich mal fünf Minuten mit der allein lassen, dann wüsste die aber hundertprozentig, dass sich so was nicht gehört. Aber wenn in ihrer Umgebung niemand den Arsch in der Hose hat, ihr das zu verklickern, ist doch klar, dass sie ständig mit so was durchkommt.
Als ich nichts auf seine nebulöse Aussage hin erwidere, wirft Vince mir einen schnellen Blick über die Schulter zu, während er sich um eine große Gruppe Glühwein trinkender Erwachsener herumschlängelt. Wo zum Henker will der denn hin, verflucht?
»Woher weißt du überhaupt, dass ich schwul bin?«
Mann, so eine gemeine Frage aus dem Hinterhalt. Soll ich jetzt vielleicht zugeben, dass ich ihn und seinen Glühweinbudenkumpel gestern mit den schlimmsten Absichten belauscht habe, damit ich meine größtmöglichen Übernachtungschancen herausschlagen konnte?
Besser nicht.
»Das ist ja wohl völlig offensichtlich«, antworte ich lahm und schiebe dann noch schnell hinterher: »Außerdem hast du es grad selbst zugegeben!« Haha!
Verärgert verzieht Vince den Mund und beobachtet mich mit einem längeren Seitenblick aus schmalen Augen; offensichtlich kauft er mir das schon wieder nicht ganz ab. Ich muss echt ein bisschen aufpassen, was ich sage, weil er mich so langsam zu durchschauen scheint. Plötzlich bleibt Vince abrupt stehen. »Eine Margherita«, knurrt er zusammenhangslos nach links, so dass ich verwirrt meinen Kopf drehe.

Oh. Er... hat mich zu einer Pizzabude geschleift. Was...
Vince drückt der älteren Frau in der Bude, die wegen seines ruppigen Tonfalls ein wenig verstimmt aussieht, zwei Euro in die Hand und bekommt im Gegenzug ein Stück Pizza ausgehändigt, das... direkt an mich weitergereicht wird. Oh, shit. Auweia. Ich... ich glaube...
»Ist... ist die für mich?«
Vince sieht mich genervt an. »Nein, für den Weihnachtsmann. – Nun nimm's schon. Du wolltest doch eine Pizza.«
Heilige Scheiße, ja! Natürlich wollte ich eine Pizza! Aber... ich weiß auch nicht. Irgendwie habe ich wohl selbst nicht so ganz daran geglaubt, dass er mir eine bezahlen würde. Auch wenn ich nicht total verblödet bin und gemerkt habe, dass es das Wechselgeld gewesen ist, das Patrizia nicht gewollt hat, mit dem er die Pizza bezahlt hat.
Aber trotzdem! Er ist die ganze Zeit so biestig gewesen und jetzt... Mit einem letzten Blick in Vince' Gesicht vergewissere ich mich, dass er nicht gerade einen ganz bösen Scherz mit mir treibt, und reiße ihm das Pizzastück dann regelrecht aus der Hand. Gierig beiße ich ein großes Stück ab und verbrenne mir dabei sowohl Zunge als auch Gaumen, aber darauf kann ich gerade leider absolut keine Rücksicht nehmen. Ich weiß, dass ich langsamer essen und die Bissen vor allen Dingen vernünftig kauen sollte, wenn ich nicht will, dass mir dieses göttliche Stück Weihnachtsmarktbudenpizza gleich wieder die Speiseröhre hochschießt, aber es geht nicht. Ich habe bestimmt schon seit sechs Tagen nichts Warmes mehr gehabt – den Toast bei Vince einmal ausgenommen –, geschweige denn etwas so *Leckeres* und ich kann mich einfach nicht zügeln. Nach weniger als zwei Minuten kaue ich auf dem letzten Stück Pizza herum, dieses Mal darum bemüht, es so lange wie möglich im Mund zu behalten, um das Essen wenigstens noch ein paar Sekunden länger auszukosten. Gleichzeitig knibble ich an einem fest gepappten Stück Käse auf dem Pappteller herum, um mir das auch noch in den Mund zu schieben.

HERRLICH! Da kann ich es Vince sogar verzeihen, dass er mich gerade noch erwürgen wollte!
Mit vollem Mund werfe ich den Pappteller und die Serviette in einen nahestehenden Mülleimer und schaue dann zum ersten Mal wieder Vince an, der mich und meine Fressorgie offensichtlich in allen Einzelheiten beobachtet hat. Hm, wow, das hat bestimmt sehr appetitlich ausgesehen.
Ein wenig wehmütig schlucke ich den Rest hinunter – shit, ist es normal, dass ich gleich mit dem nächsten Stück weitermachen könnte? Oder einer Bratwurst? Gebrannten Mandeln, Fischbrötchen, Gyrosbrötchen... – und strahle Vince dann ganz ehrlich und offen heraus an. »Danke! Du glaubst es mir wahrscheinlich nicht, aber damit hast du mich wirklich vor dem Verhungern bewahrt. Also... echt, danke.«
Er zuckt nur mit den Schultern. »War ja nicht mein Geld.«
»Nee, aber du hättest es ja einstecken können. Also danke.«
»Wenn du wieder nach Hause fahren würdest, könntest du wahrscheinlich von morgens bis abends Pizza essen. Belegt mit irgendwelchen exquisiten Sachen.«
»Exquisite Sachen? Was sollte ich denn für exquisite Sachen auf eine Pizza packen?«
»Alles, was man sich für Geld kaufen kann?«, schlägt er vor, woraufhin ich leicht den Kopf schief lege. Da möchte er doch bestimmt noch ein bisschen genauer drauf eingehen. »Alles, was man sich als Sohn von Jonathan Herman Sander zu Carlbergen so leisten kann?«
Fuck. Das musste ja irgendwann so kommen.
»Du hast mich gegoogelt.«
»Wenn irgendjemand tausend Euro für ein paar lumpige Informationen über dich springen lässt, macht einen das etwas neugierig, ja.«
»Toll.« Ein bisschen rebellisch recke ich das Kinn. »Und? Was willst du jetzt mit dieser bombigen Info anfangen? Ich hab' dir schon angeboten, ein neues Rad für dich zu kaufen. Wenn du noch

mehr Geld willst, erwarte ich wenigstens, dass du mich nich' nur bei dir wohnen lässt, sondern mir jeden Morgen das Frühstück ans Bett bringst. Denn natürlich schlafe *ich* im Bett und du auf der *Couch.*«

Er starrt mich einige Sekunden nachdenklich an. »Eigentlich hätte ich früher drauf kommen müssen, wer du bist. Zig Millionen unterm Arsch machen einen Menschen irgendwie etwas unausstehlich.«

»Ich bin *nicht* unausstehlich. Und falls du vorhast, mich mit deiner durchgeknallten *Ex-Freundin* in einen Topf zu werfen, würde ich mir erst mal an die eigene Nase fassen. *Die* ist unausstehlich. Warst du auf Drogen, als du dich mit der eingelassen hast?«

»So ähnlich«, murmelt er, ohne mich dabei direkt anzusehen. Offensichtlich ist ihm das Thema jedoch unangenehm, weil er es schnell wieder fallen lässt und stattdessen den Weg zurück zu der Glühweinbude, in der er arbeitet, einschlägt.

Wie jetzt? Da komme ich ja gar nicht mehr hinterher. Er spendiert mir eine Pizza, lässt durchblicken, dass er über mich Bescheid weiß, und geht dann kommentarlos zur Tagesordnung über? Verflucht, kann er sein Samariterdasein nicht mal vernünftig durchziehen? Mit diesen zwischendrin hingeworfenen Häppchen kann ich ja wohl mal gar nichts anfangen. Im Gegenteil. Ist doch klar, dass ich ihm da hinterher renne wie ein treudoofes Hündchen mit null Hirn oder Selbstachtung, weil ich immer mehr erwarte. Wenn er das nicht will, soll er mich gefälligst eiskalt abblitzen lassen, aber diese halbgare Kacke ist doch Beschiss.

»Du hast meine Frage nicht beantwortet«, bemerke ich und versuche etwas mühsam, mit ihm Schritt zu halten.

Ich habe das Gefühl, der Weihnachtsmarkt übt mehr Faszination auf seine Besucher aus, je später am Tag und somit je dunkler es wird. Es sind deutlich mehr Leute unterwegs als noch heute Mittag oder gar vor einer halben Stunde und das Mädel – Linda? –, das Vince an der Bude allein gelassen hat, könnte mit Sicherheit langsam Unterstützung gebrauchen.

»Welche Frage?«, murrt Vince zurück. »Du stellst andauernd Fragen.«
»Richtig. Im Gegensatz zu dir.«
Er wirft mir einen kurzen Seitenblick zu. »Ich habe kein Interesse an Infos über dich, das sagte ich dir schon.
»Und trotzdem hast du mich gegoogelt.«
Damit habe ich ihn eindeutig in die Enge getrieben, weil er ein gereiztes Knurren erklingen lässt. »Was zum Teufel willst du eigentlich von mir?«
»Das ist eigentlich meine Frage an dich: Was willst du mit den Infos über mich? Mich doch noch nachträglich bei der Polizei anschwärzen?«
»Himmel Arsch!«
Er bleibt so plötzlich stehen, dass ich erst gegen eine Gruppe Jugendlicher rennen muss, um das zu begreifen. Mit ein paar bösen Worten werde ich herumgeschubst, komme damit aber wenigstens wieder zurück in Vince' Nähe, der mich – vermutlich schon aus Gewohnheit – am Arm packt und zwischen zwei Buden zerrt. So schwimmt der Menschenstrom an uns vorbei, ohne dass wir irgendwem im Weg stehen oder mitgerissen werden. Kein Grund mehr für ihn, mich festzuhalten, was er natürlich trotzdem noch tut. Ausnahmsweise erlaube ich ihm das, weil er mir die Pizza spendiert hat.
»Ich hab' mich über dich erkundigt, weil mir deine ganze Geschichte merkwürdig vorkam, okay? Und weil ich wissen wollte, wo ich da eventuell reingeraten bin. Das mit deinem Vater hattest du zwar schon widerlegt, aber dann ist da immer noch diese hohe Belohnung. Außerdem hat irgendetwas bei deinem Namen bei mir geklingelt, was ich nicht einordnen konnte, also habe ich ein bisschen gesucht. Und als ich schon mal dabei war, wollte ich wissen, warum so jemand wie du auf die bescheuerte Idee kommt, von zu Hause wegzulaufen.« Abwartend sehe ich ihn an, als er eine Pause einlegt. Ich bin mir ziemlich sicher, dass er darauf im World Wide Web keine Antwort gefunden hat.

Dafür hat er wohl unbestreitbar herausgefunden, dass sich meine Mutter noch bester Gesundheit erfreut und mein Vater kein Säufer oder Schläger ist.
Als er nach einigen längeren Sekunden immer noch nichts weiter gesagt hat, hebe ich auffordernd die Schultern. »Ja? War das eine Frage, die du nur wieder als Aussage formuliert hast?«
»Nein.«
Oh doch, das war sie. Er will nur nicht zugeben, dass es ihn interessiert, dieser sture Esel, und hat wahrscheinlich gehofft, dass ich einfach so aus dem Nähkästchen plaudere. Tja, Pech gehabt, Vince. Mit Sachen, auf die ich nicht stolz bin, gehe ich ungern prahlen.
Andererseits hat er sich sehr gut im Griff, da er demonstrativ sein Handy aus der Hosentasche fischt und auf die Uhr sieht. Mir ist schon aufgefallen, dass er keine am Handgelenk trägt.
»Meine Pause ist zu Ende.« Er macht sich bereit, wieder in den Menschenstrom einzutauchen. »Schönes Leben noch.« Und weg ist er.
»Hey!«
Schönes Leben noch? Der hat sie wohl nicht mehr alle! Ich habe eigentlich nicht vorgehabt, ihn nie mehr wiederzusehen, weshalb ich erfolglos versuche, ihn wieder einzuholen.
Shit, und wenn ich jetzt noch mal an seinem Glühweinstand auftauche, schießt seine Kollegin bestimmt noch heimlich ein Foto von mir, weil ich ihr so bekannt vorkomme. Dabei bin ich gar nicht dazu gekommen, Vince noch mal um einen Schlafplatz anzuhauen – mal ganz davon abgesehen, dass er eh Nein gesagt hätte –, und mir ist jetzt schon schweinekalt. Allein die Vorstellung, in irgendeinem Häusereingang, dem zugigen Bahnhof oder sonst wo in der freien Wildbahn schlafen zu müssen, lässt mich wie im schlimmsten Schneesturm des Jahrtausends zittern.
Nein, das geht definitiv nicht. Ich will wieder ins Warme, und zwar so sehr, dass ich das auch hinkriegen werde. Vince hat mir bis jetzt nicht ernsthaft geschadet, obwohl er es mir schon das eine

oder andere Mal weismachen wollte, also schadet es mir nicht, einen weiteren Versuch bei ihm zu starten.

# 5

*Vincent*

Der Sohn von Jonathan Herman Sander zu Carlbergen. Ich wusste, dass mir der Name bekannt vorkommt. Aber die Berichterstattung über den ausgebüxten Sohn des Millionärs aus Düsseldorf liegt mittlerweile über eine Woche zurück und ist obendrein nicht gerade spannend gewesen. Was interessieren mich die Angelegenheiten irgendwelcher stinkreichen Snobs? Außerdem liegt Düsseldorf nicht gerade bei uns um die Ecke, also kein Wunder, dass ich das Ganze vergessen habe.
Die Fotos im Internet zeigen allerdings eindeutig dasselbe Gesicht. Eins der Bilder ist sogar genau das gleiche wie das auf seinem Personalausweis. Die anderen zeigen ihn genau so, wie er jetzt auch aussieht. Sein Auftreten ist also nicht nur Show, um zu verschleiern, wer er ist. Offensichtlich rennt er auch in seinem realen Leben so rum.
Trotzdem ist und bleibt es mir absolut unbegreiflich, warum Maxim sich jetzt schon seit zehn Tagen auf der Straße herumtreibt, wenn ihn zu Hause all die Bequemlichkeit erwartet, die man sich mit Geld leisten kann. Ich bin gar nicht dazu gekommen, bis zum Ende der Liste der ganzen Unternehmen vorzustoßen, bei denen Jonathan Herman Sander zu Carlbergen überall seine Finger drin hat. Sei es, weil er im Aufsichtsrat, Vorstand oder sonst wo drin sitzt, Anteilseigner ist oder ihm das Unternehmen gleich ganz gehört.
Die einzig logische Schlussfolgerung: Maxim ist durchgeknallt und einer dieser weltfremden Jugendlichen, die sich in ihrem wohlbehüteten Leben langweilen und auf der Suche nach dem richtigen Kick jede Menge Scheiße bauen. Meistens zu Lasten solcher Leute wie mir, die ganz bestimmt nicht noch mehr Probleme brauchen. Und dass er Probleme macht, ist ganz offensichtlich, bedenkt man seine vielen, blauen Flecken.

Keinen Schimmer, wo er sich die eingefangen hat. Wahrscheinlich ist er mit irgendjemandem auf der Straße aneinandergerasselt und hat den Kürzeren gezogen – zweifellos verdient. So aalglatt, wie der lügen kann, und so frech, wie er manchmal ist, passiert so was sicherlich schnell. Immerhin bin ich heute Nachmittag auch kurz davor gestanden, ihm eine reinzuhauen.

Nicht nur, weil die Küsse an sich mich überrascht haben, nein. Es ist viel mehr die Intensität des zweiten Kusses gewesen, dem er sich so bereitwillig, so ohne Scheu hingegeben hat. Wenn ich nicht rechzeitig die Notbremse gezogen hätte, hätte mich das Kribbeln in meinen Fingerspitzen sicherlich dazu überredet, ihn festzuhalten und mitzumachen.

Und ich bin ganz bestimmt nicht der erste Mann, den er geküsst hat, so viel steht fest. Dafür hat er das viel zu gut und viel zu furchtlos gemacht. Er muss gestern mitbekommen haben, wie ich mich vor Piet geoutet habe, als er mir vom Weihnachtsmarkt bis nach Hause gefolgt ist.

Der kleine Intrigant hat sich ganz bewusst für mich entschieden und ebenso beabsichtigt mit seinen offensichtlichen Reizen gespielt, damit ich ihn bei mir schlafen, essen, duschen und fernsehen lasse.

Unglaublich, wie ich darauf reingefallen bin und ihm alles abgekauft habe.

Ein bisschen unglücklich ist das mit dem kleinen Rollenspiel vor Patrizia abgelaufen, aber das ist jetzt nicht mehr zu ändern. Patrizia wird mich deswegen bestimmt noch mit Fragen nerven und sich in all ihren verrückten Gedanken bestätigt sehen, wenn ich ihr Maxim nicht auf Abruf zeigen kann. Aber das ist kein Grund, den Freak an meiner Seite zu behalten.

Es wird sowieso langsam Zeit, dass Patrizia endlich vernünftig wird. Wir sind seit zwei Jahren nicht mehr zusammen, so langsam könnte sie sich ruhig mal an jemand anderes kletten. Nur, weil wir beide unsere jeweils erste Beziehung inklusive erstem Sex miteinander gehabt haben, heißt das noch lange nicht, dass da auf ewig eine Verbindung zwischen uns bestehen muss. Schon gar nicht, weil ich zwischenzeitlich gemerkt habe, dass mir Männer besser gefallen.

Als es immer weiter auf zwanzig Uhr zugeht, halten Linda und ich mit wachsender Ungeduld nach Frederick Ausschau, der uns zusammen mit einem Freund für die letzten zwei bis drei Stunden ablösen kommt, weil er am Ende eines Tages immer ganz gerne selbst die Kasse überprüft. Mit einiger Verspätung taucht er um zwanzig nach acht auch endlich auf und Linda und ich verlassen hintereinander die Glühweinbude.

Ich beeile mich, aus ihrer unmittelbaren Nähe zu kommen und im Menschenauflauf unterzutauchen, weil sie mich schon während unserer Schicht des Öfteren mit Fragen über Maxim genervt hat. Ob er tatsächlich mein fester Freund ist oder ob er mit mir auf eine Schule geht, weil er ihr irgendwie so bekannt vorkommt...

Ich habe keine Lust, mich da schon wieder rauswinden zu müssen. Außerdem ist es inzwischen wirklich kein Vergnügen mehr, sich lange draußen aufzuhalten. Und da ich dank Maxim immer noch ohne fahrbaren Untersatz unterwegs bin, brauche ich sowieso schon länger nach Hause.

Brummelnd ziehe ich den Schal etwas höher und vergrabe meine Hände, die bereits in Handschuhen stecken, noch tiefer in den Taschen, während ich einen Schritt zulege. Es dauert trotzdem eine gefühlte Ewigkeit, bis ich vor unserem Haus stehe und mit zitternden Händen den Schlüssel ins Schloss zu stecken versuche.

Scheißding, geh' rein!

Endlich!

Im Hausflur ist es nicht wirklich wärmer — wir wären ja auch verrückt, wenn wir den für horrende Kosten mitheizen würden! —, weshalb ich schon beinahe an der Wohnungstür meiner Oma vorbeigesprintet wäre, wenn ich sie nicht plötzlich lautstark lachen gehört hätte. Eigentlich kein seltenes oder eigentümliches Geräusch. Aber was mich irritiert und schließlich auch innehalten lässt, ist die zweite Stimme, die ohne Pause munter weiter erzählt.

Besuch? Von einem... Nachbarn? Freund...? Warum klingt diese Stimme dann so jung?
Ich gehe ein paar Schritte zurück und bleibe dicht vor der Wohnungstür stehen, die Ohren bis aufs Äußerste gespitzt. Da das Gespräch nicht direkt hinter der Tür stattfindet, kann ich nur hören, dass geredet wird, aber nichts verstehen.
Allerdings muss ich das auch nicht. Es dauert noch genau zwei Sekunden, bis ich die Stimme erkenne.
Dieser...!
Ich ramme den Zweitschlüssel für die Wohnung ins Schloss und stehe nur einen Augenblick später im schön beheizten Wohnzimmer meiner Oma. Der Fernseher läuft und gedämpftes Licht verwandelt die fast schon antike Einrichtung in eine anheimelnde Szene aus einem überholten Photoalbum für perfekte Familien. Auf dem klobigen Couchtisch steht ein Holzbrett mit lauter Schnittchen drauf, von denen sicherlich schon mehr als die Hälfte in den Magen dieser kleinen Plage gewandert sind. Direkt daneben sehe ich eine Karaffe mit Apfelsaft und zwei Gläser. Und dann ihn, der sich auf dem Sofa lümmelt wie ein fauler, gefräßiger Kater.
»Vince!«
»Vincent.«
Während mich der Freak eindeutig unverschämt angrinst, sieht meine Oma ein bisschen erschrocken aus, was vermutlich der einzige Grund ist, warum ich nicht auf der Stelle explodiere. Normalerweise platze ich nie so hier rein, auch wegen ihres Herzens. Ich muss wahlweise aussehen wie ein mörderischer Einbrecher oder ein leibhaftiger Racheengel.
»Entschuldige, haben wir dich nicht klingeln gehört?«, fragt sie verwirrt. »Du hast uns erschreckt.«
»Entschuldigung«, knirsche ich zwischen zusammengebissenen Zähnen hervor und obwohl es nicht so klingt, meine ich es so. Ich konnte mich bloß nicht bremsen.
»Und du bist spät dran«, fährt sie nun etwas tadelnder fort.

»Ich hoffe, du lässt dich von deinem Chef nicht ausbeuten. Nur weil du noch Schüler bist, hat der Herr Dornbusch nicht das Recht dazu, dich unfair zu behandeln.«

»Tut er nicht«, wiegle ich das Thema schnell ab. Ich kann ihr ja schlecht erzählen, dass ein wesentlicher Teil meiner Verspätung damit zusammenhängt, dass der Flohzirkus, der sich da auf ihrem Sofa mit ihren Schnittchen vollgestopft hat, mein Fahrrad erst geklaut und dann für ein paar lumpige Euro weiterverkauft hat.

»Wenn du das sagst.« Sie schiebt ihre runde Brille ein Stückchen weiter die Nase hoch. »Hast du Hunger? Ich habe dir doch noch das Schnitzel von gestern aufgehoben.«

»Schnitzel?«, spitzt der Freak die Ohren, als wären schon wieder Tage seit seiner letzten Mahlzeit vergangen.

»Was will er eigentlich hier?«, frage ich so freundlich und so unzusammenhängend wie möglich. Immerhin habe ich keinen Schimmer, was er meiner Oma für eine wahnwitzige Story aufgetischt hat, damit sie ihn ins Haus lässt.

»Na, Vincent«, mahnt meine Oma streng und steht von dem hässlichen Sessel mit den dunkelgrünen Polstern auf. »Maxi wartet schon seit über einer Stunde darauf, dass du nach Hause kommst. Wenn du dich das nächste Mal zur Nachhilfe verspätest, ruf' ihn doch wenigstens vorher an, damit er sich darauf einstellen kann.«

Oh, ganz bestimmt. Der kleine Maxi hat es sicherlich furchtbar gefunden, in den Fängen meiner Oma im Warmen zu hocken und mit Schnittchen gemästet zu werden. Ein Alptraum!

Sie kommt auf mich zu und streicht mir kurz liebevoll über den Arm. »Ich wusste gar nicht, dass du Nachhilfe gibst. Hoffentlich übernimmst du dich mit der ganzen Arbeit nicht.« Sie lächelt mich aufmunternd und ein bisschen besorgt an, dann verlässt sie das Wohnzimmer, um sich um das Schnitzel zu kümmern.

Ich warte noch genau zehn Sekunden, bis ich sie in der Küche herumfuhrwerken hören kann, dann starre ich Maxim zornig an. Doch anstatt die Beine in die Hand zu nehmen, hebt er nur kurz die Hand, winkt und grinst mich herausfordernd breit an.

»Hi.«
Bei so viel Dreistigkeit platzt mir beinahe der Kragen, aber ich bemühe mich um Ruhe, als ich mich drohend vor ihm aufbaue. »Was zur Hölle machst du hier?!«, zische ich ihn so leise wie möglich an, um meine Oma nicht aufzuschrecken. Der Himmel weiß, was er ihr alles erzählt haben könnte! Was er schon alles hat mitgehen lassen, um es weiterzuverkaufen! Oder was er sonst noch vorgehabt hat! Scheiße, er kann sich doch nicht einfach hier einnisten!
»Alter, reg' dich ab«, sagt er ebenso ruhig und zieht die Beine auf die Couch hoch, um sie in einem Schneidersitz zu verknoten. Vielleicht hat er befürchtet, ich würde ihm sonst auf die Füße treten. Seine Schuhe stehen nämlich links neben dem Sofa. Grandios, hat er sich also schon häuslich eingerichtet, ja? Ich fass' es nicht! »Ist ja nich' so, als hätte ich deine Oma mit dem Messer bedroht, damit sie mich reinlässt.«
Ich lasse mich leicht nach vorne kippen und stemme die Hände rechts und links von seinem Kopf gegen die Sofalehne, so dass ich mein Gesicht ganz dicht an seins heranbringen kann. Es ärgert mich, dass er so gut wie gar nicht zurückweicht, weil ich diese eindrucksvollen Augen somit praktisch direkt vor der Nase habe, aber das ist meine eigene Schuld. Ich weiche ganz bestimmt nicht zurück.
»Aber ich bedrohe dich gleich mit dem Messer, wenn du hier nicht auf der Stelle verschwindest!« Da sieht man mal, was man von ein bisschen Nächstenliebe hat – einen verdammten Klotz am Bein! Den ich im schlimmsten Fall nicht mal mehr loswerde, weil er sich schon hintenrum an meine Familie heranmacht.
»Ich hab' dir einen Handel vorzuschlagen.«
»Kein Interesse.«
Maxim seufzt. »Ach, komm schon, Vince. Du hast ihn dir ja noch nicht mal angehört.«
»Richtig. Will ich auch nicht.« Ich sehe mich kurz im Zimmer um. »Wo ist deine Jacke?«
»An der Garderobe. – Hör zu, ich will ja gar nicht, dass du mich

umsonst bei dir schlafen lässt. Ich biete dir was im Tausch an.«
Jetzt muss ich beinahe lachen. Er hat doch nichts – zumindest im Moment –, was also glaubt er, mir anbieten zu können? »Ich verhandle nicht über meine Couch.« Demonstrativ lasse ich meinen Blick an ihm auf und ab wandern. »Außerdem hast du dich heute Nachmittag noch aufgeregt, als Patrizia dich andeutungsweise der Prostitution beschuldigt hat.« Aus den Augenwinkeln heraus erkenne ich die Bewegung rechtzeitig genug, um ausweichen zu können, als er sein rechtes Bein unter dem linken hervorzieht, um damit nach mir zu treten.

»Keine Sorge«, faucht er angefressen, »mein Körper steht nicht zur Verhandlung.«

»Na, dem Himmel sei Dank.«

»Arschloch! Ich mein' das ernst!« Er schlägt meinen rechten Arm beiseite und lehnt sich auf der Couch zu seinem Rucksack hinüber, um ihn aufzureißen und zwischen den dreckigen Klamotten und Gott weiß was herumzukramen. »Außerdem müsste ich schon völlig verzweifelt und notgeil sein, damit mit dir was läuft. So schlecht wie heut' Nachmittag hat mich noch niemand geküsst.«

Die Provokation ist eindeutig und die Art und Weise, wie er kurz mit dem Suchen aufhört und mich über die Schulter hinweg anschielt, macht deutlich, dass er beinahe darauf wartet, dass ich ihm das Gegenteil beweise – aus welchem Grund auch immer. Aber erstens bin ich nicht so leicht zu übertölpeln, zweitens schon gar nicht mehr von ihm und drittens befindet sich meine Oma nur zwei Räume weiter.

»Das könnte damit zusammenhängen, dass ich dich nicht geküsst habe.«

Er schnaubt leise und murmelt irgendetwas in seinen nicht vorhandenen Bart, was ich nicht verstehen kann. Dann rupft er plötzlich einen zusammengefalteten und zerknickten Zettel aus den Untiefen seines Rucksacks und hält ihn mir vor die Nase. Bei näherer Betrachtung sieht der aus, als wäre er aus einem Adressbuch oder einem Notizheft oder etwas dergleichen herausgerissen worden.

»Da.« Er wedelt mit dem Zettel vor meinem Gesicht herum, als ich ihn nicht automatisch annehme.
»Was ist das?«
»Ein Supervirus, der dich bei Berührung tötet. – Meine Fresse, das, was ich gegen einen Schlafplatz zu tauschen hab'!«
»Du bietest mir einen Fetzen Papier an? Da würde ich ja doch eher deinen Körper nehmen, wenn der Schlafplatz überhaupt zur Debatte stünde.«
»Fuck!« Er packt meinen Arm und stopft den Zettel in meine Hand. »Lies dir wenigstens durch, was drauf steht, ehe du hier Sparwitze reißt, okay?!«
Nein. Nicht okay. Ich möchte nicht wissen, was er mir möglicherweise anzubieten hat, weil ich überhaupt nicht will, dass er, für egal wie lange, mein Sofa besetzt. Nachher bezichtigt man mich noch der Entführung oder weiß der Geier was, nur weil irgendein Nachbar, Passant oder sonst wer diesen millionenschweren Spross der Sander zu Carlbergens in meiner Nähe und in meiner Wohnung sieht und die Polizei ruft. Ich habe keine Lust auf Schwierigkeiten, aber Maxim stinkt fünf Kilometer gegen den Wind danach. Im wahrsten Sinne des Wortes.
Und obwohl ich das weiß und der Flohzirkus das auch schon mehrfach bewiesen hat, ertappe ich mich dabei, wie ich unter seinem bittenden Blick einknicke und den Zettel auseinander falte. Dabei müsste ich es doch besser wissen, verflucht nochmal! Inzwischen sollte ich wissen, welche Geschichten, Gesichtsausdrücke oder Rollen Maxim sich aus den Fingern saugen kann, wenn er muss, und trotzdem falte ich jetzt diesen Zettel auseinander.
Scheiße!
Ach, ein Blick kann ja nicht schaden, richtig? Damit schließe ich noch keinen Handel ab.

SCHULDSCHEIN
Hiermit bestätige ich,
Maxim Herman Sander zu Carlbergen,
dass ich Vincent Junker ein
nigelnagelneues Fahrrad seiner Wahl schulde,
inklusive Extras und allem Drum und Dran, das er sich wünscht.

Montag, 08.Dezember 2008
Unterschrift 1:

Maxim Sander zu Carlbergen
Unterschrift 2:

»Du musst nur noch unterschreiben, dann ist das Ding gültig«, informiert Maxim mich nach einer Weile, die ich im Grunde nur damit zugebracht habe, diesen so genannten Schuldschein anzustarren.

Der hat das heute Nachmittag wirklich ernst gemeint mit dem Fahrrad? Das kann ich irgendwie noch nicht so ganz glauben – auch wenn ich den Beweis dafür theoretisch in der Hand halte. Ich habe keinen Schimmer, inwiefern so was anfechtbar ist, falls er es sich urplötzlich anders überlegt, wenn er wieder zu Hause ist.

»Und im Gegenzug«, fährt er fort, »lässt du mich bei dir wohnen. Vorübergehend.«

Ich hör' wohl schlecht. »Wohnen?«, wiederhole ich skeptisch. »Vor fünf Minuten war es noch ein Schlafplatz für eine Nacht.« Und, zugegeben, das hätte ich für das Fahrrad vermutlich tatsächlich gemacht. Er hätte mir das luxuriöseste Teil kaufen können, das es auf dem Markt gibt, und ich hätte es am selben Tag wieder verkauft – komplett oder in Teilen, je nachdem –, weil so ein supermodernes und teures Rad viel zu schnell abhanden kommt und mir auch ein ganz schlichtes reicht. Und das restliche Geld hätte ich dann gespart oder die eine oder andere Rechnung bezahlt.

Aber ich lasse den Freak ganz bestimmt nicht bei mir wohnen.

»Nein, das war gestern. Heute hab' ich nur einen Schlafplatz gesucht. Ohne zeitliche Begrenzung. Aber jetzt hab' ich das Fahrrad ins Spiel gebracht, und dafür hätte ich schon gern etwas mehr als deine lumpige Couch.«

»Dann —«, will ich ansetzen, aber er fährt mir dazwischen: »Geh' nach Hause, ich weiß. Mach' ich aber nicht. Spar' dir den Ratschlag also. Sag mir lieber, was deine Antwort ist.«

Verschwinde. Das wäre zumindest meine Wunschantwort.

Andererseits... ein neues Fahrrad werde ich so oder so brauchen, aber im Moment ist leider keins drin, wenn ich es nicht zufällig für fünf Euro auf dem Flohmarkt ersteigern kann.

Aus der Küche vernehme ich das Piepen der Mikrowelle und kurz darauf die Schritte meiner Oma, die sich wieder dem Wohnzimmer nähern und mir somit ganz unverhofft eine kurze Bedenkzeit verschaffen. Ich sehe Maxim warnend an, falls der vorhat, irgendetwas Unüberlegtes zu sagen, und stecke gleichzeitig den Schuldschein erst einmal in meine Gesäßtasche. Der Freak reagiert mit einem Augenrollen, während ich ein paar Schritte von der Couch zurücktrete, gerade in dem Moment, als meine Oma zurück ins Wohnzimmer kommt.

»Ach, Vincent, du hast ja immer noch deine Jacke an! Die ziehst du beim Essen aber aus, ja?«

Währenddessen verbreitet sich der Schnitzelgeruch im ganzen Raum und Maxims Augen sind wie magnetisch auf den Teller gerichtet, den meine Oma vor dem zweiten Sessel abgestellt hat. Als Beilage hat sie noch schnell einen Tomaten-Gurken-Salat gezaubert, was überhaupt nicht nötig gewesen wäre. Auf der anderen Seite wären auch die zig Schnittchen für Maxim nicht nötig gewesen, also ist es albern, jetzt darauf herumzureiten.

Ist eh zu spät.
»Maxi und ich haben uns gerade *Wer wird Millionär?* angesehen, das geht auch nur noch eine Viertelstunde.« Sie deutet auf den Fernseher, in dem Günther Jauch das Publikum gerade freundlichst um Mithilfe bittet, und setzt sich anschließend wieder in ihren Sessel. »Danach entlasse ich euch dann zum Lernen, hm?«
»Das hat keine Eile, Agnes«, strahlt Maxim meine Oma an und stibitzt sich dann blitzschnell eine Tomatenschreibe von meinem Teller.
»Da ist noch Salat, wenn du welchen möchtest«, bietet sie ihm daraufhin sofort an.
»Ich denke«, schalte ich mich ein, bevor Maxim es schafft, den Mund aufzumachen, »er hat genug. Mit übervollem Magen lernt es sich schlecht. Ich will ja nicht, dass er einschläft.« Ich schicke ihm ein gezwungenes Lächeln, das er mit geschürzten Lippen beantwortet. Zusätzlich verschränkt er die Arme vor der Brust, verhält sich aber still. Offensichtlich ist er darum bemüht, meine Entscheidung, ihn bei mir wohnen zu lassen, positiv zu beeinflussen, indem er sich fünfzehn Minuten mal normal verhält. Leider gelingt ihm das ziemlich gut.
Dass er nicht total verblödet ist, habe ich ja bereits vermutet. Er scheint im Gegenteil sogar einigermaßen fit im Kopf zu sein, weil er die Fragen bei der Quizshow entweder beantworten kann, aufmerksam und interessiert der Antwort lauscht oder sich zusammen mit meiner Oma im logischen Ausschlussverfahren an eine mögliche Lösung macht. Es wundert – oder besser gesagt: überrascht – mich sowieso ein wenig, wie vertraut er bereits mit ihr umgeht, obwohl sie sich noch nicht länger als eine, vielleicht zwei Stunden kennen dürften. Er nennt sie beim Vornamen, sie ihn offensichtlich bei seinem Spitznamen und beide duzen sich. Darüber hinaus bemerke ich ein paar Mal, wie sie entspannte Blicke oder kleinere Späßchen miteinander austauschen; sie fühlen sich eindeutig wohl in der Gesellschaft des anderen. Wenn das noch länger so weitergeht, fühle ich mich gleich völlig fehl am Platz.

Außerdem kann ich mich nicht erinnern, wann Maxim mir mal so eine Freundlichkeit entgegen gebracht hat.
Glücklicherweise ist ein Ende der Show bald abzusehen und ich verschwende auch keine Zeit, schnappe mir den Teller, meine Jacke und meine Schultasche und stehe vom Sessel auf.
»Dann können wir uns ja jetzt ans Lernen machen«, betone ich.
Maxim springt vom Sofa hoch. »Klar, ich bin bereit! Zum Glück hab' ich meinen Eltern gesagt, dass ich heut eh bei dir übernachte, sonst hätten wir jetzt kaum noch Zeit.«
Ich muss höllisch aufpassen, dass mir in diesem Moment nicht die Gesichtszüge entgleisen. Was?! Das darf ja wohl nicht wahr sein! Da hat der sich einfach ein Hintertürchen offen gelassen, falls ich mich gegen seinen tollen Handel entscheiden sollte. Meine Oma hat für morgen bestimmt schon geplant uns mit Brötchen, Rührei oder sonst was zu überraschen.
»Übernehmt euch aber nicht, einverstanden? Ihr habt morgen beide Schule«, mahnt meine Oma, woraufhin ich etwas abgehackt nicke, irgendwie einen Abschiedsgruß rausbringe und dann schon mal in Richtung Flur abhaue.
Der Freak lässt sich natürlich etwas mehr Zeit, weil er wahrscheinlich ahnt, dass ich von seinem kleinen Überraschungszug nicht so begeistert bin. Höflich bedankt er sich bei meiner Oma für die Schnittchen und wagt es auch noch anzumerken, dass sie sich ja bald mal wieder gemeinsam eine Quizshow angucken können. Na, das wüsste ich aber!
Dann trudelt er endlich im Flur ein — die Schuhe nicht an den Füßen, sondern in Händen haltend, weil er offenbar sehr von seinem gewieften Plan überzeugt ist —, nimmt seine Jacke vom Haken der Garderobe und strahlt mich an: »Okay, wir können!«
Hintereinander treten wir in den kalten Hausflur und ich habe kaum die Wohnungstür hinter uns zugezogen, da springt Maxim außerhalb meiner Reichweite und hebt beschwichtigend die Hände. Ich bin begeistert, er ist ja sogar lernfähig, ich wollte nämlich just in diesem Moment nach ihm greifen.

»Bevor du dich jetzt aufregst... in der Nacht sollen es schon wieder sieben Grad unter Null werden. Ich dachte mir, du willst vielleicht nicht, dass ich erfriere. Und falls du vorhast, den Handel abzulehnen, hätt' ich wahrscheinlich schlechte Chancen, jetzt noch was Warmes zum Übernachten zu finden, okay? Apropos Handel... wie hast du dich denn entschieden?«, versucht er so beiläufig wie möglich einzufädeln, was ihm überhaupt nicht gelingt.

»Ich habe zuerst noch ein paar Fragen an dich, ehe ich auf irgendetwas eingehe.«

Er runzelt irritiert die Stirn. »Fragen?«

»Ja. — Aber hier ist mir das zu kalt.«

Ihm voraus steige ich die Treppe zu meiner Wohnung im ersten Stock hoch. Nachdem ich meine Jacke aufgehängt habe, lasse ich die Schultasche einfach an Ort und Stelle fallen. Eigentlich habe ich noch ein paar Hausaufgaben zu erledigen, aber dazu fehlt mir heute die Motivation. Zuletzt streife ich mir die Schuhe von den Füßen und marschiere dann schonmal ins Wohnzimmer voraus. Maxim wird schon nachkommen.

»Soll ich vielleicht 'nen Tee oder so machen?«, will er wissen, als er mir hinterher trottet.

»Erst reden wir.« Ich lasse mich lang ausgestreckt auf das Sofa fallen und weiß im selben Moment, dass ich heute am liebsten gar nicht mehr aufstehen würde. Scheiße, tun mir die Füße weh. Den ganzen Tag auf den Beinen sein und auch noch sämtliche Strecken zu Fuß zurücklegen zu müssen, schlaucht ganz schön.

Da ich die Augen geschlossen habe, kann ich nicht sehen, ob Maxim sich hingesetzt hat, allerdings habe ich nichts dergleichen gehört. Seufzend zwänge ich die Lider einen Spalt weit auf. Wie bestellt und nicht abgeholt steht er da im Raum herum und sieht auf mich herunter. Was denn, plötzlich so schüchtern?

»Na, setz dich schon hin.«

»Worüber willst du reden?«, fragt er vorsichtig nach und lässt sich auf dem Sessel nieder. »Ich dachte, du hast schon alles über mich in Erfahrung gebracht.«

»Ich möchte, dass ein Datum auf dem Schuldschein steht.«
»Ein Datum? Da steht doch ein Datum, das von heute.«
Ah, nein, so nicht. Inzwischen hat er mich eindeutig einmal zu oft reingelegt. »Ein Datum«, betone ich, »bis zu dem du mir das neue Fahrrad gekauft haben sollst. Ich will nicht darauf warten, bis ich achtzig bin.«
Schuldbewusst beißt er sich auf die Unterlippe, was wohl aussagt, dass er tatsächlich vorgehabt hat, sich im Notfall in diese Grauzone retten zu können. Dieser kleine Scheißer ist ganz schön gewitzt.
»Hm, okay, wenn du mir nich' vertraust...«
»Nein.«
»Dann nenn' wenigstens ein Datum, das im Bereich des Möglichen liegt«, gibt er ein bisschen pikiert zurück.
»Der 31. Januar.«
Er blinzelt überrascht. »Das sind nur... zwei Monate.«
»Nach Adam Riese sogar ein bisschen weniger. – Du hast ja wohl nicht vor, solange auf der Straße rumzustromern, geschweige denn bei mir zu wohnen, oder? Wie lange willst du überhaupt bleiben? Ein paar Tage? Eine Woche?« Zu mehr lasse ich mich definitiv nicht breitschlagen.
»Kann ich noch nicht so genau sagen«, antwortet er nach einem kurzen Zögern. »So um den Dreh.« Er sieht aus, als wollte er dem noch etwas hinzufügen, lässt es dann aber doch. Stattdessen fragt er: »Also ist es abgemacht? Ich darf bleiben?«
Himmel, muss der mich so hoffnungsvoll anblinken? Das ist ja im Kopf nicht auszuhalten. Schließlich bringe ich irgendwie so was wie ein Nicken zustande. »Nach meinen Regeln.«
Ich kann gar nicht so schnell gucken, wie er vom Sessel hochschnellt und sich halb auf mich stürzt. Es dauert ein paar Sekunden, bis ich diesen körperlichen Übergriff als überschwängliche Umarmung identifiziere und das vermutlich auch nur, weil er das Gesicht in meiner Halsbeuge vergräbt und inbrünstig »Danke, Danke, Danke!« jauchzt.
Automatisch lege ich die Hände an seine schmale Taille, um ihn

wahlweise etwas weg zu schieben oder näher zu ziehen. Bis ich es tue, habe ich tatsächlich keine Ahnung, wofür ich mich entscheiden werde. Schließlich schiebe ich ihn doch ein Stückchen weg. Obwohl er gestern Abend noch ausgiebig bei mir geduscht hat, sitzt der abschreckende Geruch nach Kanalratte weiterhin in seinen Klamotten fest. Die hat er vermutlich genauso lange nicht mehr gewaschen, wie er schon von zu Hause weg ist, und das riecht und fühlt man auch. Vielleicht bin ich so großzügig und lasse ihn meine Waschmaschine mitbenutzen.
Ich merke genau, dass der Moment, in dem ich ihn weg schiebe und er das Gesicht hebt, um mich anzuschauen, viel zu lange dauert. Blöderweise kann ich für ein paar ewige Sekunden den Blick einfach nicht abwenden und es wird auch nicht dadurch leichter, dass er genauso intensiv zurücksieht.
Verdammter Mist.
Ich blinzle ein paar Mal, um diesen seltsam intimen Augenblick zu verscheuchen, und suche in meinem Kopf nach Worten. Ich weiß genau, dass da irgendwo welche sind.
Ah ja!
»Eins noch.« Meine Stimme klingt schärfer als beabsichtigt, aber besser so als anders. »Solltest du zufällig von irgendwem erkannt werden, der die Polizei oder gleich deinen Vater anruft, sagst du aus, dass ich dich nicht entführt und hier gegen deinen Willen festgehalten habe.«
Er runzelt die Stirn. Seine hübschen Augen sehen mich an, als hätte ich nicht mehr alle Latten am Zaun. »Natürlich. Warum sollte ich so was behaupten?«
»Was weiß ich.« Ich will ja nur sichergehen. Nachher hält er es vielleicht noch für eine gute Idee, sich aus der ganzen Sache herauszuwinden, indem er mir alles in die Schuhe schiebt. Dann ist sein Daddy nämlich nicht auf ihn, sondern auf mich stocksauer. »Aber da das jetzt geklärt ist... geh' runter von mir.«
Als ich das amüsierte Aufblitzen in seinen hellen Augen bemerke, schiebe ich noch hinterher: »Damit ich deinen Schuldschein

unterschreiben kann.«
Das wirkt. Was auch immer er sich für ein fieses Spielchen ausgemalt hat, er verschiebt es auf später, weil ihm sein vorübergehendes Asyl wichtiger ist. Zum Glück. Ich hätte mich jetzt eher ungern auf eine kleine, wie auch immer geartete Kabbelei mit ihm eingelassen. Dafür weiß er viel zu genau, wie er auf andere Leute wirkt. Andere Leute, mit denen er potenziell etwas anfangen könnte. Auf mich.
Er rutscht von mir runter und sieht mir dabei zu, wie ich mich in eine aufrechte Position begebe, den Schuldschein aus meiner Gesäßtasche fische und nach einem Kugelschreiber auf dem Tisch lange, den ich gleich an ihn weiterreiche.
»Ich hab' doch schon unterschrieben.«
»Du sollst das Datum drauf schreiben. Damit nachher keiner sagen kann, ich hätte es nachträglich dazu gesetzt.«
Maxim schnaubt. »Du bist ja gar nich' paranoid, was?«
»Überhaupt nicht.« Ich schiebe ihm den Zettel hin. »Mach schon.«
Ein wenig unverständlich schüttelt er den Kopf, setzt aber brav das abgesprochene Datum in die entsprechende Zeile und gibt mir den Kugelschreiber dann zurück. »Was sind das eigentlich für Regeln, an die ich mich zu halten habe? Wasch dir vor dem Essen die Hände?«
»Nicht so ganz.« Ich zögere noch einen Augenblick, in dem ich mir das Geschriebene wieder und wieder durchlese, aber auf Anhieb will mir kein weiterer Schlupfwinkel für den Freak einfallen. Langsam setze ich meine Unterschrift auf die einzig noch freie, etwas krakelige Linie. »Es geht eher in die Richtung von... wenn ich nicht zu Hause bin, bist du es auch nicht.«
Er braucht ein paar Sekunden, bis die Information in sein Bewusstsein vorgedrungen ist, denn währenddessen sieht er mich nur verständnislos an. Als es dann soweit ist, reißt er die Augen wie bei einer göttlichen Erleuchtung weit auf. »W...was? Das ist ja wohl nich' dein Ernst, oder? Du bist nie zu Hause!«
»Ich bin jetzt zu Hause.«

»Ja, toll, nachts für ein paar Stunden zum Schlafen! Alter, was soll ich denn die ganze Zeit machen, während du von der Schule zum Weihnachtsmarkt und Keine-Ahnung-Wohin unterwegs bist? Mir draußen den Arsch abfrieren?!«
»Ehrlich gesagt«, begegne ich seiner Wut mit absoluter Ruhe, »ist das nicht mein Problem, keine Ahnung. Ich will nur nicht, dass du hier alleine bist, während ich nicht da bin.«
Er lässt ein humorloses Lachen erklingen und fährt sich mit einer Hand übers Gesicht. »Vince. Du hast dich doch über mich erkundigt. Es gibt ganz sicher nichts in deiner Wohnung, das ich nich' schon eh besitze, geschweige denn mir nicht kaufen könnte. Ich will dir nix klauen, verdammt!«
»Und trotzdem hast du mein Fahrrad geklaut und weiterverkauft.«
»Shit! Das war aber doch aus einer Notsituation heraus! Meine Fresse!« Er steht vom Boden auf und lässt sich neben mich aufs Sofa fallen. Beschwörend begegnet er meinem Blick. »Vince, bitte. Ich... ich schwöre dir, dass ich nichts klauen werde. Ich werd' nicht einmal etwas anfassen, wenn du's nicht willst. Ich bleibe sogar nur im Wohnzimmer, wenn dir das lieber ist. Außer ich muss aufs Klo oder so.«
»Oder so? Du meinst, du bekommst Hunger und frisst meinen Kühlschrank leer?«
»Da ist doch sowieso nix drin«, rutscht ihm heraus, ehe er abwiegelnd die Hände hebt. »Ich mein'... die Küche ist selbstverständlich Sperrgebiet. Ich kann sogar Wasser aus dem Wasserhahn im Bad trinken, um ja nicht in ihre Nähe zu kommen. Hm? Was sagst du?« Er streckt mir eine Hand hin. »Deal?«
Auf seinem Gesicht taucht ein unwiderstehliches Lächeln auf, das er ganz bestimmt geübt hat. Am lebenden Objekt, um zu gucken, wie schnell er damit Leute weichkochen kann. Dabei fällt mir auf... er hat echt schöne Zähne. Könnte damit glatt in die Werbung gehen, Zahnpasta oder so.
»Vince?«

Erst als er mich erneut anspricht, merke ich, dass ich seinen Mund ziemlich auffällig angestarrt habe. Schnell hebe ich den Blick wieder um einige Zentimeter an. »Ich denke darüber nach.« Kurz überlege ich, ob ich als weitere Zusatzbedingung fordern sollte, dass er diese alberne Abkürzung bleiben lässt, entscheide mich aus irgendeinem Grund aber doch dagegen. Immerhin ist das doch mal eine nette Abwechslung zu Patrizias Vinnie.

»Ja, klar«, schnaubt der Freak und lässt die Hand wieder sinken. Stattdessen stützt er den Ellenbogen gegen die Sofalehne und dann den Kopf in die Hand. »Ich könnt' während deiner Abwesenheit auch deiner Oma Gesellschaft leisten.«

»Auf gar keinen Fall.«

»Warum denn nicht? Wir haben uns wirklich prima verstanden!«

»Ach ja? Und wie erklärst du ihr, dass du nicht zur Schule, geschweige denn zu deinen Eltern gehst?« Mal ganz davon abgesehen, dass er sich rein zufälligerweise verplappern könnte, was meine sexuelle Orientierung angeht. Und wenn sie dann vor Schock einen Herzanfall erleidet, wüsste er doch gar nicht, was zu tun ist. Nein, solche Experimente starten wir erst gar nicht.

Unwillig verzieht er das Gesicht; daran hat er offensichtlich nicht gedacht. »Shit. Aber dann denk' wenigstens wirklich drüber nach, okay?«

Skeptisch ziehe ich die Augenbrauen hoch. »Wie gesagt: Mache ich.« Dann lehne ich mich auf dem Sofa zurück, rutsche etwas tiefer und lege die Füße auf dem Couchtisch vor mir ab, weil Maxim ja das restliche Sofa belegt. Ich angle nach der Fernbedienung und schalte den Fernseher ein. Neben mir lümmelt Maxim sich augenblicklich in eine bequemere Position und schaut neugierig zum Bildschirm rüber.

»Was gucken wir?«

»Irgendwas.«

Ich spüre seinen Blick auf mir, mache mir aber nicht die Mühe, ihm das Gesicht zuzuwenden. »Du siehst nicht oft fern, oder?«

»Nein.« Wann denn auch wohl? Außerdem kriege ich regelmäßig

zuviel, wenn ich mir den ganzen Schwachsinn und die aufgebauschten Probleme irgendwelcher Leute, Soapstars oder sonst wem anschauen muss. Geldprobleme und Zukunftsängste sowie anhängliche Ex-Freundinnen sind wesentlich weniger amüsant, wenn man persönlich mit ihnen zu tun hat und nicht einfach bei Langeweile oder akuter Genervtheit umschalten kann.
Maxim gibt ein resigniertes Schnaufen von sich und springt dann plötzlich vom Sofa hoch. »Was dagegen, wenn ich duschen geh'?«
Ehrlich gesagt: Ja. Andererseits gehört das ja wohl irgendwie mit zum Vertrag dazu, oder? Das heißt allerdings noch lange nicht, dass es mir gefallen muss, also murre ich widerwillig: »Aber nicht zu lange. Und warte nicht erst zehn Minuten, bis das Wasser heiß ist.«
»Sonst noch was?«, will er überfreundlich wissen, woraufhin ich mich etwas mühselig vom Sofa hoch quäle.
»Ja. Ich leihe dir Klamotten von mir, dann kannst du deine in die Waschmaschine stecken.«
Überrascht sieht er mich an, während gleichzeitig noch etwas anderes darunter lauert, das ich nicht so ganz identifizieren kann. Ein bisschen so, wie er mich vorhin auf dem Weihnachtsmarkt angeschaut hat, als ich ihm von Patrizias Geld die Pizza spendiert habe.
»Du kannst noch so oft duschen, wie du willst, irgendwann fangen die Klamotten eben zu stinken an. Deswegen das Angebot.«
»Ja. Schon klar.« Maxim nickt ein wenig abwesend und sieht mich dann leicht verlegen an. »Nur... ähm, zeigst du... zeigst du mir, wie die Waschmaschine funktioniert?«

# 6

*Maxi*

Ja, unglaublich, aber wahr: Ich habe noch nie in meinem Leben eine Waschmaschine benutzt! Also, ich selbst, meine ich damit, weil meine Klamotten natürlich schon mal eine Waschmaschine von innen gesehen haben und ich mir nicht jeden Tag neue kaufe oder so. Aber ich habe meine Klamotten nie weiter als bis zum Wäschekorb getragen und von dort sind sie dann ein paar Tage später auf wundersame Weise gewaschen, gebügelt und gefaltet in meinem Kleiderschrank gelandet. Unsere Haushälterin leistet da wirklich ganz famose Arbeit, zumal ich sie die meiste Zeit über bei ihren Arbeiten nicht einmal zu Gesicht bekomme.

Vor Vince ist mir das glatt ein bisschen peinlich, zuzugeben, aber wenn er mir schon mal dieses nette Angebot macht... Außerdem müffeln meine Klamotten mittlerweile so stark, dass es nicht mehr zu ignorieren ist, und ich sollte es ausnutzen, dass Vince gerade in seiner Geberlaune zu sein scheint.

Einigermaßen ruhig erklärt er mir die Funktionsweise der Waschmaschine und stopft dann einen Teil meiner Sachen mit einem Teil seiner dreckigen Klamotten in die Waschtrommel. Einen hellgrauen Pulli wirft er auf einen Extrastapel. Als er erneut nach meinem Rucksack greifen will, komme ich ihm allerdings zuvor und bringe das Ding schnell außerhalb seiner Reichweite. Er muss jetzt ja nicht unbedingt in meiner getragenen Unterwäsche herumwühlen, so gut kennen wir uns dann doch noch nicht!

»Den Rest schaff' ich allein, danke!«

Vince verzieht den Mund. »Wenn irgendetwas einläuft oder plötzlich die Farbe wechselt, setze ich es dir auf die Rechnung.«

»Ha, dann fang besser schon mal zu schreiben an! — Ey, das war ein Witz, kein Grund, diese Grabesmiene aufzusetzen.«

»Handtuch und saubere Sachen habe ich dir hier hingelegt«, übergeht Vince mich einfach und deutet auf einen kleinen Haufen, den er beim Reingehen auf dem Toilettendeckel abgelegt hat. »Die Sachen sind dir wahrscheinlich zu groß.«

»Das macht nichts«, lächle ich ihn an und meine das ausnahmsweise sehr aufrichtig.

Ich bin immer noch völlig hinüber, dass er mir übergangsweise tatsächlich Klamotten von sich leiht. Ich musste ihn noch nicht einmal danach fragen, sondern er hat es mir ganz von sich aus angeboten, auch wenn ich glaube, dass er vorübergehend nicht ganz zurechnungsfähig gewesen ist. Mein unwiderstehlicher Charme scheint endlich Wirkung bei ihm zu zeigen, weil er mich vorhin so elektrisierend lange angestarrt hat.

Mann, da ist mir schon ganz anders geworden, zugegeben. Ich habe, ehrlich gesagt, gar nicht lange darüber nachgedacht, als ich ihm buchstäblich vor Dankbarkeit um den Hals gefallen bin. Ist ja auch eigentlich nichts Schlimmes dabei, ich hab' mich eben über seine Zusage gefreut. Aber mit einiger Verspätung ist mir dann doch aufgefallen, dass sich sein warmer, fester Körper an meinem ziemlich gut angefühlt hat. Und Vince ist auch nicht unbedingt hässlich wie die Nacht. Außerdem muss er irgendwo unter seiner Grimmigkeit echt eine gute Seite haben, weil er in letzter Zeit so nett zu mir gewesen ist. Das könnte übrigens den schnellen Purzelbaum erklären, den mein Herz da plötzlich geschlagen hat. Schade, dass Vince zu dem Zeitpunkt meinen kleinen Schuldschein noch nicht unterschrieben hat, weil ich schon ganz gerne ausprobiert hätte, wohin mich dieses Gefühl geführt hätte. Aber vielleicht kriege ich dazu noch mal eine Gelegenheit. Immerhin hat Vince mich jetzt an der Backe, ob er will oder nicht. Zum Glück hat er mich nicht auf einen bestimmten Zeitraum festgenagelt.

Ich sehe ihm dabei zu, wie er das Bad verlässt und beim Rausgehen erneut den Badezimmerschlüssel einsteckt. »Das ist wirklich unnötig!«, rufe ich ihm mürrisch hinterher, aber er achtet gar nicht auf mich, sondern zieht nur die Tür hinter sich zu.

Na toll, das heißt jetzt also, ich muss wieder einen Rekordanruf bei Britta tätigen.

Dummerweise habe ich das im Laufe des Tages nämlich komplett verschwitzt und jetzt ist es schon wieder so spät geworden. Britta tickt bestimmt wieder aus, weil das so lange gedauert hat. Theoretisch weiß Vince jetzt zwar Bescheid, so dass ich vor ihm telefonieren könnte, aber wer weiß schon, wie er darauf reagieren wird oder was er möglicherweise zu hören bekommt? Da erledige ich das doch lieber heimlich.
Dieses Mal schafft es das erste Klingeln noch nicht einmal, sich ganz auszuklingeln, da geht Britta schon atemlos dran. »Ja?«
Ich zucke ein wenig erschrocken zusammen. »Wow, hast du mit dem Finger über der Annahmetaste auf meinen Anruf gelauert?«
»Maxi! Gott sei Dank! Heilige Scheiße!«
Ihre Stimme hört sich sehr zittrig und abgespannt an, weshalb ich stirnrunzelnd frage: »Alles klar bei dir?«
»Ob alles klar bei *mir* ist? Bei mir?! Bist du noch zu retten, du Schwachmat? Das letzte, was ich von dir höre, ist, dass dich ein Typ namens Vincent Gott weiß wo aufgegabelt hat und dich – natürlich *völlig ohne* Gegenleistung – bei sich pennen und duschen lässt, was du naive Knalltüte auch noch glaubst. UND DANN LÄSST DU MICH EINEN GANZEN TAG AUF DEINEN SCHEISSANRUF WARTEN! Natürlich ist *nicht* alles klar bei mir! Verdammt!« Sie endet mit einem matten Schniefeln, das mir sofort ans Herz geht.
»Shit, Britta, tut mir Leid. Ich hab' nicht an deine blühende Phantasie gedacht. Es geht mir gut, ehrlich. Bitte hör auf zu weinen.«
»*Ich weine nicht*!«
Na ja, aber wenn nicht das, dann schlängelt sich doch die eine oder andere Träne über ihre Wange oder sie hat sich seit gestern einen sehr heftigen Schnupfen eingefangen. Ich weiß gar nicht, was sie sich immer vorstellt, aber bisher ist es mir wirklich gut ergangen – den Typen vom Bahnhof, der mich grün und blau geprügelt hat, vielleicht einmal ausgeschlossen. Wenn ich wieder zu Hause bin, konfisziere ich als allererstes ihre ganzen Horrorfilme und diesen Schund, den sie sich ständig aus dem Internet runterlädt.

»Weißt du eigentlich, dass ich nur noch maximal eine Stunde gewartet hätte, ehe ich zu deinen Eltern gegangen wäre? Die Zahl der Vincents in ganz Deutschland lässt sich bestimmt einigermaßen eingrenzen.«
Unvermittelt bleibt mir ziemlich schmerzhaft das Herz stehen. Meine Fresse, muss Vince auch so einen beknackten Namen haben? So ungefähr jeder andere wäre buchstäblich tausendmal besser weil häufiger gewesen, aber ein Vincent lässt sich vielleicht tatsächlich relativ schnell aufspüren.
»Hör auf mit dem Scheiß, Britta! Das ist doch genau der Grund, warum ich dir nicht sage, wo ich bin. Mir geht's gut, verdammt noch mal. Und mit Vince hat jetzt sogar mein Straßendasein ein Ende.«
»Vince?«
»Vincent.«
»Ach, echt? – Du Pfeife, was soll das jetzt wieder heißen? Hat der Typ dich großzügig bei sich aufgenommen, damit der dich bespannen und sich einen runterholen kann, wenn du seine Dusche benutzt? Ich hoffe, du schließt wenigstens jedes Mal ab?«
Äh... erstens: Eine sehr makabere Vorstellung. Und zweitens: Wie soll ich abschließen, wenn Vince den Schlüssel an sich nimmt? Was aber einen völlig anderen Grund hat, nämlich mangelndes Vertrauen in mich und mein Zeitgefühl, wie lange ich duschen darf. Heilige Scheiße, Vince und mich bespannen! Das passt ungefähr so gut zusammen wie Frau Merkel und singen: Niemals.
»Du hast eine völlig falsche Vorstellung von ihm.«
»Aha!«, triumphiert Britta. »Es *gibt* keinen Schlüssel, richtig?«
»Er hat ihn in Gewahrsam genommen.«
Am anderen Ende japst Britta entsetzt auf. »Und das kommt dir nicht wenigstens ein bisschen komisch vor?«
Ich strubble mir ein wenig entnervt durchs Haar. »Nein. Hör zu... Vince ist nur ein paar Jahre älter als ich und sieht obendrein nicht so aus, als müsste er sich Straßenjungs mit nach Hause schleppen, um zu seinem Vergnügen zu kommen, okay?«

»Das sind die allerschlimmsten.«
»Mann, Britta!«, entfährt es mir impulsiv, obwohl ich vor kurzem noch genau dasselbe gedacht habe.
»Mann, Maxi!«, echot sie angefressen. »Tut mir Leid, wenn ich mir Sorgen um dich mache, aber du könntest auch endlich mit diesem Scheiß aufhören und nach Hause kommen. Dein Vater wird dir die Sache mit dem Auto eh nicht vergessen, bloß weil du ein paar Tage durch die Gegend stromerst.«
»Ach, durch die Gegend stromern, ja? Na, dann kann ich ja getrost noch etwas weiter stromern, wenn du das so lässig sagst.« Offensichtlich hat sie noch nie das Vergnügen gehabt, dass einem vor Hunger schlecht werden kann oder dass man sich nachts aus Versehen den Arsch abfriert, weil es einen plötzlichen Temperatursturz gegeben hat!
Britta stöhnt genervt auf. »Du weißt doch genau, wie ich das meine. Ganz egal, wie lange du noch wegbleibst, dein Vater wird nur noch wütender werden. Seiner Ansicht nach läufst du nämlich vor deinen Problemen davon und wenn du willst, dass er vor Sorge um dich zerfließt, kannst du schätzungsweise ein paar Monate warten.«
»Hat er das gesagt?«
»Was?«
»Hast du mit ihm darüber gesprochen oder woher weißt du so gut über seine Meinungen und Ansichten Bescheid?«, will ich lauernd wissen. Für mich hört sich das so an, als hätten sich Britta und mein Vater letztens zu einem gemütlichen Kaffeekränzchen getroffen, um über mich zu philosophieren.
Am anderen Ende der Leitung ist es für einige Sekunden verdächtig lange still, dann seufzt Britta: »Hin und wieder rufen er oder deine Mutter hier an. Sie vermuten, dass ich weiß, wo du bist und Kontakt zu dir habe.«
»Fuck!«, platzt es aus mir heraus, obwohl ich mir gleichzeitig für mein gesundes Misstrauen auf die Schulter klopfen könnte. Zum Glück habe ich ihr nie gesagt, wo ich mich gerade aufhalte.

Ich wusste, dass meine Eltern zwangsläufig irgendwann auf sie kommen würden, ich wusste es! Nur ist mir jetzt blöderweise Vince' bescheuerter Name in die Quere gekommen. »Aber du hast ihnen doch hoffentlich nichts gesagt, oder? Oder, Britta?«
»Scheiße, wofür hältst du mich?«, faucht sie biestig zurück. »Natürlich nicht!« Ich wage es, kurz erleichtert aufzuatmen, aber da setzt sie noch eins hinterher: »Obwohl ich seit heute Morgen ernsthaft darüber nachdenke, weil du offensichtlich plötzlich deinen mickrigen Verstand verloren hast, wenn du bei dem Kerl jetzt auch noch einziehst!«
»Er ist völlig harmlos«, beharre ich, obwohl ich das natürlich nicht zu hundert Prozent beschwören kann, aber im Großen und Ganzen habe ich ein sehr... angenehmes Gefühl bei ihm. Zu schade, dass er unten bei seiner Oma nicht auf meinen kleinen Kuss-Trick hereingefallen ist. Ich würde wirklich zu gerne wissen, ob der seine Lippen auch noch zu was anderem gebrauchen kann, als sie mürrisch zu verziehen.
Was ihn definitiv nicht so harmlos macht, wie ich Britta gerade weismachen will, wenn ich bei ihm auf solche Gedanken komme.
»Ja, vielleicht, vielleicht auch nicht«, stimmt Britta mir unbestimmt zu. »Aber er ist den ganzen Aufwand auf jeden Fall nicht wert, Maxi.
Schau mal, was sind denn schon zwei Jahre England, hm? Dann machst du die Schule eben da fertig, und? Mehr als dich dahin zu schicken kann dein Vater auch nicht tun, und wenn du das Auto vom Direx dreimal schrottest.«
Ha! Die hat vielleicht gut reden! Außerdem scheint mein Vater sie schon mit seinem Geschwafel vergiftet oder umgepolt zu haben, weil sie vor nicht allzu langer Zeit noch gemeinsam mit mir über dieses scheußliche Eliteinternat abgelästert hat. Ernsthaft, welchen Menschen lassen schon Schuluniformen, Zimmerordnungs- und Putzpläne, extra eingerichtete und beaufsichtigte Hausaufgabenzeiten und einen beschissenen englischen Rasen in Begeisterungsstürme ausbrechen, bitte schön?

Und vor genau zehn Tagen hat Britta noch mit mir zusammen gejammert und fieberhaft nach einer Lösung für dieses unverhoffte Autoproblem und die damit verbundene, drohende Abschiebung gesucht. In *meiner* Erinnerung ist sie sogar ganz begeistert von meinem Ausreißerplan gewesen – zumindest am Anfang – und wollte, dass ich ihr täglich alles ganz detailliert beschreibe. Solange, bis ich angefangen habe, meine Tasche zu packen. Da sind ihr dann plötzlich doch wieder Zweifel gekommen, von denen ich mich aber nicht habe beirren lassen.
Hätte ja keiner ahnen können, dass mein Vater bei meinem äußerst genialen Plan so wenig mitspielt.
»Britta«, seufze ich gespielt theatralisch. »Wann geht das endlich in deinen Schädel rein? Ich werde nicht nach England gehen.«
»Dann willst du dich also vor deinem Vater verstecken, bis du achtzehn bist?«
Shit. Das ist in der Tat ein Problem, für das mir noch keine vernünftige Lösung eingefallen ist. Meine Fresse, warum, *warum* muss mein Vater auch so verflucht dickköpfig sein?!
»Ehrlich gesagt... das weiß ich noch nicht. Ich weiß nur, dass ich *jetzt* noch nicht nach Hause komme. Und bevor du wieder davon anfängst«, komme ich ihrem nächsten Protest zuvor, der sich schon durch ein tiefes Luftholen ankündigt. »Es geht mir phantastisch, okay?«
Ich zucke zusammen, als Britta unvermittelt einen frustrierten Schrei ausstößt. »Scheiße! Ich glaube, du bist versehentlich bekloppt geworden, Maxi! Du hast doch überhaupt keinen Plan, wie es weitergehen soll, oder?«
»Doch«, lüge ich sofort.
»Und der wäre?«
»Den werde ich dir gerade auf die Nase binden! – So, und jetzt entschuldige mich bitte, ich will duschen, während meine Klamotten gerade in Vince' Waschmaschine sauber gewaschen werden.«
»Ach, er lässt dich nackt durch seine Wohnung springen? Wie nett

von ihm.«
Ich sehe gar nicht ein, warum ich sie über die geliehene Kleidung aufklären soll, nachdem sie Vince jetzt schon wiederholt als Gott weiß was abgestempelt hat, und trällere daher fröhlich: »Gute Nacht, Britta, bis morgen!«
»Oh, Maxi, du Ar-!«
Ich würge sie einfach ab, indem ich die Verbindung abbreche.
Dann sehe ich zu, dass ich aus meinen schmuddeligen Klamotten rauskomme und jumpe unter die Dusche — völlig vergessend, dass die ungefähr tausend Minuten zum Warmlaufen braucht.
*HEILIGE SCHEISSE!*
Schnell springe ich wieder aus der Duschkabine raus und hätte mich dabei beinahe lang hingelegt, fege aber nur den Plastikseifenspender vom Waschbecken.
Na super.
Seufzend hebe ich den ganzen Klumpatsch wieder auf, weil ich ja ein so zuvorkommender Hausbesetzer bin. Anschließend halte ich die Fingerspitzen prüfend unter den dünnen Wasserstrahl, der aus dem Duschkopf tröpfelt. Wahnsinn, die Wassertemperatur hat sich von eiskalt auf frostig kühl erwärmt, spitze!
Wie hält Vince das bloß jeden Tag aus? Da ist doch bestimmt was an den Leitungen kaputt, so was ist doch nicht normal. Kann doch nicht so schwer sein, einen Klempner zu rufen, der sich das mal ansieht, bevor die Rohre noch zufrieren und gleich die ganze Wand herausgerissen werden muss oder so.
Egal. Wenn ich noch länger warte, habe ich ihn gleich im Badezimmer stehen. Das wäre zwar bestimmt interessant angesichts meiner Splitterfasernacktheit, aber vielleicht verschieben wir das noch etwas.
Also beiße ich die Zähne zusammen und traue mich unter den kalten Wasserstrahl.

***

Als ich aus dem Bad zurück ins Wohnzimmer komme, liegt mir schon beinahe ein Spruch auf den Lippen, weil ich mich dieses Mal ganz ungestört und unbeaufsichtigt fertig machen konnte, ohne dass Vince mit der Stoppuhr auf mich gewartet hat. Aber kaum betrete ich den Raum, habe ich den Gedanken schon vergessen.

Vince liegt lang ausgestreckt auf der Couch und schläft, während der Fernseher im Hintergrund leise weiterläuft.

Im ersten Moment bin ich so überrascht, dass ich bestimmt einige Sekunden einfach nur dastehe und auf ihn herunterschaue. Da hat er noch so ein Theater gemacht, dass er mir nicht vertraut, dass ich doch bestimmt was klauen oder Gott weiß was anstellen würde – und dann liegt der hier einfach auf *meinem* Schlafplatz und schläft friedlich wie ein Baby vor sich hin, während ich ihm die ganze Bude unterm Arsch wegstibitzen könnte. So gefährlich scheine ich ihm wohl doch nicht vorzukommen, wenn er sich mir so ausliefert.

In der etwas zu langen und weiten, schwarzen Jogginghose, die Vince mir geliehen hat, schlurfe ich näher ans Sofa heran und hocke mich davor hin. Ich kann Vince' gleichmäßiges Atmen hören und zusätzlich sehen, wie sich seine Brust im selben Rhythmus hebt und senkt, da er auf dem Rücken liegt. Sein Kopf ist leicht zur Seite gekippt und sein Gesicht sieht sehr entspannt aus. Offensichtlich schläft er tatsächlich und will mich nicht nur auf die Probe stellen. Bei dem weiß man ja nie so genau, immerhin hat er mir auch vorgeschwindelt, die Polizei gerufen zu haben, nur damit er mich loswird.

Ich traue mich, mich noch ein bisschen dichter zu ihm zu lehnen, und starre bestimmt eine ganze Minute lang seine geschlossenen Lider an, aber Vince rührt sich immer noch nicht.

Mann, das ist ja fast schon unheimlich, wenn der so ruhig ist. Also, nicht dass er sonst viel reden würde, aber bei ihm sagt ein

Blick eindeutig mehr als tausend Worte. Da er die Augen jetzt geschlossen hat, fehlt das völlig und ich habe das Gefühl, einen völlig anderen Menschen vor mir zu haben. Noch dazu, wo auch sein Mund ganz entspannt und ohne diesen grimmig-genervten Zug ist. Er sieht beinahe aus wie ein netter Kerl. Wenn Britta ihn jetzt so sehen könnte, würde die auf der Stelle all ihren Quatsch, den sie vorhin von sich gegeben hat, wieder zurücknehmen. Wahrscheinlich würde sie sich sogar dazu kuscheln, ha! Von wegen Psychopath!

Wenn er sich ein bisschen Mühe gibt, hin und wieder mal lächelt oder ein nettes Wort fallen lässt, hat er bestimmt keine Probleme damit, wen fürs Bett oder für eine Beziehung zu finden. Auch wenn er dabei mitunter einen schaurig schlechten Geschmack an den Tag legt, aber vielleicht kann man Patrizia auch auf sein kurzfristiges Heterodasein schieben. Möglicherweise hat er sich bei ihr auch diese miserable Kusstechnik abgeschaut? Obwohl er mich ja, wie er gesagt hat, nicht richtig geküsst hat?

Auweia.

Ich schüttle leicht den Kopf und rücke dann wieder etwas von Vince ab, beobachte ihn jedoch immer noch beim Schlafen, was einerseits sehr schön ist, andererseits aber auch ein bisschen gefährlich. Weil ich merke, dass er mir gefällt. Trotz allem. Oder sollte ich eher sagen: Wegen allem?

Er kann kein so schlechter Mensch sein, wenn er mich bei sich aufnimmt, auch wenn er sich redlich Mühe gibt, durch sein garstiges Verhalten diesen Eindruck zu vermitteln. Aber zwischendurch hat er zweifellos immer mal wieder seine kleinen Nettigkeitslichtblicke gehabt, die ganz plötzlich hinter der Schlechtwetterfront hervorgelugt haben und die dann genauso schnell wieder verschwunden sind. Allerdings sind es gerade diese Lichtblicke, die ihn mir langsam richtig sympathisch machen.

Als mir das letzte Mal ein Typ sympathisch gewesen ist, habe ich mich reichlich unüberlegt in so was wie eine Beziehung mit ihm gestürzt, in der eigentlich nur der Sex phantastisch gewe-

sen ist. Und wenn ich's mir recht überlege... haben wir uns auch eigentlich nur zum Sex getroffen. Das ganze Drumherum hat's gar nicht gegeben, aber Claudio ist auch nicht der Typ, mit dem man sinnvolle Konversation bei einer Tasse Kaffee oder verträumte Spaziergänge durch den Stadtpark machen kann. Er hat seine Qualitäten ganz eindeutig woanders, davon kann ich aber ein Liedchen singen.

Aber nach Ben habe ich vermutlich genau so jemanden gesucht, völlig unkompliziert und einfach geradeheraus. Jemanden, mit dem man einfach alles machen kann und mit dem nicht alles vorsichtig und langsam entdeckt wird. Allerdings kann man von der ersten Beziehung mit dem ersten richtigen Freund inklusive erstem Mal wohl auch nichts anderes erwarten. Dafür haben Ben und ich uns schon ganz ordentlich angestellt und wir haben uns auch erst vor etwas mehr als einem halben Jahr getrennt.

Ich quäle mich vom Boden hoch und schnappe mir dann die Decke, die ordentlich zusammengefaltet auf dem Sessel liegt. Wenn Vince sich meinen Schlafplatz krallt, steht ja wohl außer Frage, welchen *ich* bekomme. Besonders, weil ich so wahnsinnig nett bin und ihn schön zudecke. Dann muss ich mich gleich nur noch auf die Suche nach seinem Schlafzimmer machen, aber so unendlich schwierig dürfte das bei der winzigen Wohnung nicht werden.

Ich breite die Decke über Vince aus und obwohl ihm mein Gestarre oder meine Anwesenheit absolut nichts ausgemacht hat, bewegt er sich jetzt leicht, als ich die Decke um seine Füße wickeln will, damit die ihm nachts nicht abfrieren. Ich hasse kalte Füße.

Für einen Moment glaube ich, dass er wach wird, aber er ruckelt sich nur etwas zurecht und pennt seelenruhig weiter. Mann, der hat ja einen gesunden Schlaf angesichts meiner ach so unerwünschten Anwesenheit.

Ich schlage die Decke noch mal kurz zurück, um seine schlaffen Finger um die Fernbedienung zu lösen, die er lose auf seiner Brust festhält, und kann dabei nicht umhin, wenigstens einmal kurz über seinen Handrücken zu streichen.

Er hat recht sehnige Hände mit langen, schlanken Fingern. Ich darf die gar nicht zu lange anstarren, sonst stelle ich mir noch aus Versehen vor, wie es ist, wenn er mich damit streichelt oder... andere Dinge tut.
Fuck. Hätte vielleicht gerade nicht so viele Gedanken auf Sex verwenden sollen. Vince wird sich bedanken, wenn er mich in seinem Bett etwas sehr mit mir selbst beschäftigt vorfindet.
Ich lasse seine Hand in Ruhe und schalte stattdessen den Fernseher aus, was Vince bestimmt loben würde – immerhin spare ich damit kostbaren und teuren Strom! Mir ist schon aufgefallen, dass er ein wenig knapp bei Kasse zu sein scheint, weswegen es wohl auch nichts im Kühlschrank gibt, geschweige denn ein Klempner gerufen wird. Frage mich, wie schlimm das wirklich ist.
Als ich das Wohnzimmer verlasse, ziehe ich pflichtbewusst sehr leise die Tür hinter mir zu und mache mich dann neugierig auf die Suche nach dem Schlafzimmer, was eigentlich nur noch hinter einer Tür sein kann – der neben dem Badezimmer.
Ich öffne die Tür und schalte das Licht ein.
Es wird ja immer gesagt, dass das eigene Zimmer sehr viel über die Person aussagt, die darin wohnt, aber ich finde... hier sieht es aus, wie man es erwartet hätte. Vielleicht ein bisschen unordentlicher als der Rest der Wohnung, weil sich auf und um den Schreibtisch herum Schulbücher und kolossal viele Ordner tummeln. Da hat der ja wohl hoffentlich nicht überall Schulsachen drin, oder? Auf einem Sessel in einer Ecke liegt auch ein ziemlicher Berg an Klamotten unordentlich verstreut und das Bett ist nicht gemacht.
Hm, sieht so aus, als hätte Vince nicht wirklich oft Besuch in seinem Schlafzimmer. Wenn ich mein Zimmer so hinterlassen würde, könnte ich mir erst mal eine ausdauernde und anhaltende Predigt von meiner Mutter anhören. Denn obwohl wir zwar eine Haushälterin haben, hat meine Ma sie angewiesen, mir in meinem Zimmer nicht hinterher zu räumen. In den frei zugänglichen Räumen für spontan vorbeikommende Gäste sieht das anders aus, aber für mein Zimmer gelten gesonderte Regeln.

Was ich nicht wirklich schlimm finde, denn für gewöhnlich hause ich nicht wie ein Schwein. Aber ich finde, hier macht sich schon ein bisschen bemerkbar, dass Vince ohne Eltern lebt. Wer weiß, wie häufig sich seine Oma nach hier oben hin verirrt.
Ich schließe die Tür hinter mir und schaue mich neugierig um. Auf seinem Nachtschrank steht ein gerahmtes, professionell aufgenommenes Foto, das offensichtlich ihn und seine Eltern zeigt. Shit, ist der da noch jung gewesen. Bestimmt jünger als ich. Und er sieht ganz anders aus als jetzt. Das Gesicht ist noch viel runder und kindlicher, auch wenn in seinen Augen bereits der leicht genervte Ausdruck zu erkennen ist. Aber der rührt in diesem Moment wahrscheinlich daher, dass er zusammen mit seinen Eltern für das Foto in Pose gezwängt worden ist.
Er kommt eindeutig mehr nach seinem Vater, auch wenn er die Augen zweifellos von seiner Oma hat. Hinter Agnes' runden Brillengläsern sitzen nämlich genau dieselben dunklen Augen, auch wenn ihre nicht einmal halb so finster drein blicken wie Vince'.
Ich frage mich, wie sie gestorben sind. Da er beide auf einmal verloren hat, ist es wahrscheinlich ein Unfall gewesen, aber es interessiert mich trotzdem. Vielleicht traue ich mich demnächst mal, ihn danach zu fragen.
Ich stelle das Foto wieder weg und wende mich dem phänomenalen Zettel- und Briefwust auf seinem Schreibtisch zu; einige von den Briefen sehen sogar recht offiziell aus. Irgendwo dazwischen findet noch ein ungefähr tausend Jahre alter Computer Platz – kein Flatscreen und die Maus und die Tastatur sind nicht wireless und sehen obendrein reichlich antik aus –, bei dessen Anblick ich schon keine Lust mehr hätte, ihn einzuschalten, so langsam sieht der aus. Daneben steht ein uraltes Modem, das allem Anschein nach schon Probleme hat, die *Google*-Startseite in einer angemessenen Zeit aufzubauen – mal ganz davon abgesehen, dass bei dem Ding für Vince ICQ, Skype oder Winamp vollkommene Fremdwörter sein dürften.

Und trotzdem hat er die Mühe auf sich genommen, mich zu googeln, denn auf einem der obersten Ordner liegen ein paar schlecht ausgedruckte Internetseiten über meinen Vater, mich und mein Verschwinden.
Bei dem Foto, das neben dem obersten Bericht steht, muss ich beinahe laut loslachen. Wo haben die das denn bitte ausgegraben? So sehe ich ja schon seit mindestens anderthalb Jahren nicht mehr aus. Das ist noch zu der Zeit gewesen, als ich Briefmarken sammeln für ein besonders spannendes Hobby gehalten und Britta noch nicht gekannt habe.
Oder: Da bin ich noch gar nicht ich gewesen, sondern der Sohn meiner Eltern.
Eher uninteressiert blättere ich die Ausdrucke durch, weil ich schließlich weiß, wer ich bin und wieso ich mir eine kleine Auszeit von zu Hause gegönnt habe. Was irgendwelche sensationsgeilen Journalisten daraus machen, geht mir ziemlich am Arsch vorbei und auf etwas wirklich Aufregendes scheint Vince auch nicht gestoßen zu sein.
Gähnend lege ich die Zettel wieder weg und strecke mich ausgiebig, wobei mein Blick auf Vince' Bett fällt. Also, seine Couch ist ja schon eine mächtige Verbesserung zu der Glühweinbude oder meinen sonstigen Schlafstätten gewesen, aber *das hier* ist der reinste Himmel! Ein richtiges Bett! Und dazu noch so groß und breit, obwohl es kein Doppelbett ist. Und der ganze Platz ist nur für *mich*. Heilige Scheiße, ich habe schon ganz vergessen, wie sich so eine Matratze anfühlt. Wenn Vince Pech hat, bekommt der mich morgen erstens gar nicht wach und zweitens garantiert nie wieder aus seinem Bett raus!
Übermütig lasse ich mich aufs Bett drauf fallen, zerknautsche die Bettdecke in den Armen, drücke das Gesicht ins Kissen und bin augenblicklich im Paradies: Es ist warm, weich und riecht nach Vince. Definitiv das Beste, worin ich in letzter Zeit geschlafen habe.
Zufrieden rolle ich mich in die Decke ein und schließe die Augen.

Das Gefühl ist so überwältigend, dass ich noch mit eingeschaltetem Licht ein paar Minuten später wegnicke.

***

In einem Moment liege ich noch dösig auf einer Liege am Pool in der Sonne und lasse es mir gut gehen, im nächsten reißt irgendjemand brutal mein Handtuch weg und versetzt der Liege einen so kräftigen Tritt, dass mein ganzer Körper durchgeschüttelt wird.

»Scheiße, *aufwachen*! Maxim!«

Wow, ich scheine ja wirklich etwas Elementares vergessen zu haben, wenn sich mein Vater jetzt schon der Fäkaliensprache bedient. Wegen Hausaufgaben rastet er jedenfalls nicht so aus, hm... Vielleicht hat er die Zeichnungen von Britta gefunden, auf denen wir Vorschläge für ein Tattoo gesammelt haben? Mein Vater ist total gegen so was. Als ich mit dem Piercing nach Hause kam, hätte er beinahe das Studio verklagt, weil ich doch noch keine achtzehn bin. Der Typ hat das auch nur gemacht, weil der irgendwie über ein paar Ecken mit Britta verwandt ist. Das Studio, wo wir vorher gewesen sind, hat sich strikt geweigert.

»MAXIM! WACH AUF!«

Wie auf Kommando schlage ich die Augen auf und muss gleich darauf heftig gegen das grelle Licht anblinzeln. Autsch. Etwas mehr Rücksicht wäre hier nicht verkehrt gewesen.

Für einen Moment bin ich verwirrt, wo ich eigentlich bin, weil alles so anders riecht und durch den winzigen Spalt, durch den ich meine Umgebung taxiere, auch so anders aussieht, aber dann erkenne ich Vince' Stimme. Mann, sag' bloß, der hat mich jetzt geweckt, weil er wieder zur Schule muss? Und muss der eigentlich so schreien? Bin doch wach.

»Was zum Teufel suchst du in *meinem* Bett?!«

»Du hast auf meinem gelegen«, nuschle ich undeutlich ins Kissen und ziehe die Beine etwas dichter an meinen Körper, weil es auf die Dauer doch etwas kühl wird ohne Decke.

Die hat Vince mir nämlich weggerissen, der Sadist.
»Dann hättest du mich wecken sollen!«
Ich drehe etwas den Kopf und grinse ihn unter halb geschlossenen Lidern verpeilt an. »Aber du hast *so süß* ausgesehen!«
Er knurrt gereizt und klaut mir dann auch noch das Kissen.
Um es mir auf den Kopf zu schlagen!
»EY!«
»Steh' auf.«
Ich schnaube abfällig. »Wenn du noch 'ne Runde schlafen willst, kannst du dich auch dazu legen. Ist doch groß genug, dein Bett.«
»Ich habe keine Lust, mit dir zu kuscheln.«
»Von kuscheln«, betone ich und feixe ihn an, »hat auch niemand etwas gesagt.« Als ich seinen leicht ertappten Blick bemerke, kann ich nicht anders und muss ihn noch ein bisschen mehr provozieren.
Ich wende mich ihm etwas weiter zu und senke meine Augenlider auf Halbmast, während ich mich lasziv auf der Matratze räkle. Mit der rechten Hand streiche ich in einem unkenntlichen Muster über meinen Oberkörper. »Oder ist das das Einzige, was du dir mit mir vorstellen kannst...?«
Der nachdenkliche Ausdruck, der daraufhin wieder diese Denkerfalten in seine Stirn gräbt, macht mich leicht skeptisch. Er muss da doch jetzt nicht wirklich drüber nachgrübeln, oder?
Unvermittelt stützt Vince ein Knie auf der Matratze ab, beugt sich zu mir runter und umschließt mein rechtes Handgelenk fest mit seinen schlanken Fingern, um es neben meinem Kopf aufs Bett zu drücken. Womit er meinen Herzschlag in weniger als zwei Sekunden mal eben so auf hundertachtzig gebracht hat.
Wow, was geht denn jetzt hier ab? Atmen, Maxi! Ah, nein! Vielleicht keine gute Idee, wenn seine Nasenspitze gerade mal einen Fingerbreit von meiner entfernt ist. Mann, ist das auf einmal warm hier drinnen.
»Ehrlich gesagt, nein«, raunt er dann und ich kann seinen warmen Atem über meine Lippen streichen fühlen.

Zusammen mit seinen Worten lässt das meinen Mund ziemlich trocken werden und mein Blick zuckt automatisch zu seinem herab. Er kann bestimmt doch besser küssen, als das kaum zu benennende Desaster gestern Nachmittag. Und er ist so nah. Ich müsste mich nur ein winziges bisschen aufrichten...

Aber als hätte er nur darauf gewartet, dass ich mich rühre, lehnt er sich wieder zurück, sobald ich ihm entgegen komme.

»Ich kann mir gar nichts mit dir vorstellen«, fährt er so kühl fort, als hätte jemand bei ihm einen Schalter umgelegt. Der hypnotische Blick ist aus seinen Augen verschwunden wie nie da gewesen und er lässt mich los, um sich völlig unspektakulär wieder aufrecht hinzustellen.

Fuck! Das glaube ich jetzt ja wohl nicht! Habe ich das gerade nur geträumt, oder was? Verdammt, definitiv nicht, sonst würde mein Blut nicht wie so ein reißender Fluss durch meine Adern rauschen. Und Vince soll mal nicht so abgebrüht tun mit seinem Eisklotzblick und seiner heuchlerischen Coolness. So schlecht, wie der schauspielern kann, ist das gerade nicht alles nur Show gewesen.

»Das ist ja wohl ganz dreist gelogen!«, zische ich verärgert, weil ich das so nicht auf mir sitzen lassen kann. Er hat bestimmt gemerkt, dass ich seine kleine Darbietung sehr angenehm gefunden habe. Mann! Ich hätte ihn ja sogar beinahe geküsst!

»Ist es nicht«, erwidert er jedoch völlig ernsthaft und absolut ungerührt, wofür ich ihm am liebsten an die Gurgel springen möchte. »Und jetzt steh' auf. Meine Oma bringt uns wahrscheinlich gleich irgendwas zum Frühstück hoch.«

Automatisch schaue ich bei diesen Worten zu seinem Nachtschrank hinüber, auf dem ein Radiowecker steht. Meine innere Uhr sagt mir, dass es noch viel zu früh für ein Frühstück ist, was die neongrünen Digitalziffern auch prompt bestätigen. Vor Schock katapultiere ich mich beinahe senkrecht aus dem Bett heraus. »Zwanzig nach sechs?! *Morgens*? Bist du irre, mich jetzt schon zu wecken?!«

»Ich muss zur Schule.« Vince zuckt gleichgültig mit den Schultern und dreht sich um, um das Zimmer zu verlassen und das Thema einfach abzuwürgen.
»Ja, und?! Ich doch nicht!«
»Ich habe dir gestern schon gesagt, dass ich dich hier nicht alleine lasse«, wirft er mir über die Schulter zu und verschwindet dann aus dem Flur.
Shit, so was kann ich ja überhaupt nicht haben.
»HEY! Jetzt warte gefälligst!« Ich springe aus dem Bett und fetze ihm in den Flur hinterher, wo er grinsend mit verschränkten Armen an einer Wand lehnt und offensichtlich auf mich gewartet hat.
»Na, guck' mal einer an, wie schnell du plötzlich aufstehen kannst«, meint er spöttelnd, was mir aber zum einen Ohr rein und zum anderen wieder raus saust.
Ich fühle mich wie vor eine massive Betonwand gerannt, weil das, was seine Lippen da machen, mich leicht durcheinander bringt. Ich kenne ihn zwar noch nicht unendlich lange, aber in dieser ganzen Zeit hat er noch nie so ehrlich gegrinst, geschweige denn gelächelt wie in diesem Moment. Zugegeben, es sieht ein bisschen eingerostet aus, was er da zustande bringt, aber wenn man die meiste Zeit über rumrennt, als würden an beiden Mundwinkeln Fünf-Kilo-Gewichte hängen, ist das wohl verständlich. Trotzdem überrascht es mich so sehr, dass ich spontan vergesse, was ich ihm eigentlich an den Kopf knallen wollte.
»Äh...«
Seine Augenbrauen ziehen sich skeptisch zusammen und gleichzeitig rutscht sein ganzer Gesichtsausdruck wieder in den *Ich-bin-fies*-Modus. »Alles klar?«
»Alles... super. Ähm – Schule. Ich mein'... warum zum Henker weckst du *mich*, wenn *du* zur Schule musst? Ich dachte, du wolltest dir noch mal überlegen, ob du mich rausschmeißt, oder nich'.«
»Und ich habe es mir überlegt. Du bleibst nicht allein in meiner Wohnung.«

»Aber das ist doch Schwachsinn!«
»Finde ich nicht. Du bekommst sogar eine Aufgabe von mir.«
»Eine... eine Aufgabe?« Habe ich irgendwas verpasst und mich mit meinem Schuldschein aus Versehen auch zu seinem persönlichen Lakaien gemacht?
»Ja. Du kannst einkaufen gehen.«
Ich hätte nicht verblüffter aussehen können, wenn er mir eine reingeschlagen hätte. »Was soll ich?«
»Einkaufen gehen«, betont er und fügt abschätzend hinzu: »Auch wenn du das noch nie gemacht hast, kann ich dir versichern, dass es nicht so schwer ist.«
»Du spinnst.«
Mal abgesehen davon, dass er Recht hat. Ich musste noch nie für unseren Haushalt was einkaufen oder von unterwegs mitbringen oder so. Das macht alles unsere Haushälterin. Uh, ich bin ein paar Mal in einer Tankstelle oder einem Kiosk gewesen und habe Knabberzeug für Britta und mich besorgt, zählt das? Und einmal habe ich ein Mädel um den Finger gewickelt, damit die für mich zwei Flaschen Wein kauft. Normalerweise besorgt nämlich Britta die Getränke für uns, weil ich grundsätzlich nach meinem blöden Ausweis gefragt werde. Aber der Wein ist in diesem Fall für Claudio und mich gewesen, weil ich ihn damit überraschen wollte.
Hm, wir haben ihn letztendlich im Bett getrunken. Aus der Flasche. Gar nicht vornehm.
»Wovon soll ich denn bitte einkaufen gehen?«, murre ich. »Falls du's vergessen hast: Ich bin blank.« Wenn auch nur theoretisch und aus den Umständen heraus.
»Ich werde dir Geld leihen. Du kannst mir die Hälfte später zurückzahlen.«
»Wie großzügig von dir«, entgegne ich zuckersüß. Wahrscheinlich habe ich später das Vergnügen, noch einen beknackten Schuldschein über das Einkaufsgeld oder weitere Spesen unterschreiben zu dürfen.

Nur zu Vince' Sicherheit, weil der so viel Vertrauen in mich hat wie in die Wetterfestigkeit einer Sandburg. »Und du hast keine Angst, dass ich mit deinem kostbaren Geld einfach abhaue? Was für ein Vertrauensbeweis!«
»Ich bezweifle, dass du mit zehn Euro weit kommen würdest.«
»Zehn Euro?«, echoe ich ungläubig und überschlage im Kopf, dass unsere Haushälterin bestimmt das Zwanzigfache für Einkäufe ausgibt. In der Woche. »Warum soll ich die Hälfte für einen Einkauf bezahlen, der offensichtlich nur für dich ist? Denk dran, dass du jetzt einen Untermieter hast.«
Vince sieht mich geschlagene zehn Sekunden so regungslos an, dass ich schon glaube, ich spreche mit einem Hologramm, bei dem versehentlich die Stopp-Taste gedrückt worden ist. Ich glaube, er hat sogar das Blinzeln eingestellt. Dann lassen sich seine Mundwinkel zu so etwas wie einem Zucken nach oben hin überreden und er verkündet mir völlig ernsthaft: »Der Einkauf ist für uns beide. Du bist hier nicht in einem Fünf-Sterne-Hotel oder der Sander-zu-Carlbergen-Residenz, also gibt es keinen Kaviar zum Frühstück und auch keinen Hummer zum Abendessen.«
»Oh, dann fällt der Kugelfisch zum Mittag auch aus?«, ätze ich, weil ich das trotz allem völlig ernst meine. Wenn ich für zehn Euro einkaufen gehe, kann er mich morgen ja gleich noch mal losschicken. »Was soll ich denn deiner Meinung nach für zehn Euro kaufen, damit's ein paar Tage für uns beide reicht?«
»Ich schreibe dir eine Einkaufsliste«, meint er zuvorkommend. »Und wenn du mit dem Einkaufen fertig bist, kannst du hier oder an der Schule auf mich warten. Ich helfe dir tragen.«
So langsam fange ich zu glauben an, dass er das wirklich so meint, wie er das sagt. »Das dauert niemals den ganzen Vormittag.«
»Du kannst dir Zeit lassen.«
ARGH! Frustriert fahre ich mir mit beiden Händen übers Gesicht und strubble mir anschließend durch die Haare. Das ist ja, wie mit einer Parkuhr zu diskutieren! »Vince, hör' mal –«
»Nein. Ende der Diskussion.«

»Einen Scheiß!«, blöke ich aufgebracht. »Das ist völlig bescheuert!«
»Das ist *meine* Wohnung. Wenn dir das nicht passt, verschwinde.« Er macht einen Schritt auf mich zu und beugt sich ein Stück zu mir runter, so dass sein Gesicht direkt vor meinem hängt. »Oder beweis' mir, dass ich dir vertrauen kann.«
Mürrisch starre ich ihn an. Wie mies von ihm, ausgerechnet diese Karte auszuspielen. »Wenn ich das also mache«, vergewissere ich mich, »darf ich morgen allein in deiner Wohnung bleiben?«
»Vielleicht.«
»Sag' Ja!«, fordere ich grimmig und werde noch etwas angefressener, als ich das belustigte Funkeln in seinen Augen bemerke. Mann, dem scheint das Ganze ja mächtig Spaß zu machen. Ganz groß im Schikanieren, der gute Vince. Und dem hab' ich geholfen, Psycho-Patrizia loszuwerden! Völlig selbstlos, nebenbei!
»Damit verbesserst du auf jeden Fall deine Chancen.«
Super. Und was kann ich mir davon kaufen? Einen verdammten Schnupfen, während ich in der Eiseskälte auf diesen Trottel warte.
»Und jetzt...« — Vince lässt seinen Blick kurz über mich hinweg schweifen — »... zieh' dich an. Ich glaube, ich höre meine Oma.«
Ah, die erste gute Nachricht des Tages! Nicht nur, weil ich die Hoffnung habe, dass Agnes vielleicht etwas *Richtiges* zu Essen für uns arme, die Nacht durchpaukende Schüler vorbeibringt, sondern auch, weil sie mir auf Anhieb sympathisch gewesen ist, als ich sie gestern überfallen und zugeschwafelt habe.
Sie sieht irgendwie ein bisschen wie eine Märchenoma aus. Also, keine Oma, die aus einem Märchen entsprungen ist oder so, sondern eine, die zwischen Büchern sitzt und Märchen aus dem Gedächtnis heraus erzählt oder vorliest. Und sie ist meinem Empfinden nach noch ziemlich jung, wesentlich jünger auf jeden Fall als meine Oma. Bestimmt noch keine siebzig.
Etwas motivierter als noch vor ein paar Sekunden schlage ich den Weg zum Badezimmer ein und lasse Vince den Frühstückstisch vorbereiten.

# 7

*Vincent*

Meine Oma bringt tatsächlich Brötchen vorbei, ich fasse es nicht. Vier Stück und zwei Croissants! Sie muss uns dank Maxims Nachhilfegeschichte wirklich für sehr ausgezehrt halten – oder sie meint, meinem unfreiwilligen Gast vorspielen zu müssen, dass es uns so gut geht wie jeder anderen Durchschnittsfamilie.
»Und?«, fragt sie munter, während sie sich auf einem der Küchenstühle niederlässt. »Konntest du Maxi etwas beibringen?«
Ein wenig mühsam unterdrücke ich ein Schnauben. Um Maxim etwas in seinen Dickschädel einzuhämmern, bedarf es mit Sicherheit mehr als einer einzigen Nacht und guten Willen. Zum Glück bin ich nicht tatsächlich sein Nachhilfelehrer, sonst müsste ich ihm einen Zuschlag wegen Nervenberaubung berechnen.
»Ja, schon«, antworte ich ausweichend, während ich drei der Brötchen und eins der beiden Croissants in eine zweite Tüte umfülle und in einem der oberen Schränke ganz hinten verstecke, wo sie dem Freak hoffentlich nicht sofort ins Auge fällt. Dann lege ich die gefilzte Brötchentüte auf den Tisch und setze mich meiner Oma gegenüber, die mich aufmerksam ansieht. Offensichtlich hätte sie gerne ein paar Details. Was hat Maxim ihr bloß erzählt in der Zeit, als ich noch nicht dabei gewesen bin, dass sie ihn sofort ins Herz geschlossen hat?
»Obwohl es anstrengend war«, füge ich also noch hinzu. »Maxim kann ganz schön schwer von Begriff sein.« Und das ist noch nicht einmal gelogen.
»Tatsächlich?«, wundert sich meine Oma. »Er kam mir gar nicht so begriffsstutzig vor, eher im Gegenteil. Er war richtig bei der Sache beim Jauch.«
Unwillig verziehe ich die Mundwinkel. »Ist aber so.« Ich weiß, dass das leise Gefühl der Eifersucht völlig irrational ist, aber etwas dagegen unternehmen kann ich nicht. Es ärgert mich,

dass sich Maxim so hinterrücks – und offensichtlich so spielend einfach – bei meiner Oma eingeschlichen hat. So wird es schwieriger, ihn wieder loszuwerden, wenn sie erst mal Partei für ihn ergreift. »Im Übrigen war es völlig unnötig, Brötchen zu kaufen.« Ich tippe raschelnd gegen die Brötchentüte. »Ich habe noch Brot zum Toasten da und der Dezember ist noch lang.«

»Ach.« Sie macht eine wegwerfende Handbewegung. »Nun sei doch nicht so. Du hast schließlich nicht jeden Tag einen Gast zu bewirten, nicht wahr? Und Maxi sieht so dünn aus, da braucht er etwas Ordentliches zum Frühstück und nicht nur deinen labbrigen Toast.«

Es ist aber nicht an ihr, ihn damit zu versorgen. Mal ganz davon abgesehen, dass er sich bestimmt eine ganze Bäckereikette kaufen könnte, wenn er wollte. Aber das sage ich meiner Oma natürlich nicht, nicke brav und entschuldige mich dann ins Bad. Einerseits, um mich selbst für die Schule fertig zu machen, andererseits, um meinen Frust an Maxim auszulassen und ihn ein wenig anzutreiben.

Im Badezimmer angekommen, sehe ich Maxim, wie er vor der offenen Waschmaschine hockt und in der Trommel herumkramt. Ich vermute sofort das Schlimmste und stürme zu ihm rüber.

»Was machst du da?«

Maxim sieht mich über die Schulter an. »Meine Sachen sind noch nass.«

»Ja, sag' an. Sind ja auch frisch gewaschen.«

Genervt rollt er mit den Augen. »Und was soll ich draußen dann bitte schön anziehen, um nicht zu erfrieren, während ich dir meine unendliche Vertrauenswürdigkeit zu beweisen versuche? Deine dünne Jogginghose vielleicht?« Er zuppelt an besagtem schwarzen Kleidungsstück herum.

Hm, da hat er leider nicht ganz Unrecht. »Dann leihe ich dir noch was anderes.«

»Aber deine Sachen sind mir viel zu groß. Vince, kannst du dir das nicht noch mal über-«

»Nein«, schneide ich ihm rigoros das Wort ab und unterbinde das Thema einfach dadurch, indem ich mich abwende und mir meine Zahnbürste in den Mund stecke.

In meinem Rücken brummelt Maxim irgendetwas, das sich verdächtig nach einem Schimpfwort anhört, aber ich bin mal so frei und ignoriere es. Stattdessen beobachte ich ihn dabei, wie er aus seinem Rucksack eine eigene Zahnbürste herausfischt. Ich habe mich schon gewundert, wie er das die letzten zwei Tage bei mir gemacht hat mit der Zahnpflege, weil er mich gar nicht um eine angeschnorrt hat. Allerdings sieht man es seinen Zähnen an, dass er sie sehr umsichtig behandelt. Er ist immer noch mit Putzen beschäftigt, da habe ich bereits meine gesamte Katzenwäsche hinter mir.

»Ich glaube, sie sind jetzt sauber.« Zumal er doch noch gar nichts gegessen hat.

»Keine Bange, du kommscht scho' no' reschtscheitig schur Schule«, nuschelt er angefressen und scheucht mich dann allen Ernstes mit einer wedelnden Handbewegung aus dem Bad.

Na, soll mir recht sein. Dann muss er eben unterwegs ein trockenes Croissant frühstücken, das spart mir auch die Marmelade.

Bevor ich mich in meinem Zimmer umziehe, schaue ich kurz in der Küche vorbei, aber meine Oma ist schon wieder nach unten gegangen. Normalerweise sehe ich sie morgens sowieso nicht, sondern erst, wenn ich von der Schule oder dem Weihnachtsmarkt nach Hause komme. Ihren Besuch eben habe ich einzig und allein Maxim zu verdanken.

Bei dem Gedanken an ihn gleitet mein Blick automatisch zu meinem Bett hinüber, das noch genauso zerwühlt aussieht, wie Maxim es verlassen hat. Heute Morgen hätte mich beinahe der Schlag getroffen, als ich ihn da drin habe liegen sehen – mit eingeschaltetem Licht; die reinste Energieverschwendung!

Aber das ist es nicht gewesen, was mich so aus der Bahn geworfen hat. Im Gegenteil. Er hat sehr gut in mein Schlafzimmer und noch viel besser in mein Bett gepasst.

Es sind bestimmt ein paar Minuten vergangen, ehe ich mich wieder gefangen habe und ein wütendes Gesicht aufsetzen konnte, um ihn zu wecken. Er kann noch so verlockend aussehen, noch einmal falle ich garantiert nicht auf ihn und seine Spielchen herein. Alles, was er tut, macht er aus purer Berechnung.
Verstimmt greife ich eine meiner älteren Jeans aus dem Kleiderschrank und werfe sie zusammen mit einem übergroßen Werbegeschenk-T-Shirt in grellem Gelb und einem ausgefransten, dunkelgrünen Wollpulli auf das Bett. Ist ja nur Übergangsweise, da soll er sich mal nicht über die Zusammensetzung oder die Aktualität der Kleidungsstücke beschweren. Hauptsache, er friert nicht.
Maxim scheint das leider nicht so zu sehen, als er vom Badezimmer in mein Zimmer pilgert.
»Was zur Hölle soll das denn sein?« Mit spitzen Fingern zupft er an dem grellgelben T-Shirt herum.
»Zieh' es einfach an«, gebe ich gereizt zurück und ziehe mir einen schlichten, schwarzen Pullover über den Kopf. »Du sollst damit ja nicht über den Laufsteg, sondern nur zum Discounter.«
»Jau, und wenn ich nicht aufpasse, werde ich aus Versehen noch gekauft – als vollständig bekleidete Vogelscheuche für Ihren Hausgarten!«, tönt er plötzlich mit waschechter Marktschreierstimme. »Die kostenlose Draufgabe beim Kauf von zehn Packungen Kaffee! Greifen Sie zu, solange der Vorrat reicht!«
»Grandios«, entgegne ich trocken. »Dann bekomme ich das Geld, das du mir für den Einkauf schulden wirst, also schon heute.«
»Warum macht dich der Gedanke eigentlich so an, dass ich käuflich sein könnte?«, faucht er griesgrämig zurück und befingert nebenbei den Wollpulli, von dem ich weiß, dass er nicht nur etwas ausgefranst ist, sondern sich auch schon ein wenig rau anfühlt.
»Als Vogelscheuche?« Ist die Frage wirklich ernst gemeint? Allein sein Kopf sieht aus wie ein explodiertes Vogelnest. Ich wundere mich sowieso schon eine ganze Weile, wie seine Eltern ihm das durchgehen lassen können. In den gesellschaftlichen Kreisen,

in denen sich die Sander zu Carlbergens bewegen, gehört sich das jedenfalls nicht.

»Nein, egal auf welche Weise«, raunzt er zurück. »Du spielst ständig darauf an. Dabei lässt *du* dich doch eigentlich eher von *mir* kaufen.«

Gleichmütig zucke ich mit den Schultern. »Sei froh, dass dich jemand aufnimmt, der als Gegenleistung dafür nur ein Fahrrad verlangt.«

»Da!« Maxims Zeigefinger spießt mich auf wie ein Laserpointer. »Da machst du's schon wieder! Macht dich der Gedanke an, dir einen abgewrackten Strichjungen zu kaufen, ja? Stehst du unter so großem Druck, oder was?«

Leicht verärgert ziehe ich die Augenbrauen hoch. Dass er ein loses Mundwerk hat und direkt auf Sachen zusteuert, weiß ich inzwischen ja, trotzdem sollte er jetzt langsam aufpassen, wie weit er gehen will. »Wie bitte?«, schnaube ich abfällig. »Wer von uns beiden macht denn hier wen die ganze Zeit an?«

»Anmachen? Ich? Dich?«

»Natürlich.«

Er will mir doch wohl nicht erzählen, dass das bei ihm ein Automatismus ist. Dafür ist er viel zu clever und sich seines Aussehens viel zu sehr bewusst. Wahrscheinlich ist ihm auch schon seine Wirkung auf mich aufgefallen, sonst würde er nicht immer wieder mit einem Augenaufschlag oder einem besonders unwiderstehlichen Lächeln um die Ecke kommen. Weiß der Geier, was er sich davon verspricht.

Maxim schnauft. Dann säuselt er verheißungsvoll: »Glaub' mir, Vince, wenn ich dich *anmache*, bekommst du das garantiert mit.«

Es ärgert mich, dass seine Tonlage und das rebellische Aufblitzen in seinen Augen ein wohliges Prickeln in meinem Bauch weckt.»Spar's dir«, entgegne ich kühl. »Ich bin nicht scharf auf dich.« Und nicht im Mindesten daran interessiert, mich von ihm ausnutzen zu lassen.

»Oh.« Maxim blinzelt überrascht und kommt auf mich zu,

aber wenn er erwartet hat, dass ich vor ihm zurückweiche, hat er sich getäuscht. Ich bleibe, wo ich bin, weshalb er gezwungen ist, den Kopf etwas in den Nacken zu legen. »Das hört sich in meinen Ohren sehr nach einer Herausforderung an.« Provokativ legt er den Kopf schief. »Ist es eine?«

Mann, wie kann man mit noch nicht einmal siebzehn Jahren bloß so von sich selbst überzeugt sein? Da schadet es ihm vielleicht gar nicht, wenn ihn mal jemand abblitzen lässt.

»Ganz bestimmt nicht. Kleine Freaks stehen auf meiner Vorliebenliste eher weiter unten.«

Das ist genau der richtige Satz gewesen, um das verführerische Funkeln in seinen hellen Augen gegen ein wütendes Glühen auszutauschen. »Ich bin *kein* Freak, verdammt! Und klein auch nicht!«

Abwägend schürze ich die Lippen. »Nach gängigen Standards schon.«

»Ts! Ich scheiß' auf gängige Standards.«

»Offensichtlich, sonst würdest du bei deiner Herkunft nicht so rumrennen.«

Fassungslos wirft Maxim die Hände in die Luft. »Kann man's dir überhaupt recht machen in deinem beschränkten Schubladendenken? Außerdem war das schon wieder eine deiner Nicht-Fragen. Hat dir nie jemand beigebracht, vernünftige Fragen zu stellen? Mit dem berühmtem W am Anfang? Du weißt schon: Wer, wie, was«, fängt er mit einem etwas verunglückten Sprechgesang an, »wieso, weshalb, warum, wer nicht fragt, bleibt dumm.«

»Es interessiert mich nicht, warum du so aussiehst, wie du aussiehst.«

»Super. Klasse. Wär' das ja auch geklärt.« Angefressen dreht er sich um, um die Sachen, die ich ihm gestern geliehen habe, gegen die neuen auszutauschen. Täusche ich mich oder hätte er es wirklich gerne gehabt, dass ich ihm ein paar Fragen stelle? Wie schwachsinnig. Alles Wichtige, was ich wissen muss, weiß ich bereits aus dem Internet und der Rest ist vollkommen egal.

Wir haben hier nur vorübergehend eine kleine Zweckgemeinschaft aufgebaut und ich habe nicht vor, mich in irgendeiner Art und Weise mit ihm anzufreunden, damit wir uns schön regelmäßig E-Mails schreiben können, wenn er wieder zu Hause ist. Wozu?
Ich bin froh, wenn ich die Wohnung wieder für mich alleine habe, und glücklich, wenn er mir tatsächlich das versprochene, neue Superbike vor die Tür stellt. Ende der Geschichte.

***

Zu meinem maßlosen Ärger muss ich feststellen, dass ich während des ganzen Schultages unkonzentriert bin. Meine Gedanken schweifen ständig zu Maxim ab und was er sich wohl Hinterhältiges ausgedacht haben könnte, um wieder in meine Wohnung oder die meiner Oma hereinzukommen. Im Geschichten erfinden ist er ja auch ganz groß. Ganz besonders, wenn er sich dadurch einen Vorteil verschaffen kann. Ich glaube zwar nicht wirklich, dass er mir jetzt noch etwas klauen würde, wo er theoretisch hat, was er will — nämlich einen Schlafplatz —, aber sicher bin ich mir nicht. Außerdem will ich ihn nicht zu lange mit meiner Oma alleine lassen.

Unvermittelt merke ich, wie es um mich herum auf einmal sehr still ist. Irritiert hebe ich den Kopf und bemerke den strengen Blick meiner Politiklehrerin, die vorne an der Tafel steht.

Scheiße. Da habe ich wohl schon wieder was nicht mitbekommen. Das wäre in diesem Fach jetzt das zweite Mal. Über den Tag verteilt könnte ich gar nicht mehr so genau sagen, wie oft ich schon auf meine geistige Abwesenheit angesprochen worden bin.

»Tut mir leid«, sage ich entschuldigend, ohne einen Schimmer zu haben, wovon die Rede ist, »wie war die Frage?«

»Die Frage war, wo Sie heute nur mit Ihren Gedanken sind, Vincent.« Sie blinzelt mich hinter ihren riesigen Glasbausteinbrillengläsern an wie eine Eule. Aber gerade wegen dieser Dinger ist es auch unmöglich, ihre ehrliche Besorgnis zu übersehen.

»Sie sind doch sonst nicht so abwesend.«
Als ob ich sonst ein Musterschüler wäre. Die Schule ist für mich nie mehr oder weniger gewesen als ein notwendiges Übel, durch das man sich eben durchkämpfen muss. Dementsprechend engagiert bin ich auch; ich rühre keinen Finger zu viel, aber durchfallen will ich auch nicht. Das ist vor dem Tod meiner Eltern nicht anders gewesen, auch wenn ich das halbe Jahr danach verständlicherweise in allen Fächern um ein, zwei Noten abgerutscht bin. Danach hat es sich aber wieder auf dem nichtssagenden Durchschnitt eingependelt. Angesichts meiner drohenden Zukunftsprobleme vielleicht nicht der beste Weg, den ich mir da ausgesucht habe. Inzwischen ist es jedoch definitiv zu spät, daran noch etwas ändern zu wollen.
»Schlafmangel«, lüge ich spontan, weil meine Lehrerin mich immer noch so anblinkt, als erwarte sie eine Antwort von mir. Glücklicherweise gibt sie sich nach einem kurzen, verständnislosen Kopfschütteln damit zufrieden und quält als nächstes einen anderen Schüler mit ihren Fragen.
Dafür spüre ich statt ihres Blickes nun einen anderen überdeutlich auf mir ruhen, aber ich weigere mich, Patrizia anzuschauen. Wer weiß, was sie alles in diese lahme Erklärung hinein interpretiert, aber solange es sie mir vom Hals hält, soll es mir recht sein. Blöderweise hat das bei Patrizia nur meistens den umgekehrten Effekt: Wenn etwas ihre Neugier, ihr Misstrauen oder sonst was weckt, will sie es immer ganz genau wissen und bohrt so lange nach, bis die Antworten auf alle gestellten und alle nicht gestellten Fragen aus einem heraussprudeln. Ich wünschte nur, sie würde endlich aufhören, alles, was mit mir im Zusammenhang steht, interessant zu finden.
Als es zum Ende der letzten Stunde klingelt, beeile ich mich ganz besonders, meinen Kram zusammenzupacken. Nicht nur, weil ich mich vergewissern will, dass Maxim keinen Blödsinn gebaut hat, sondern auch, weil Patrizia die Angewohnheit hat, mir nach den wenigen Kursen, die wir zusammen haben, aufzulauern.

Ich schlüpfe eilig in meine Jacke und werfe mir die Tasche über die Schulter, da verkündet die Lehrerin immer noch die Hausaufgaben zur nächsten Stunde. Momentan habe ich allerdings wirklich Besseres zu tun, als irgendwelche veralteten Texte im noch älteren Politikbuch zu lesen. Ich muss babysitten!

»Vinnie!«

Ich klappe die Ohren ab und verlasse das Klassenzimmer.

»Hey, Vinnie! Warte doch mal kurz!«

Von wegen.

Auf den Fluren und den Treppen gerate ich etwas ins Stocken, weil aus allen Klassenräumen die Schüler hinausströmen. Es kann sich dabei höchstens um Sekunden handeln, aber im nächsten Augenblick ist Patrizia plötzlich neben mir und strahlt mich an.

»Du verpasst die Hausaufgaben«, knurre ich unfreundlich und versuche, ein paar Sechstklässler zwischen uns zu bringen, die sich laut schwatzend über die Vor- und Nachteile der *PS3* gegenüber der *Wii* austauschen. Ach, warum denn wählen? Die sehen so aus, als könnten sie sich gleich beide Konsolen leisten! Gibt's zu Weihnachten zum neuen Flachbildschirmfernseher, weil die lieben Kleinen damit ja sonst nichts anfangen können.

»Du doch auch«, grinst Patrizia zurück, ohne sich abschütteln zu lassen. »Und ich hab' gehört, in Mathe hattest du heute auch schon keine.«

Soso, gehört hat sie das also? Ihr Informantennetz ist also immer noch intakt. »Haben deine Freundinnen nichts Besseres zu tun, als mein Verhalten in jedem Fach, das wir gerade nicht zusammen haben, zu dokumentieren?«

»In Mathe ganz sicher!« Ich spüre ihren abschätzenden Blick, den sie mir von der Seite zuwirft, konzentriere mich aber darauf, schnellstmöglich den Ausgang zu erreichen. Nur noch zwei Treppen und ungefähr tausend Schüler – genauso gut hätte der Ausgang irgendwo bei Amsterdam sein können. »Bist gestern wohl schwer beschäftigt gewesen, was? Wie lange kennt ihr euch eigentlich schon, du und... wie hieß er noch mal? Michel?«

»Maxim«, sage ich automatisch und schiebe dann noch hastig hinterher: »Maxi.« Als ihn liebender Freund nenne ich ihn bestimmt bei seinem niedlichen Spitznamen.

»Ach ja.« Patrizia tut, als wäre ihr das just in diesem Moment auch wieder eingefallen, obwohl sie sich allein bei dem einzigen Treffen schon so gut wie alles von dem Freak notiert haben dürfte – Alter, Größe, geschätztes Gewicht, Augenfarbe, Haarfarbe, Frisur... Sollte Maxim mal in ein Verbrechen verwickelt sein, ist der Phantomzeichner bei ihr an der richtigen Adresse. »Süßer Name. Passt zu einem Kind.«

Ich sehe nicht ein, warum ich darauf eingehen sollte. Sie weiß genau, wie alt er ist.

»So. Und er hat dich in der Nacht von deinem wohlverdienten Schlaf abgehalten, ja?«

Ich wusste es. Sie kann es einfach nicht sein lassen. »Selbst wenn es so wäre«, gebe ich eindringlich zurück, »geht es dich nichts an. Wir sind nicht mehr zusammen, Patrizia. Seit mittlerweile *zwei Jahren*. Außerdem bin ich *schwul*. Das bedeutet, ich stehe auf *Männer*.«

Zwei Mädchen aus dem Jahrgang unter mir, die sich rechts an mir vorbeischieben, sehen mich überrascht an und stecken dann giggelnd die Köpfe zusammen, während die vier Typen aus der Unterstufe vor uns beinahe synchron die Köpfe drehen und einen kollektiven Blick des Entsetzens aufsetzen. Grandios. Wer es also heute noch nicht weiß, bekommt es spätestens bis morgen mit. Ein Glück, dass mich das absolut nicht interessiert. Keiner von denen wird auf die Idee kommen, bei meiner Oma vorbeizuschauen und mich zu outen.

In der Zeit, als meine Eltern gerade gestorben sind, habe ich mich so ziemlich von allen anderen abgekapselt und den Anschluss zurück habe ich nie so richtig gefunden. Vierzehnjährige haben die Angewohnheit, sich schnell nach neuen Freunden umzusehen, wenn sich der alte Freund plötzlich stark zurückzieht, nichts mehr mit den anderen zu tun haben will und sich anschließend

wie ein Arschloch verhält. Es gibt den einen oder anderen engeren Bekannten auf der Schule und ich werde auch nicht generell gemieden oder gemobbt oder so. Einen richtigen *Freund* könnte ich jedoch nicht benennen.
Dafür gibt es... Patrizia Voigt.
»Vielen Dank für die Aufklärung, aber ich weiß, was schwul bedeutet.«
»Offensichtlich nicht, sonst würdest du aufhören, mich zu nerven.«
Sie lässt ein kleines Auflachen erklingen. »Vinnie, komm schon. Du warst nicht schwul, als wir noch zusammen gewesen sind. Also, *ich* habe davon jedenfalls nichts mitbekommen.«
Mühsam ringe ich um so etwas wie Geduld. »Patrizia, glaub' mir, jetzt bin ich schwul.«
»Aber du musst doch nicht gleich schwul werden, bloß weil du keine andere Frau wie mich finden kannst.«
Mann, und wie häufig haben wir dieses Gespräch inzwischen schon geführt? »Ich werde nicht schwul, ich *bin* schwul. Das ist nichts, was ich mir aussuche, okay?«, versuche ich, ihr zu erklären. Mittlerweile habe ich das allerdings schon so oft gemacht, dass ich gar nicht mehr weiß, mit welchen Worten ich das noch beschreiben soll.
Ich nehme sowieso stark an, dass sie mich einfach nicht verstehen *will*. Zwar möchte ich ihre Begriffsstutzigkeit nur zu gerne auf einen zu niedrigen IQ schieben, aber so blöd ist sie nicht. Nein, schlimmer. Ich befürchte, dass sie wirklich was für mich übrig hat und sich einfach nur mit allem, was ihre Phantasie hergibt, daran klammert, dass ich nur in so was wie einer Phase oder sexuellen Verirrung oder was auch immer stecke. Man könnte sie mir nackt auf den Bauch binden und da würde nichts laufen, aber wenn ich Pech habe, findet sie selbst dafür noch eine Entschuldigung. Dass ich einen schlechten Tag erwischt habe und eine Grippe im Anflug ist. Vielleicht ist auch die Matratze zu weich und das Zimmer zu dunkel. Einbildung ist auch eine Bildung.

Urplötzlich bleibt sie stehen und hält mich am Arm fest, damit ich ebenfalls anhalte. Ich muss mich zusammenreißen, damit ich sie nicht abschüttle und das Weite suche. Allmählich geht mir ihre Hartnäckigkeit ganz gewaltig auf den Zeiger.

Ihre bernsteinfarbenen Augen sehen mich ernst an, als sie fragt: »Und warum bist du dann nicht schwul gewesen, als wir zusammen waren? Ich dachte, man wird schwul geboren, das liegt in den Genen oder was weiß ich.«

Mann, hat sie *Homosexualität* jetzt schon bei *Wikipedia* nachgeschlagen? »Nicht jeder erwartet, schwul zu sein! So was muss man unter Umständen auch erst herausfinden.«

»Und wenn du es nie herausgefunden hättest, wären wir jetzt noch zusammen.«

»Himmel Arsch!« Wie konnte ich eigentlich so dumm sein und mich auf diese Diskussion einlassen? Am Schluss gehen mir immer die Argumente aus, weil Patrizia für ein einfaches: »Ich mag Männer«, nicht empfänglich ist.

Sie lässt sich von meinem Ausbruch nicht beirren, sondern schießt weiter: »Außerdem hast du zwei Jahre gebraucht, um das herauszufinden. Dann kannst du es mit mir ja nicht so schlecht gefunden haben.«

Habe ich auch nicht. Zumindest nicht am Anfang, aber ich würde eher meine Zunge verschlucken, als das zuzugeben. Dann würde ich sie wahrscheinlich nie wieder loswerden. Es wundert mich sowieso, warum sie es auch so toll mit mir gefunden hat, dass sie mich auf Teufel komm raus zurück haben will. Ich bin nämlich alles andere als nett zu ihr gewesen.

»Jetzt würde ich es garantiert schlecht finden, weil du mir schon seit geraumer Zeit ganz furchtbar auf den Geist gehst«, grolle ich böse. Leicht eingeschnappt legt sie den Kopf schief, lässt mich aber immer noch nicht los, während weitere Schülermassen an uns vorbeiziehen. Dann ändert sie ihre Taktik. »Vinnie, hör zu... ich will dir ja gar nicht reinreden, dass du jetzt plötzlich... schwul oder so was bist –«

»Oder so was?«

» – aber«, ignoriert sie mich einfach, »dann bin ich eben die einzige Frau für dich, verstehst du? Sozusagen die Ausnahme von der Regel.«

Ich verstehe nur, dass ich sie bald einliefern lassen werde, wenn sie so weitermacht. »Du spinnst.« Mit einer ruckartigen Bewegung entreiße ich ihr meinen Arm. »Ich muss los.«

Ich lasse sie bewusst ohne einen Abschiedsgruß oder einen Blick zurück stehen und reagiere auch nicht darauf, als sie mir nachruft, ich solle doch ‚Michel' von ihr grüßen. So langsam gehen mir die Ideen aus, wie ich sie noch überzeugen soll. Vielleicht sollte ich zur Abwechslung mal superfreundlich zu ihr sein. Möglicherweise irritiert sie das so sehr, dass sie mich in Ruhe lässt.

Endlich draußen angekommen, bin ich etwas überrascht, Maxim auf der Schulmauer sitzen zu sehen, zu seinen Füßen eine prall gefüllte Plastiktüte mit Einkäufen. Ich habe ihm zwar beschrieben, wo die Schule ist, weil in ihrer Nähe auch ein paar Discounter sind, aber eigentlich habe ich angenommen, dass er mich nicht abholen kommt. Immerhin kennt er sich hier nicht aus. Darüber hinaus bin ich tatsächlich erstaunt, dass er alles gemacht hat, was ich ihm aufgetragen habe. Offensichtlich ist er sehr erpicht darauf, den morgigen Tag in meiner Wohnung verbringen zu dürfen.

»Wow«, meint Maxim, als ich auf ihn zukomme. »Du bist ja *wirklich* noch Schüler.«

»Was du nicht sagst.« Unauffällig versuche ich, in die Plastiktüte hineinzuschielen und vorab herauszufinden, ob er sich strikt an meine Liste gehalten hat. »Wie viel hast du ausgegeben?«

Maxim seufzt theatralisch auf. »Gleich direkt zum Geschäftlichen, was? Hast du Angst, ich veruntreue dein kostbares Restgeld?« Er kramt in der Hosentasche der Jeans herum, die ich ihm geliehen habe und die er bestimmt zweimal umgeschlagen hat, damit sie nicht über den Boden schleift. Bevor ich sie ihm hinstrecken kann, schnappt er sich meine Hand und drückt ein paar Geldstücke inklusive einem Kassenbon hinein.

»Neun Euro siebenundachtzig. Dreizehn Cent Trinkgeld sind eigentlich das Mindeste, was ich für diese Tortur von dir bekommen könnte.«

»Du bekommst einen Schlafplatz.«

»Falsch. Den bekomm' ich für das Fahrrad.«

»Das ich noch nicht habe.«

»Dafür hast du ja den Schuldschein.«

Mist. Ich kann nicht anders und muss ein bisschen grinsen. Maxi nimmt das selbstgefällig wahr, verzieht die Mundwinkel aber grimmig nach unten, als ich die Cents in meine Hosentasche stopfe. »Was willst du denn mit dreizehn Cents?«

»Mich nicht wie ein Sklave fühlen?«, schlägt er vor und versetzt der Tüte dann mit seiner Schuhspitze einen leichten Tritt. »Dafür gibt's heut Mittag aber mal was Ordentlicheres zu Essen als immer nur Brot. Ich brauch' meine Nährstoffe.«

»Mal schauen«, sage ich vage und studiere stattdessen den Kassenbon. Sieht so aus, als hätte er sich strikt an meine Einkaufsliste gehalten. Was nett ist, andererseits aber durchaus auch Berechnung gewesen sein könnte.

»Nicht ‚mal schauen', sondern ‚Ja, mein lieber Maxi, alles, was du willst'. Sonst rette ich dich nämlich nicht vor der Schreckschraube.«

»Der...«, will ich gerade fragend ansetzen, als ich höre, wie hinter mir die Eingangstüren der Schule aufgestoßen werden. Inzwischen ist die sechste Stunde zwar schon seit zehn Minuten vorbei und der Platz hat sich erstaunlich schnell geleert, aber trotzdem ist es nicht ungewöhnlich, dass immer noch ein paar Nachzügler aus dem Gebäude treten. In diesem speziellen Fall stellen sich mir jedoch schon mal im Voraus die Nackenhaare auf.

»Was denn? Kein Kuss zur Begrüßung?«

Ohne mich ihr zuzuwenden, rolle ich mit den Augen. Verdammt noch mal, kann die mich nicht einfach in Ruhe lassen?

Maxis Mundwinkel zucken verdächtig nach oben. Mit seinem Fuß stupst er leicht mein Bein an.

»Mittagessen«, murmelt er beschwörend, aber eine Antwort darauf verschiebe ich erst einmal, indem ich mich genervt zu Patrizia umdrehe. Ignorieren kann ich sie einfach nicht.

»Nicht jeder muss seine Zuneigung öffentlich zur Schau stellen.«

»Verstehe ich. So was würde ich auch nicht in aller Öffentlichkeit küssen wollen.«

»Na«, schaltet sich Maxim ungefragt und in einer zuckersüßen Stimmlage ein, »dann ist es ja gut, dass ich dich auch nie im Leben küssen wollen würde. Weder mit noch ohne Publikum.«

Patrizias Augen verengen sich angepisst und es sieht so aus, als wollte sie Maxim im nächsten Moment die Zunge herausstrecken. Aber so sehr das auch zu ihrem Kindergartenniveau passen würde, ganz so tief ist sie offensichtlich noch nicht gesunken. Stattdessen legt sie leicht den Kopf schief und mustert Maxim plötzlich übertrieben genau, als würde er ihr bekannt vorkommen. Ich ahne schon das Schlimmste, aber dann fällt ihr doch nur die Übergröße von Maxims Jeans auf. Ihr Blick wandert an ihm hoch und bleibt am weiten Rollkragen des dunkelgrünen Pullis hängen, der unter seiner schwarzen Jacke hervorlugt.

Abschätzig hebt sie eine Augenbraue an. »Na so was. Du bist ja unter die Kleiderspender gegangen, Vinnie. Ist für deinen kleinen Freund bestimmt angenehmer, deine abgetragenen Klamotten zu tragen als die irgendwelcher anderen Hartz-IV-Empfänger.«

Okay, schätzungsweise habe ich mich geirrt. Sie will sich doch auf unterstes Niveau herablassen.

Bevor ich jedoch die Gelegenheit dazu bekomme, daraufhin etwas zu erwidern, schaltet Maxim sich ein. »Tja, was soll ich sagen?«, lächelt er beinahe etwas verschämt und greift nach meiner Hand, um zärtlich über den Handrücken zu streicheln.

Gleichzeitig schenkt er mir einen so tiefen, verträumten Blick, dass mein Herzschlag unverhofft ins Stolpern gerät, obwohl ich weiß, dass er diesen Blick ein- und ausschalten kann wie eine Lampe. »Wir waren gestern etwas... unvorsichtig. Und weil ich nicht mit einer kompletten Zweitgarderobe zu ihm gekommen bin,

musste er mir was leihen.«
Patrizia schnaubt. »Habt ihr euch im Kochen versucht?«
Maxim seufzt und sieht sie fast mitleidig an. »Du bist doch mit ihm zusammen gewesen. Zum Kochen hatten wir nicht die meiste Zeit.«
Ach du Scheiße, ich glaube, ich hör' nicht richtig. Wenn das so weitergeht, dichtet er mir als nächstes noch irgendeinen Fetisch an, den ich bei Patrizia niemals ausleben konnte.
Treuherzig wendet sich Maxim wieder mir zu. »Nicht wahr, Vince?«, will er mit einem umwerfenden Lächeln wissen und zieht mich dichter an sich heran, während er sich mir leicht entgegen reckt, weil ich, obwohl er auf der erhöhten Mauer sitzt, immer noch größer bin als er.
Ich befürchte, ich weiß, was er — schon wieder! — vorhat, aber wenn Patrizia direkt daneben steht, kann ich ihn wohl kaum von der Mauer schubsen. Das hat er sich wieder mal ganz fein ausgedacht und Patrizia spielt ihm mit ihren kindischen Spielchen auch noch direkt in die Hände. Aber das heißt noch lange nicht, dass das hier ein ellenlanger Zungenkuss werden muss.
Kurz bevor seine Lippen auf meine treffen, murmelt er: »Mittagessen!«, woraufhin ich ihm gerne ein: »Von wegen!«, zuzischen würde, komme allerdings nicht mehr dazu. Sein Mund legt sich warm, fest und sehr zielstrebig auf meinen und seine Zunge streicht gleich wieder einladend an meinen Lippen entlang, aber ich finde, das muss zur Demonstration reichen.
Entschlossen lehne ich mich wieder zurück und höre noch im selben Moment, wie Maxim ein grimmiges Knurren herunterschlucken muss. »Wolltest du sonst noch etwas wissen?«, frage ich an Patrizia gewandt. So, wie es aussieht, hat sie sich den Kuss wirklich in allen Einzelheiten angeschaut, um analysieren zu können, ob ich es ernst meine. Hätte mich vielleicht doch mehr reinhängen sollen. »Nein. Fürs Erste hab' ich mich genug amüsiert, vielen Dank.« Dem belustigten Glitzern in ihren Augen nach zu urteilen, meint sie das vollkommen ernst.

»Wenn du irgendwann genug von dieser Kinderkacke hast und mal wieder wie ein erwachsener Mann vögeln möchtest, weißt du ja, wo du mich findest.« Sie schießt Maxim noch einen vernichtenden Blick zu. Dann dreht sie sich auf dem Absatz um und verschwindet – Gott sei Dank! – *endlich* aus meinem Wahrnehmungsbereich.
»Mann!«, entfährt es Maxim, während er ihr noch kopfschüttelnd hinterher sieht. »Du musst ja wirklich die totale Granate im Bett sein.« Feixend sieht er mich an. »Was sich allerdings noch immer nicht in deinen Küssen widerspiegelt.« Er zupft kurz an meiner Hand, die er immer noch festhält. »Spielverderber.«
Also, auf diese Diskussion muss ich mich nun wirklich nicht einlassen.
»Patrizia ist durchgeknallt«, sage ich schlicht, obwohl das wohl leider nicht ganz so einfach ist. Nebenbei ziehe ich meine Hand aus seiner und stecke sie in meine Jackentasche, weil sie so an der frischen Luft doch erstaunlich schnell wieder kalt wird.
»Ach, echt? Wär' mir jetzt gar nicht so aufgefallen, wenn du's nicht erwähnt hättest.« Maxim rollt mit den Augen und springt von der Mauer runter. »Hey«, fällt ihm dann ein. »Heißt das, dass du *keine* Granate im Bett bist?«
»Sag du's mir. Du hast doch gerade das Blaue vom Himmel runtergelogen.« Und das eindeutig nicht zu knapp. Vielleicht ist es gar nicht mal der Kuss gewesen, der Patrizia hat misstrauisch werden lassen, sondern Maxims übertriebene Prahlerei.
»Allerdings«, bestätigt er nickend und geht schon mal ein paar Schritte voraus. »Und das, obwohl ich nicht mal deine Kusstechnik loben würde. Also, ich finde, dafür ist ja jetzt wohl *mindestens* ein vernünftiges Mittagessen drin, oder? Gibt doch bestimmt den einen oder anderen McDonald's unterwegs. Oder du kannst mich auch nett in irgendein Café ausführen. Hätt' ich auch nix gegen.«
Das glaube ich. »Ich schon.«
»Komm schon, Vince. Ich *sterbe* vor Hunger.«
»Als ob das eine große Neuigkeit wäre. – Hey, willst du die Tüte

nicht mitnehmen?« Ich deute auf die Plastiktüte mit den Einkäufen, die er einfach an der Mauer hat stehen lassen. »Sonst gibt's erst recht nichts zu essen.«

»Ich dachte, du wolltest mir tragen helfen, wenn ich zur Schule komme? Ich hab' das Zeug eingekauft, hierher geschleppt und mir zwischenzeitlich noch den Arsch abgefroren, also kannst du sie jetzt nach Hause tragen. Eine Hand wäscht die andere, mein lieber Vince.«

Das gibt's ja wohl nicht. Wie kann man bloß so dreist sein? »Ich trage schon meine Schultasche.«

Zur Verdeutlichung hebe ich besagte Tasche kurz an und wackle damit vor seiner Nase herum. Zugegeben, sie ist nicht wirklich schwer oder gar vollgestopft, weil ich meistens nur einen Schreibblock, ein, zwei Stifte, eine Wasserflasche und, wenn's hochkommt, ein Buch mit mir rumschleppe, weil alles andere zu viel verlangt wäre. Teilweise sind unsere Schulbücher so klobig und schwer, dass es auf rund einen Zentner hinauslaufen würde, wenn man wirklich für jedes Fach, das man am Tag hat, das entsprechende Buch mitnimmt.

Außerdem hat Maxim seinen Rucksack heute nicht dabei, sondern wohlweislich in meiner Wohnung gelassen. So müsste er, sollte ich ihn spontan doch noch rauswerfen wollen, wenigstens noch einmal mit zu mir kommen, um sich seine Sachen abzuholen. Und währenddessen wäre ihm bestimmt etwas eingefallen, um sich wieder bei mir einzunisten.

»Die ist aber viel leichter«, protestiert Maxim kleinlich.

Ich kann nicht so genau sagen, woran es liegt. Die Art, wie er mich ansieht, oder wie er den Kopf leicht schief legt, die Mundwinkel leicht verzieht, als wäre die ganze Welt gegen ihn... oder eine Mischung aus allem kombiniert mit der vagen Erinnerung daran, wie sich sein Mund erneut auf meinen gelegt hat.

Was auch immer es ist, es bringt mich dazu, den Riemen meiner Schultasche über den Kopf zu zerren und ihm das ganze Ding zuzuwerfen.

Maxim fängt es ziemlich perplex auf und sieht mich fragend an.
»Dann mach' dich wenigstens etwas nützlich«, murre ich als Antwort darauf und bücke mich stattdessen nach der Einkaufstüte. Die tatsächlich ziemlich schwer ist. Zeugt auch nicht gerade von besonderem Verpackungsgeschick, alles in eine einzige Tüte zu quetschen, die noch dazu aus Plastik ist und mir bei meinem Glück unterwegs noch reißen wird, obwohl ich ihm eine zweite mitgegeben habe. Immerhin kosten die blöden Dinger mittlerweile ja extra.
Als ich zu Maxim aufgeschlossen habe, strahlt er mich fröhlich an.
»Danke, das ist sehr nett von dir.«
»Hmpf.«
»Jetzt müssen wir das nur noch mit dem Mittagessen regeln und ich bin der glücklichste Mensch der Welt!«
»Wie schön für dich. Und nachdem wir das jetzt geklärt haben: Hör' auf zu nerven, mir ist kalt.«

# 8

*Maxi*

Also, er kann ja sagen, was er will, aber ich glaube, so langsam fängt Vince eindeutig an, mich ins Herz zu schließen. Was, meiner Meinung nach, allerdings auch längst überfällig ist.

Ich meine, dass er gerne einen auf Mr. Eisklotz und Unnahbar macht, habe ich schon mitbekommen – auch wenn ihm beides allerhöchstens im Ansatz gelingt, weil er es am Ende doch nie ganz durchziehen kann. Was mich betrifft, ist das gut, Patrizia hingegen weniger.

Was läuft bei der Frau eigentlich für ein Film ab? Ich bin ihr bisher erst zweimal über den Weg gelaufen und trotzdem möchte ich sie wahlweise schon auf den Mond schießen oder wegschließen lassen. Es kann doch wohl nicht angehen, dass die so scharf auf Vince ist, dass die dafür buchstäblich alle anderen Gehirnzellen ausschaltet. Wenn ich das richtig mitbekommen habe, sind die seit zwei Jahren nicht mehr zusammen – auch aus dem Grund, weil Vince eben schwul ist –, aber anstatt da mal irgendwie drüber hinwegzukommen, hat Patrizia es sich offensichtlich zur Aufgabe gemacht, Vince so lange auf den Geist zu gehen, bis der um seines Seelenheils Willen freiwillig wieder mit ihr zusammen kommt. Die Liebe der Neuzeit, oder was?

Und anstatt dass Vince mal aktiv wird, um sie sich richtig vom Leib zu halten, blökt er sie zwar an, lässt es ihr im Endeffekt aber doch immer wieder durchgehen. Obwohl ich glaube, dass es ihr schon ganz gut tut, Vince und mich in trauter Zweisamkeit zu sehen. Dann wird sie nämlich immer so biestig. *Noch* biestiger.

Ich möchte ja zu gerne mal wissen, was die für eine Beziehung miteinander geführt haben, dass die in so ein seltsames Abhängigkeitsverhältnis hineingerutscht sind. Da ist es ja eigentlich kein Wunder, dass Vince Probleme hat, jemanden an sich heranzulassen.

Wenn sich jede seiner Beziehungen am Ende zu einer Patrizia entwickelt, hätte ich da auch keinen Bock mehr drauf. Vielleicht frage ich ihn irgendwann mal danach.
Vorerst bin ich jedoch erst mal froh, dass er nicht bei allem, was ich sage, prinzipiell auf Abwehr schaltet. Als Belohnung für meinen zweiten Auftritt in der vortrefflich gespielten Rolle des Maxi, geliebter Freund des Vincent J., lässt er sich nämlich tatsächlich zu einem *warmen* Mittagessen erweichen.
Gut, es ist nur ein lahmes Schinken-Käse-Sandwich, aber es ist warm. Auch wenn es im Grunde nur wieder Brot ist, aber ich finde, wir sind da auf einem guten Weg.
Dass er mich gleich darauf allerdings wieder aus der Wohnung rausschmeißt, weil er für vier Stunden wieder in der Glühweinbude eingeteilt ist, ist weniger gut.
»Das ist doch jetzt nicht dein Ernst.« Entgeistert starre ich ihn an, wie er sich seine Schuhe wieder überzieht. »Ich bin grad den ganzen Vormittag draußen unterwegs gewesen, hab' alles gemacht, was du wolltest — und jetzt soll ich mir schon wieder mit dir kollektiv den Arsch abfrieren?!«
Genervt sieht er vom Schuhe zubinden auf. »Ja.«
»Du... verdammtes Arschloch!«, entfährt es mir unüberlegt. »Du hast *versprochen* —«
»Ich habe dir gar nichts versprochen«, fährt er mir dazwischen und deutet unnachgiebig auf meine Schuhe. »Willst du die nicht anziehen? Könnte etwas kalt draußen werden barfuss.«
»Fuck!« Eingeschnappt verschränke ich die Arme vor der Brust. »Ich rühr' mich hier keinen Millimeter vom Fleck.«
»Schön. Dann erfrier' eben.«
Bevor ich die Chance habe, herauszufinden, was er damit meint, stürzt er sich plötzlich auf mich und schlingt die Arme um mich.
»Hey, was — VINCE! *Lass mich runter*!«
Der kann mich doch nicht einfach wie so einen beknackten Kleiderständer hochheben, verdammt! Und mich schon gar nicht wie seine neueste Höhlenmenscheneroberung über die Schul-

ter werfen! Heilige Scheiße, ich glaub', ich spinne! Aus welchem Sandalenstreifen hat er das denn?!

»Shit. *Shit*! Lass mich runter, Vince! *Sofort*!«

Ich versuche, mich in eine halbwegs vernünftige Position zu kämpfen und nicht wie so ein nasser Sack über seiner Schulter zu liegen, aber dafür habe ich wohl ein paar Muskeln zu wenig. Ist gar nicht so einfach, verflucht.

»Wie kannst du eigentlich so viel essen und dabei so wenig wiegen?« Er macht eine Bewegung mit der Schulter und im nächsten Moment rutsche ich ein großes Stück weiter über seinen Rücken, dem Boden sehr weit entgegen.

Erschrocken kralle ich mich an seinen Hüften fest, während mir das Herz sehr heftig und schmerzhaft in der Brust bollert. »Fuck! Vince!« Ein Sturz mit der Nase voraus auf den Boden wäre zwar nicht unbedingt tödlich, aber ganz bestimmt auch nicht angenehm – und auf jeden Fall nicht lustig, also sollte Vince ganz schnell diese Gluckslaute einstellen! »Das findest du witzig, oder?!«

»Ein bisschen.«

»Arschloch! Lass mich jetzt *sofort* runter oder ich ruf' nach Agnes!« Inzwischen ist er nämlich aus der Wohnung raus ins Treppenhaus geschwankt und kopfüber auf die steilen Stufen zu starren, ist alles andere als prickelnd. »Mal sehen, wie die's findet, was du mit deinem armen Nachhilfeschüler machst!«

Ich spüre, wie Vince mit den Schultern zuckt. »Ruf' ruhig. Heute ist Dienstag, da trifft sie sich immer mit ihrem Buchclub.«

»Fuck.«

Während Vince weiter die Treppen runtertaumelt, hänge ich reichlich nutzlos verkehrt herum seinen Rücken entlang, was auf die Dauer ein bisschen wehtut. Mein Hüftknochen liegt irgendwie etwas ungünstig auf seiner Schulter und mein Bauch wird unangenehm eingedrückt. Das Einzige, was das Ganze wenigstens einigermaßen erträglich macht, sind seine warmen Hände, die mich an meinen Oberschenkeln festhalten und derer ich mir plötzlich überdeutlich bewusst werde.

Mein Blick fällt auf seinen Hintern, der knapp unter meinem Gesicht reichlich sexy in den verwaschenen Jeans aussieht und mir ein wölfisches Grinsen auf die Lippen zaubert.
Im nächsten Moment landet meine Hand klatschend mitten darauf, was Vince merklich zusammenzucken und sogar stehen bleiben lässt. Anstößig streichle ich ein wenig an ihm herum und tätschle ihn begütigend. »Also, wenn du schon unbedingt den Packesel spielen willst, kannst du ruhig mal 'nen Zahn zulegen. Mir wird hier oben ja sonst noch ganz langweilig.«
Wie eine Antwort darauf wandern seine Hände an meinen Oberschenkeln weiter nach oben, über meinen Hintern hinweg bis zu meiner Taille und hinterlassen dabei ein wunderbar kribbliges Gefühl. Zumindest bis zu dem Zeitpunkt, an dem er mich packt und die Welt sich unvermittelt einmal um sich selbst dreht. Dann habe ich wieder festen Boden unter den Füßen und ein leichtes Schwindelgefühl im Kopf. Zeit, mich davon zu erholen, habe ich jedoch nicht, weil Vince sich meinen Arm schnappt, die Haustür aufreißt und mich – barfuss und ohne Jacke! – nach draußen schubst.
»HEY!«
Mit einem ziemlich endgültigen Geräusch knallt er die Tür zwischen uns zu, so dass ich mich ziemlich heftig an unsere erste Begegnung zurückerinnert fühle. Das soll doch nicht etwa ein Hinweis darauf sein, dass das hier unsere letzte ist?! Shit, hat der überhaupt eine Ahnung, wie *arschkalt* das gerade ist?!
Fröstelnd schlinge ich mir die Arme um den Oberkörper und trete von einem Bein aufs andere, um ja nicht zu lange in Kontakt mit den eiskalten Pflastersteinen zu kommen, obwohl sich meine Füße bereits jetzt wie die reinsten Eisklumpen anfühlen. Mann, der hat ja wohl hoffentlich gleich vor, mich wieder reinzulassen? Oder wenigstens meinen Kram rauszuwerfen? Scheiße, ist das *kalt*!
Ich tapse näher an die Tür heran und versuche, zu erlauschen, ob er sich immer noch im Treppenhaus aufhält und nur darauf wartet, dass ich ihn anbettle, mich wieder reinzulassen.

Allerdings kann ich nichts hören und weil ich jetzt nicht nur fröstle, sondern richtig zu zittern anfange, zwänge ich eine Hand aus meiner eigenen Umklammerung und drücke den Klingelknopf.
»Komm schon, Vince, das ist doch wohl nicht dein Ernst...«, murmle ich der Tür zu, während mein Finger auf dem Klingelknopf festfriert. Beim Sprechen bilden sich weiße Atemwölkchen vor meinem Gesicht. Langsam bekomme ich es etwas mit der Angst zu tun. »VIN-«, will ich gerade anfangen, zu brüllen, als die Tür auf einmal aufgerissen wird und Vince sich nach draußen schiebt, bevor ich rein ins Warme springen kann. »*Was zur Hölle — ?!*«
Er drückt mir meine Jacke und meine Schuhe in die Hände, um seine frei zu haben, um die Haustür abschließen zu können. »Um acht bin ich fertig auf dem Weihnachtsmarkt«, sagt er, als wäre das irgendeine Erklärung für sein völlig beschränktes Verhalten.
»Ja, super! Du kannst mich doch nicht einfach so vor die Tür setzen!«
»Nicht? Ich dachte, es wäre meine Tür, mit der ich machen kann, was ich will.«
»Haha, witzig!« Brummelnd lasse ich mich auf der einen einsamen kalten Stufe nieder, die zu der Haustür hochführt, und schlüpfe in meine Schuhe. Besonders wärmend ist das für meine Füße im Moment allerdings noch nicht. »Wenn ich dich grad so scharf gemacht hab', dass du nur mal 'ne kleine Pause von mir brauchtest, hättest du das doch auch einfach sagen können!«
Vince knurrt gereizt. »Zum letzten Mal: Ich bin nicht scharf auf dich!« Der Blick seiner dunklen Augen bohrt sich nachdrücklich und einen Tick bedrohlich in meinen. Fehlt nicht mehr viel und wir sind wieder beim Killerblick angelangt.
»Okay, schon gut«, gebe ich nach, weil mir viel zu kalt ist, als dass ich mich jetzt weiter streiten möchte. »Du bist nicht scharf auf mich, tut mir leid. Konnte ja nicht wissen, dass du keinen Spaß verstehst.«
Vince schüttelt nur genervt den Kopf und dreht sich dann um,

um zu seinem Glühweinbudenjob zu kommen.
Verdammter Mist. Und dabei habe ich *wirklich* geglaubt, dass er mich langsam leiden kann, aber schätzungsweise habe ich mich entweder kolossal geirrt oder mit der Aktion gerade – aus welchem Grund auch immer – alles zunichte gemacht.

***

Am nächsten Morgen tendiere ich eher zu ersterem, weil Vince mich schon wieder mitten in der Nacht vom Sofa schmeißt, um mit ihm zusammen das Haus zu verlassen. Dass er dieses Mal gar keine so genannte *Aufgabe* für mich hat, scheint ihn genauso wenig zu kümmern wie mein Betteln und meine logischen Argumente, dass ich auf jeder Müllhalde wertvollere Dinge finden würde als hier bei ihm.
Dafür versuche ich mich nachmittags, als er wieder zum Weihnachtsmarkt aufbricht, und abends ganz besonders kooperativ zu verhalten und mich quasi unsichtbar zu machen und sehr gehorsam zu zeigen. Immerhin sehe ich ihn tagsüber kaum, weil er entweder in der Schule hockt oder eben auf dem Weihnachtsmarkt arbeitet, also kann ich mich auch mal ein paar Stunden zusammenreißen.
Donnerstag zahlt sich diese Mühe endlich aus. Vince weckt mich morgens zwar, aber sobald ich mir nölend das Kissen über den Kopf ziehe, meint er: »Du kannst hier bleiben.«
Egal wie schläfrig ich vor einer Sekunde noch gewesen sein mag, diesen *Satz* hätte ich sogar noch im Koma vernommen. Ich reiße mir das Kissen vom Kopf und blinke ihn aus großen Augen an. »Echt?«
»Ja. Aber ich schließe die Haustür ab.«
»Du willst mich *einsperren*?«
»Eigentlich sichere ich nur meine Sachen«, korrigiert er mich.
»Und was ist, wenn ein Feuer ausbricht?«, ignoriere ich ihn.
»Sofern du keins legst, wird auch kein Feuer ausbrechen.«

Damit dreht er sich um und ist schon fast aus dem Wohnzimmer raus, als ich ihm noch hinterher rufe: »Und deine Oma?«

»Die kommt für gewöhnlich nicht vorbei, wenn ich nicht da bin. Aber das heißt für dich trotzdem nicht, dass du hier Party machen kannst. Sei leise, okay?«

Ich salutiere halbherzig. »Aye, aye, Sir!« Dann lasse ich mich zurück in die Waagerechte fallen und kuschle mich rundum zufrieden wieder in die Decken ein. Ich glaube nicht, dass ich mich hier heute noch mal wegbewegen werde, außer ich muss aufs Klo oder so. Ich hab's warm und gemütlich und die Fernbedienung ist auch in Reichweite! Fehlt nur noch was zu essen! Aber die Küche ist ja tabu und da ich keine Lust habe, morgen wieder frieren zu müssen, werde ich mich, trotz Loch im Bauch, ausnahmsweise daran halten und einen großen Bogen um den Kühlschrank machen.

Und die beste Möglichkeit, den Hunger zu vergessen, ist: Schlaf!

Ganz so ruhig, wie ich es gerne hätte, ist es dann aber doch nicht. Gegen zehn Uhr klingelt das erste Mal das Telefon, aber da ich offiziell nicht anwesend bin, sehe ich auch nicht ein, warum ich für Vince den Telefonsekretär machen sollte. Um kurz nach halb zwölf klingelt es wieder, dieses Mal anhaltender und nerviger.

Eigentlich recht seltsam, dass so jemand wie Vince, der im Prinzip von morgens bis abends beschäftigt und nicht zu Hause ist, keinen Anrufbeantworter besitzt. Könnte ja was Wichtiges sein. Oder aber... das ist Taktik. Vince *möchte* einfach nicht erreicht werden.

Inzwischen bin ich mir recht sicher, dass bei Vince das Geld alles andere als locker sitzt und, zugegeben, ich habe ein paar der formell aussehenden Briefe auf seinem Schreibtisch durchgeblättert. Nicht gelesen, nur überflogen, aber das hat schon gereicht, um mitzubekommen, dass Vince noch die eine oder andere offene Rechnung zu begleichen hat und ein paar seiner Gläubiger schon mit Mahnschreiben vor seinem Gesicht herumwedeln. Wahrscheinlich hat er deshalb kein Geld übrig, um vernünftig

einzukaufen oder einen Klempner kommen zu lassen.
Eine sehr befremdliche Vorstellung für mich. Wenn bei uns zu Hause etwas kaputt ist oder irgendetwas fehlt, wird es einfach repariert oder eingekauft, ohne viele Fragen zu stellen. Ich kann mich nicht erinnern, dass mir schon mal Geld oder irgendwas Essbares oder Materielles verweigert worden wäre, weil wir uns das nicht leisten können. In den meisten Fällen musste ich noch nicht einmal etwas erreichen oder tun, um das Geld zu bekommen. Ich bekomme es einfach. Wenn mir irgendetwas verboten wird, dann aus anderen Gründen, aber niemals des Geldes wegen.
Vielleicht ist das mit ein Grund, warum Vince manchmal so... griesgrämig ist. Als ich ihm Donnerstagabend jedenfalls von dem Telefongeklingel erzähle, meint er nur, dass ich bloß nicht drangehen soll.
»Schließlich bist du gar nicht da. Verstanden?«
»Als ob ich nix Besseres zu tun hätte, als deine Anrufe entgegen zu nehmen.«
»Oh, da bin ich sicher.«
Mit Argusaugen überprüft er die gesamte Küche und schaut in jede Schublade und in jeden Schrank rein, um herauszufinden, ob ich mich an mein Versprechen, der Küche fernzubleiben, gehalten habe. Was mir echt schwer gefallen ist, nur so nebenbei. Zum Mittag hat's zwar Nudeln mit Semmelbrösel gegeben, aber leider nur in Form eines Hamstermenüs. Ich hätte noch gut und gerne zwei Portionen mehr davon verdrücken können.
»Okay, du hast mich erwischt«, gebe ich theatralisch zu, während er eine Schublade überprüft, in dem ein paar wenige Backzutaten ihr armseliges Dasein fristen – das Paniermehl, normales Mehl, Zucker und solche Sachen. »Bevor du gekommen bist, habe ich noch einen Klumpen Mehl verdrückt. Ich dachte, das fällt dir vielleicht nicht auf.«
Um seine Mundwinkel herum zuckt es, aber er scheint das nicht so amüsant zu finden, dass er richtig darüber lachen kann. »Hat's geschmeckt?«

Oh, wow! Was ist das denn? Antwortet er mir etwa gerade auf der humoristischen Ebene? Ich bin entsetzt! »Es war etwas trocken und ich musste danach erst mal jede Menge Wasser – natürlich Leitungswasser – hinterher kippen, aber dafür fühle ich mich jetzt einigermaßen gesättigt!«

»Grandios. Dann fällt das Abendessen für dich also aus.«

WAS?!

Fassungslos starre ich ihn an und muss dabei wohl so bescheuert aussehen, dass Vince prustend zu lachen anfängt. Nicht für besonders lange und auch nicht besonders herzhaft, aber immerhin. Es reicht, um mich leicht aus der Bahn zu werfen, weil dieses Geräusch bei ihm so ungewohnt ist. Ach was, der ganze *Gesichtsausdruck* dabei ist so ungewohnt. In seinen Augen leuchtet plötzlich so ein ehrliches Funkeln und ehe ich überhaupt weiß, was ich tue, grinse ich mit.

»Tja«, sage ich ein bisschen zerstreut und verschämt, »wenn's um mein Essen geht, verstehe ich wohl keinen Spaß.«

»Offensichtlich nicht.« Vince schüttelt leicht den Kopf, während er sich viel zu schnell wieder einkriegt. Das Blitzen in seinen Augen tritt so eilig den Rückzug an, dass ich mich für ein paar Sekunden frage, ob ich mir das nicht aus Versehen nur eingebildet habe.

Um sicher zu gehen, mache ich einen großen Schritt auf ihn zu und trete so dicht an ihn heran, dass sich unsere Zehen beinahe berühren. Da ich unglücklicherweise nicht gerade der größte Mensch bin, muss ich jetzt meinen Kopf ziemlich weit in den Nacken legen und am liebsten hätte ich Vince noch gepackt und zu mir runter gezogen, damit ich seine Augen besser untersuchen kann. Aber dann hätte er mich bestimmt sofort von sich geschoben und abgeblockt, was er bis jetzt erstaunlicherweise noch nicht getan hat. Er sieht nur misstrauisch zu mir herunter und fragt nach einer Weile ziemlich unfreundlich: »Was?«

»Du hast so schöne Augen.« Ich stelle mich auf die Zehenspitzen. »Wenn du nich' immer so finster dreinschauen würdest, heißt das. Findest du das eigentlich cool? Als die gerade so gefunkelt haben,

sah's viel besser aus.«
Skeptisch zieht er eine Augenbraue hoch und tut völlig ungerührt, als hätte ich ihm gerade nicht auf Umwegen ein Kompliment gemacht, sondern über die Funktionsweise des Toasters aufgeklärt. Und in genau dem passenden Tonfall erklärt er auch: »Aha.« Dann dreht er sich zu der Brotschublade um und fischt vier Scheiben daraus hervor; zwei für sich und zwei für mich.
Ich bin mir nicht so sicher, ob es beabsichtigt ist, dass er dadurch ganz nebenbei das Gespräch abwürgt, weil ich beim Thema Essen bekanntlich immer etwas abgelenkt werde. Allerdings hat er bisher auf gar nichts reagiert, was ich versucht habe, um näher an ihn heranzukommen. Ich kann mich ihm scherzhaft oder ernsthaft oder beiläufig oder absichtlich nähern und jedes Mal tut er es ab, als wäre nichts gewesen oder er macht seinen eigenen Witz daraus. In den vergangenen Tagen habe ich ihn mehrfach zufällig berührt, ganz ohne Hintergedanken, einfach, um ihn anzufassen, und ich habe eine Reihe von Blicken bei ihm ausprobiert, von denen ich echt eine Menge beherrsche. Aber bei all dem weiß ich nicht mal wirklich, ob Vince das überhaupt *bemerkt* hat. Allein das wäre schon eine absolut schaurige Vorstellung, aber noch viel schlimmer wäre es, wenn er es bemerkt hat, es dann aber trotzdem noch völlig ignorieren kann. Entweder weil er mich nicht ernst nimmt oder aber weil er, wie er gesagt hat, nicht scharf auf mich ist.
Letzteres wäre eine neue und zugleich sehr niederschmetternde Erfahrung für mich und ich merke schon jetzt, dass ich damit nur schwer umgehen kann. Ganz besonders, weil Vince absolut *null* darauf eingeht, nicht einmal, wenn es nur für Patrizia geschauspielert ist. Da könnte sich ein Stinktier auf seinem Bett wälzen und das würde ihn wahrscheinlich noch mehr anmachen, als wenn ich das täte.
Und, shit, ich hab's ja schon gemacht.
Britta hält das alles für ausgemachten Schwachsinn.
Seit Vince mich alleine in der Wohnung lässt, ist es wesentlich

einfacher, mit ihr zu telefonieren, auch wenn es an der Elternfront keine phänomenalen Neuigkeiten gibt. Irgendein Spinner hat wohl erzählt, dass er mich in der Nähe von Bremen an einem Bahnhof gesehen hat, aber da ich da noch nicht gewesen bin, kann das gar nicht sein. Blöd ist nur, dass sich die Suche jetzt in diese Richtung konzentriert. Für meinen Geschmack etwas zu nah an meinem momentanen Aufenthaltsort; Bremen ist mit dem Auto vielleicht rund zwei Stunden entfernt.

Ansonsten gibt es nur das übliche Blabla von wegen nach Hause kommen und vorsichtig sein und so, weswegen meine Telefonate mit Britta immer kürzer werden. Außerdem bin ich seit ihrem Geständnis, dass sie in sporadischem Kontakt mit meinen Eltern steht, etwas vorsichtiger mit dem geworden, was ich ihr erzähle und was nicht.

Von Vince' Immunität gegen mich und meiner daraus resultierenden, beginnenden Selbstzweifel muss ich ihr am späten Freitagnachmittag während Vince' Glühweinbudenzeit allerdings erzählen – auch wenn sie sich darauf beinahe zehn Minuten am Stück totlacht und mich für völlig bescheuert erklärt.

»Mann, Maxi, du kannst doch *froh* sein, wenn der sich nicht für dich interessiert! Ist doch besser als andersherum!«

»Ich bin aber *nicht* froh, verdammt. Ich... ich mag ihn. Irgendwie.«

»Quatsch«, posaunt sie völlig überzeugt. »Du schießt dich auf ihn ein, nur weil er dir nicht vom ersten Moment an aus der Hand gefressen hat, als du ihn lieb angeblinzelt hast.«

Automatisch öffne ich den Mund, um zu protestieren, zögere dann aber. Das kann ja wohl nicht so einfach sein, oder? Gut, am Anfang habe ich ihn bloß ganz attraktiv gefunden, nicht mehr und nicht weniger, weil er viel zu grantig zu mir gewesen ist, und, zugegeben, es wurmt mich ziemlich, dass er mir nicht – wie Britta es ausgedrückt hat – aus der Hand frisst, aber...

»Ah«, macht Britta triumphierend, als ich nach längerer Zeit immer noch schweige. »Ich hab' Recht, nicht wahr?«

»Nein«, grolle ich unzufrieden. Ich kann nicht glauben, dass ich so ein beschissener Arsch bin, der jemanden nur fürs Ego rumkriegen will. Ich *mag* ihn wirklich. Zumindest für ein paar Stunden am Tag. Vorwiegend, wenn er gerade *nicht* in der Wohnung ist. Ach, fuck!

»Dann bist du also verliebt?«

»Nein!« *So weit* würde ich jetzt auch noch nicht gehen.

Britta seufzt genervt. »Na also! Dann mach' da doch jetzt kein Drama draus. Und sei froh, dass du trotz deiner absoluten Blauäugigkeit an einen halbwegs vernünftigen Kerl geraten bist. Du könntest ihm auch einen Gefallen tun und endlich bei ihm ausziehen, um nach Hause zu kommen.«

»Britta...!«

»Ja, ja, schon gut. Dein Vater lässt übrigens fragen, ob du Weihnachten wohl wieder zu Hause bist?«

»Das ist ein Scherz, oder?«, blöke ich ins Telefon. »Hast du ihm jetzt doch gesagt, dass wir täglich telefo-«

»Nein, du Knalltüte, habe ich nicht. Aber dein Vater ist kein Idiot. – Also? Bist du Weihnachten wieder hier?«

»Dir ist doch wohl klar, was das bedeutet?«, ignoriere ich ihre letzte Frage.

»Was was bedeutet?«

»Na, dass er dir so eine Frage stellt!«

Britta fängt prustend zu lachen an. »Was denn? Glaubst du jetzt schon, dein Vater hat mein Telefon verwanzt?«

Ich zucke mit den Schultern, obwohl sie das natürlich nicht sehen kann. »Wer weiß? Dem traue ich das glatt zu. Aber ich meinte eigentlich, dass er darauf wartet, dass du dich verplapperst. Wir müssen aufhören, miteinander zu telefonieren.«

»WAS?!«, kreischt sie. »Vergiss es!«

»Als ob du da irgendeinen Einfluss drauf hättest!«

»Mann, Maxi, das kannst du nicht machen. Ich hab' jetzt schon jede Nacht Alpträume, weil ich dich bei dieser ganzen Scheiße unterstützt habe.«

Ich beiße die Zähne zusammen. Shit, muss sie denn immer wie-

der mit so was kommen? Sie weiß ganz genau, wie sie mich ködern kann. Ich an ihrer Stelle würde mir vermutlich genauso viele Sorgen machen, wenn sie irgendwo durch die Weltgeschichte tingeln würde, ohne Geld und ohne alles.
Seufzend reibe ich mir über die Stirn. »Okay, Britta, hör zu. Du musst mir *versprechen*... nein, sagen wir lieber *schwören*, dass du dich nicht von meinem Vater einlullen lässt. *Ganz egal*, was er zu dir sagt oder dir verspricht oder was auch immer. Einverstanden? Bitte, *bitte* verplapper' dich nicht bei ihm.«
Sie schweigt exakt zehn Sekunden. Dann sagt sie sehr ernsthaft: »Hältst du mich für so beschränkt?«
»Ich halte ihn für sehr gerissen.« Immerhin ist er bestimmt nicht durch Glück und guten Willen an so viel Geld, Macht und Ansehen gekommen.
»Na gut, wenn es dich beruhigt, schwöre ich dir, mich nicht zu verplappern. Ich werde gar nicht mehr mit ihm sprechen. Am besten lasse ich mich ab jetzt immer verleugnen. – Aber dafür hörst du nicht mit deinen Anrufen auf, verstanden, Maxi?«
»Ja«, seufze ich schweren Herzens, »verstanden.«
»Gut.« Dafür hört Britta sich eindeutig sehr erleichtert an. Ich frage mich, wie lange sie dieses Spielchen noch mitspielt, ohne einen Nervenzusammenbruch zu erleiden, oder alles ausplaudert, völlig schnuppe, was ich ihr dafür verspreche. »Und was dein Vince-Problem angeht... probier's doch mal mit Alkohol.«
»Mit Alkohol?«, echoe ich, obwohl ich im selben Moment schon Gefallen an der Idee finde. Gleichzeitig erkenne ich das Friedensangebot, das in diesem Vorschlag steckt.
»Klar. Bei Ben und dir sind doch auch erst alle Hemmungen gefallen, nachdem ich euch damals auf der Party abgefüllt habe. Mann, so schnell hab' ich noch nie jemanden das Zimmer verlassen sehen – schon gar nicht so ineinander verhakt wie ihr beide.« Unwillkürlich muss ich bei der Erinnerung daran grinsen, auch wenn die in meinem Kopf nur noch sehr, sehr vage existiert. Ben und ich haben an dem Abend zwar nicht unseren ersten Sex miteinander

gehabt, aber wir sind eindeutig übers Küssen hinausgegangen.
Ich werfe einen schnellen Blick auf die Uhr – kurz vor sechs –, bedanke mich artig bei Britta für diesen fulminanten Tipp und verabschiede mich eilig. In meinem Portemonnaie befinden sich immer noch nur etwas mehr als vier Euro, aber im Discounter dürfte es dafür schon die eine oder andere Flasche Wein geben. Und wenn nicht, gibt es immer noch die Möglichkeit, sich den einen oder anderen zusätzlichen Euro zusammenzubetteln. Das ist gar nicht so schwer, wenn man die richtigen Leute anspricht und den Dreh raus hat. Habe ich vor ein paar Tagen schon mal ausprobiert, als ich nicht zufällig ein Fahrrad zum Verscherbeln an der Hand gehabt habe.
Bliebe nur noch das Problem des Alters und des Einschlusses zu klären, weil Vince mich natürlich auch heute wieder in seinem Haus eingeschlossen hat. Aber vielleicht kann man ja irgendwie durch den Keller raus?
Hastig schlüpfe ich in meine Schuhe, werfe mir die Jacke über und schnappe mir meinen Rucksack, ehe ich Vince' Wohnung verlasse und die zwei Treppen in den Keller hinunterpoltere, wobei das winzige Häuschen schon wieder gefährlich zu wackeln scheint.
Im Keller ist es beinahe so kalt wie draußen und ich ziehe frierend den Reißverschluss meiner Jacke bis ganz oben zu und vergrabe meine Nase im Kragen. Falls ich je wieder von zu Hause weglaufen sollte, dann ganz sicher nie mehr ohne einen Schal! Sollte Vince vielleicht mal fragen, ob er mir einen alten von sich leihen kann oder so.
Suchend sehe ich mich im Keller um, der sich auf drei winzige Räume plus Flur beschränkt. Im zweiten Raum, der allem Anschein nach einen Stauraum für Krimskrams und alles andere darstellt, entdecke ich, halb hinter einem Regal mit zig unbeschrifteten Kisten versteckt, eine weitere Tür, in deren Schloss ein Schlüssel steckt.
Na, was für ein Glück!
Das Schloss scheint etwas angerostet zu sein, aber mit einiger

Kraftanstrengung bekomme ich die Tür schließlich doch laut quietschend auf und stehe vor vier sehr steilen Stufen, die in einen mickrigen Hinterhofgarten hinausführen. Oder wie auch immer man das sonst nennt, denn mit einem *Garten* im eigentlichen Sinne hat das nicht viel gemein. Eigentlich ist alles gepflastert, bis auf zwei kümmerliche Beete, die jetzt im Winter allerdings auch sehr trostlos aussehen. Außerdem muss man nur zwei Schritte machen und schon steht man bei den Nachbarn auf der Terrasse. Ziemlich kuschelige Verhältnisse. Im Sommer wird hier eine gemütliche Grillparty gleich zu einem Straßenfest.

Für mich ist das jetzt allerdings sehr praktisch, weil der Minigarten von Vince' Nachbarn zur linken offen und mit der Einfahrt verbunden ist. Ich muss also nur einen großen Schritt über die kleine Trennungsmauer machen und schon stehe ich auf der Straße und schnuppere die Luft der Freiheit. Den Kellerschlüssel habe ich natürlich mitgenommen und ich beeile mich auch mit meinem kleinen Überraschungseinkauf, damit ich vor Vince wieder zu Hause bin. Hinterher wird er wahrscheinlich eh fragen, woher ich denn das ganze Zeug habe, aber ich hoffe, dass er mir zu dem Zeitpunkt nicht mehr allzu böse sein wird.

# 9

*Vincent*

Am Wochenende ist es die reinste Hölle, auf dem Weihnachtsmarkt zu arbeiten. Ganz besonders abends. Man hat keine fünf Minuten am Stück seine Ruhe, andauernd will irgendjemand was von einem und das Geschnatter und Gejohle der Weihnachtsmarktverrückten lassen irgendwann meine Ohren klingeln. Außerdem ist es furchtbar eng in der Bude, weil Linda und ich ab sechs Verstärkung von Piet bekommen und ab sieben auch noch von Frederick. Eigentlich stehen wir uns gegenseitig nur im Weg und trotzdem habe ich um zwanzig nach acht immer noch nicht die Hoffnung, innerhalb der nächsten halben Stunde nach Hause geschickt zu werden. Na ja, solange Frederick mir die Stunden bezahlt, soll's mir recht sein. Ich hoffe einfach mal, dass Maxim das Haus stehen gelassen hat, wenn ich nach Hause komme. Hat gestern auch wunderbar funktioniert.

»Scheiße«, mault Linda neben mir, während sie in Rekordzeit drei Becher Glühwein abfüllt und mit Rum verfeinert. »Wenn ich nicht gleich mal 'nen Happen essen kann, kippe ich aus den Latschen, so viel ist sicher!« In der nächsten Sekunde springt wieder ein Lächeln auf ihr Gesicht, als sie dem stark angetrunkenen Kunden den Glühweinr über den Tresen zuschiebt und abkassiert. Darin ist sie beinahe genauso gut wie Piet, der einen Schritt weiter ebenfalls lächelnd über dem Tresen hängt und mit zwei älteren Damen schäkert. Die ungeduldig aussehende Gruppe Jugendliche daneben darf ich also bedienen.

Zurück am Glühweinbehälter schwärmt Linda: »Und das riecht hier alles so lecker! Findest du nicht, Vincent? Ich würde meinen linken Arm für eine Pommes hergeben!«

»Hm«, mache ich wenig kommunikativ, da das für mich eh alles rein hypothetisch ist. So viel, wie die hier für eine Pommes verlangen, habe ich garantiert nicht übrig.

Um kurz nach neun geht der Ansturm etwas zurück. Es sind zwar immer noch genauso viele Leute unterwegs wie vorher, wenn nicht gar mehr, aber es wollen nicht mehr alle auf einmal was zu trinken haben. Einige haben für den Rest des Abends bestimmt auch schon genug. Frederick schickt Linda und mich zwischen Abkassieren und Glühweinbecher füllen nach Hause und Piet winkt uns zum Abschied fröhlich hinterher. Möchte nicht wissen, wie viel Trinkgeld der heute schon wieder eingeheimst hat. Allerdings musste er sich ja auch nicht fünf Stunden am Stück die Beine in den Bauch stehen, dann würde ihm das Grinsen vielleicht auch nicht mehr so leicht fallen.

Mir jedenfalls vergeht es ziemlich schnell, als ich mich müde auf den Weg nach Hause mache. Hoffentlich hat Maxim nichts angestellt, dafür hätte ich heute Abend wirklich nicht mehr den Nerv. Ich will nur noch in die Waagerechte und meine Ruhe haben.

Glücklicherweise steht das Haus noch, als ich in unsere Straße einbiege. Kein Qualm, keine Feuerwehr, keine Polizei. Das ist gestern zwar auch nicht der Fall gewesen, aber leicht nervös bin ich trotzdem.

Als ich oben im ersten Stock die Wohnungstür aufschließe, höre ich zu meiner Beruhigung nur den Fernseher und sonst nix. Grandios. Maxim kann sich also auch längere Zeit am Stück wie ein zivilisierter Mensch benehmen. Halbwegs zivilisiert.

Ich streife mir die Schuhe von den Füßen und als ich wieder aufblicke, steht Maxim in der Wohnzimmertür. Inzwischen hat er wieder seine eigenen Klamotten an, aber da ihm offenbar dauerkalt ist und er deshalb mehrere Schichten übereinander trägt, wirken sie an ihm trotzdem etwas zu groß und weit. Wie ein Michelin-Männchen. Nur um eine ganze Ecke attraktiver.

»Du bist spät dran.«

»Wochenende«, erkläre ich mundfaul und zucke gleichzeitig mit den Schultern, als wäre das selbsterklärend. Dann schiebe ich mich an ihm vorbei ins Wohnzimmer, wo mich ganz unvorbereitet und mitten ins Gesicht der Schlag trifft.

Der niedrige Couchtisch ist gedeckt. Richtig gedeckt wie auf einem anheimelnden Foto in *Schöner Wohnen* oder irgendeinem anderen Hochglanzmagazin.
Auf einem runden Holzbrett liegen hübsch angeordnet ein paar Käsestückchen zwischen Weintrauben und Tomatenscheiben. In einem Brotkorb daneben hat er einige Scheiben Brot angesammelt und Butter, Pfeffer und Salz dazu gestellt. Zwei Weingläser stehen bereit und die dazugehörige Flasche Rotwein ist bereits geöffnet. Außerdem hat er die Deckenbeleuchtung nicht eingeschaltet, sondern sich für die Stehlampe in der Ecke und die Fernsehlampe entschieden, so dass leicht schummrige Lichtverhältnisse vorherrschen.
Fehlen nur noch die Kerzen und die klassische Musik im Hintergrund.
Ach du Scheiße.
Immer noch völlig perplex drehe ich mich zu ihm um. »Was... zum Teufel ist das?«
Maxim rollt mit den Augen. »Das nennt man Essen. Du weißt schon. Man schiebt sich was davon in den Mund, kaut, schluckt herunter und ist nicht mehr hungrig. Du bist doch bestimmt hungrig?«
»Ich —«
»Siehst du!«, lässt er mich gar nicht erst ausreden, sondern kommt auf mich zu und schiebt mich zum Sofa rüber. »Dann können wir jetzt ja endlich anfangen. Ich wart' schon seit einer Stunde auf dich und bin ganz stolz, dass ich noch gar nichts davon angerührt hab'.« Ich komme gar nicht dazu, mich zu weigern, da drückt er mich schon aufs Sofa runter, direkt vor ein kleines Frühstücksbrettchen und ein Glas Wein. Er selbst lässt sich neben mir nieder und greift sofort nach der Flasche. In meiner Brust fängt ein seltsames Gefühl zu tanzen an.
»Wein?«
»Eigentlich —«
»Gut, du hast mich erwischt«, fährt er mir schon wieder dazwi-

schen, während er ungebeten mein Glas auffüllt. »Von dem Wein hab' ich schon was getrunken. Aber nur zur Probe. Falls der nicht geschmeckt hätte. Hier.« Er drückt mir das Glas regelrecht in die Hand, um sich dann in sein eigenes einzuschenken.

»Maxim —«

»Auf einen schönen Abend!« Strahlend streckt er mir sein Glas entgegen und stößt es sachte klingend gegen meins. Der tiefe Blick, den er dabei auf mich abschießt, ist alles andere als unangenehm und das flatterige Gefühl breitet sich explosionsartig bis in meinen Bauch hinein aus.

Bevor er jedoch zum Trinken ansetzen kann, halte ich seinen Arm fest. Ich will nicht mit ihm auf einen schönen Abend oder was auch immer anstoßen, ohne das hier geklärt zu haben. Ich meine... für wie bescheuert hält er mich?

»Maxim, was soll das?« Und bevor er mich wieder bewusst falsch versteht, schließe ich mit einer kurzen Geste den Couchtisch mitsamt seiner Köstlichkeiten ein. »Versuchst du...« — ich stolpere leicht über die Worte, weil mein Mund plötzlich so trocken geworden ist — »versuchst du, mich zu verführen?«

Nach seiner freigiebigen Aussage, dass er es als Herausforderung ansehen würde, mich rumzukriegen, ist das keine allzu weit hergeholte Vermutung bei dieser kleinen Date-Atmosphäre und dem Wein. Und ich muss zugeben: Für einen Moment habe ich es leicht mit der Angst zu tun bekommen — weil ich mir langsam selbst nicht mehr über den Weg traue. Die vielen kleinen Gesten, Berührungen oder Blicke, die er in den letzten Tagen an mich verteilt hat, haben mich schon jedes Mal halb wahnsinnig gemacht, obwohl ich versucht habe, sie konsequent zu ignorieren. Vielleicht glaubt er, die wären zu subtil gewesen, als dass ich sie bemerkt hätte, und überfährt mich deshalb nun einfach geradeheraus mit seinen Absichten.

Allerdings ist es sehr schwer, nicht zu bemerken, wenn Maxim einen so eindringlich ansieht wie jetzt gerade auch wieder.

Verdammt. Wir starren uns schon wieder viel zu lange an.

Und mit jeder weiteren Sekunde scheint mein Herzschlag einen Tick schneller zu werden.
»Und überhaupt«, fahre ich ziemlich harsch und zusammenhangslos fort, ohne eine Antwort von ihm abzuwarten. Mit einer ruckartigen Kopfbewegung unterbreche ich den intensiven Blickkontakt, »woher hast du eigentlich das ganze Geld für den Kram hier?«
»Kram?«, echot Maxim empört.
»Ja. Hat doch bestimmt wer weiß wie viel gekostet!«
»Ich hab' sorgfältig kalkuliert und sparsam eingekauft«, grollt er verärgert, womit ich eindeutig auf dem richtigen Weg bin. Wut ist perfekt, um jede Stimmung zu kippen.
»Aha. Und wirft dein gut versteckter Goldesel vielleicht auch einen kleinen Vorschuss für mein versprochenes, neues Fahrrad ab? Das könnte ich nämlich wirklich gebrauchen im Gegensatz zu... dem hier.«
Fassungslos starrt Maxim mich an und knallt dann das Weinglas so schwungvoll auf den Tisch, dass es mich wundert, dass es nicht zerspringt. »Shit, warum bist du eigentlich so widerlich?! Kannst du dich nicht einfach darüber freuen, dass ich dir hier ein verdammtes, perfektes Abendessen zubereitet habe?!«
»Wenn ich wüsste, von welchem verdammten Geld du das bezahlt hast, vielleicht!«
»Ich war schnorren, zur Hölle!«, blökt er mich aufgebracht an, so dass die hellgrünen Augen nur so blitzen. »So, da hast du es! Bist du jetzt zufrieden, ja? Schmeckt dir der Käse jetzt besser, weil du weißt, dass ich mir das Geld dafür zusammengebettelt habe, um dir eine beknackte Freude zu machen, die du nicht mal im Ansatz zu würdigen weißt?! FUCK!« Ruppig greift er wieder nach dem Weinglas und kippt den Inhalt in großen Schlucken hinunter.
Ich beobachte ihn dabei und versuche, mich dagegen zu wehren, mich mies zu fühlen. Wahrscheinlich ist die Geschichte sowieso wieder gelogen. Bei ihm kann man Wahrheit und Lüge genauso schlecht voneinander unterscheiden wie ein eineiiges Zwillings-

paar und von daher bin ich erst einmal skeptisch. Kann doch gut sein, dass er sich irgendwo einen kleinen Geldnotvorrat angelegt hat, um zwar nicht seine Konten benutzen, aber wenigstens auch nicht völlig auf dem Trockenen sitzen zu müssen.
Dagegen würde allerdings sprechen, dass er mein Fahrrad verscherbelt hat, um an Geld zu kommen. Oder aber er hat das nur gemacht, um mich zu ärgern. Beziehungsweise Piet oder mich. Fünfzig-Fünfzig-Chance.
Scheiße. Mir dreht sich der Kopf.
Ich reibe mir über die Stirn. »Wie... wie bist du überhaupt hier rausgekommen?«, will ich etwas ruhiger wissen.
»Ich hab' 'ne Querschnittslähmung riskiert und bin wie Dumbo aus dem Fenster geflogen!«, faucht er böse.
Zweifelnd lege ich den Kopf schief und ziehe viel sagend die Augenbrauen hoch. *Das* ist mit Sicherheit gelogen.
»Durch den Keller und über den Hinterhof. Die Tür unten war offen.«
Womit die ganze Einschluss-Sache völlig für die Katz' gewesen ist, Mist. Wenn er mich hätte ausrauben wollen, hätte er es problemlos hinbekommen.
»Ist die Fragerunde damit beendet?«, brummt er missmutig. »Auch wenn du offensichtlich nur von Luft und Liebe leben kannst — *ich* bin am Verhungern. Und ich bin nicht zwei Stunden durch die Fußgängerzone gezogen, um jetzt das ganze Essen an den Mülleimer zu verfüttern. Iss mit oder lass' es bleiben, aber ich fang' jetzt an.«
Ein wenig beleidigt dreht er sich dem Couchtisch zu und füllt als erstes sein Weinglas wieder auf. Dann schnappt er sich eine Brotscheibe aus dem Korb und hantiert mit dem Käsemesser an einem Käseklumpen herum. Zwischendurch schiebt er sich eine Weintraube zwischen die Lippen. Mir ist nicht entgangen, dass wir von unserem anfänglichen Thema abgekommen sind. Aber wenn ich ihn jetzt so beim Essen beobachte, frage ich mich, ob ich ihn und seine Hinterlistigkeit nicht ein wenig überschätze.

Es scheint ihn gar nicht zu kümmern, ob ich mitesse oder nicht, solange er nur was zwischen die Zähne bekommt. Vielleicht hat er mir ja wirklich nur eine Freude machen und nett sein wollen. Weil Weihnachten vor der Tür steht, weil ich ihn aufgenommen habe, weil heute Freitag ist.

In einem bin ich mir jedoch vollkommen sicher: Ihn essen zu sehen, erinnert mich daran, dass ich heute auch noch nicht das meiste gegessen habe. Und er hat Recht: Alles in die Mülltonne zu kippen, wäre pure Verschwendung.

Ich rutsche auf der Couch ein Stück nach vorne und fische ebenfalls eine Scheibe Brot aus dem Korb. Maxim wirft mir mit hochgezogenen Augenbrauen einen spöttischen Seitenblick zu.

»Was ist das für Käse?«, lenke ich ein und deute mit der Spitze des Käsemessers auf einen Klumpen.

»Edamer.« Ich lasse die Spitze weiterwandern. »Gouda. Saint Albray. Comte. Mozzarella. Schmelzkäse. Ich musste mich preislich etwas einschränken. Die Tomaten gab's im Sonderangebot.«

Ich sehe ihm kurz ins Gesicht, aber Maxim hat die Augen auf das Holzbrett gerichtet und pickt sich ein paar Tomaten- und Mozzarellascheiben herunter. »Offensichtlich kennst du dich aus.«

»Ist das eine Frage?« Sein Blick begegnet meinem. »Willst du wissen, ob es bei uns zu Hause häufiger 'ne Käseplatte gibt?«

»Nein.« Ich setze das Käsemesser an den Gouda und schneide mir ungelenk ein viel zu dickes Stück davon ab. Keinen Schimmer, wo er das Teil aufgetrieben hat. Normalerweise kaufe ich meinen Käse bereits in Scheiben geschnitten und abgepackt.

Maxim grinst breit. »Wenn, dann ganz bestimmt nicht mit so was wie Gouda.«

»Aha. Mit was dann? Kaviar?«

»Das sind Fischeier, kein Käse«, belehrt er mich belustigt.

»Das weiß ich!«

»Warum sagst du's dann? Um wieder mal zu bestätigen, mit was für Mustern du im Kopf herumrennst?« Er schnappt sich sein Weinglas und lehnt sich in einer entspannten Haltung auf dem

Sofa zurück. In diesem Augenblick hat er ungefähr so viel Ähnlichkeit mit dem strubbeligen, schmutzigen Straßenkind, das ich noch vor einer Woche aufgelesen habe, wie eine Fichte mit einer Palme. Es ist nicht zu übersehen, wie wohl er sich gerade fühlt.
»Glaubst du wirklich, wir machen jeden Morgen ein Champagnerfrühstück mit Kaviar, exotischen Früchten, Canapées... weiß der Kuckuck? Dann geht's zur Maniküre oder Pediküre, nachmittags auf den Golfplatz und abends schön in den Zigarrenclub.«
»Blödsinn«, murre ich ein wenig angefressen und kaue auf meinem Käsestück herum. Ich habe keine Lust auf ein derartiges Gespräch und will eigentlich nur meine Ruhe. Je weniger ich über ihn weiß, desto besser ist es sowieso. Dann kann mich nichts neugierig, betroffen oder was auch immer machen. »Trink' deinen Wein und halt' die Klappe.«
»Trink' du lieber deinen Wein.« Er lehnt sich wieder nach vorne. »Der schmeckt wirklich gut.«
Ohne es richtig zu wollen, nimmt mich sein Blick schon wieder gefangen. Mir liegt auf der Zunge, zu fragen, ob er vorhat, mich abzufüllen, aber als ich den Mund öffne, kommt nur ein brummiges: »Na schön«, heraus.
Scheiße.
Ich greife nach dem Glas und probiere recht zaghaft etwas von der dunkelroten Flüssigkeit. Ich bin alles andere als trinkfest, weil ich so gut wie nie die Gelegenheit dazu bekomme, etwas zu trinken. Dementsprechend werde ich auch schnell betrunken, aber das muss ich Maxim ganz bestimmt nicht auf die Nase binden. So, wie er gerade sein Glas hinuntergekippt hat, würde ich schon singend auf dem Tisch stehen.
»Und?«, will Maxim neugierig wissen, als ich das Glas absetze. »Hab' ich deinen Geschmack getroffen?«
»Hm-hm«, sage ich vage, weil ich gerade mal Weiß- von Rotwein unterscheiden kann. An der Farbe.
Er durchschaut mich allerdings lachend. »Du hast keine Ahnung, was?«

»Aber du? Du darfst das Zeug doch noch nicht mal kaufen.« Unglaublich, dass er erst sechzehn — oder meinetwegen auch beinahe siebzehn — ist. Wenn ich mich nicht ständig selbst daran erinnere, vergesse ich das irgendwann noch ganz.
»Oh, es gibt Mittel und Wege.«
Da bin ich mir völlig sicher. Schwer vorstellbar, dass jemand ihm überhaupt schon mal etwas abgeschlagen hat. Ein gut gezielter Blick aus diesen verdammten Augen, ein wenig Süßholzraspeln und schon kriegt er, was er will. Muss ziemlich entspannend sein, so durchs Leben zu gondeln, wenn einem alle aus der Hand fressen. Ich möchte ja mal zu gerne wissen, was er von mir will, dass er mich nicht einfach danach fragen kann, sondern mich erst gefügig machen muss. Einen Reisepass? Ein Flugticket ins Ausland? Den Schlüssel zur Staatsbank?
Frustriert nehme ich einen etwas größeren Schluck Wein. Der Gedanke macht mich irgendwie ärgerlich. »Wann hast du eigentlich vor, wieder nach Hause zu gehen?«
Erschrocken fahre ich zusammen, als seine Hand klatschend auf meinem Bein landet. Im nächsten Moment zieht er sie aber auch schon wieder zurück und starrt mich ungläubig an. »Vince! Ich fass' es nicht! Eine *Frage*! Eine richtige, echte Frage, ganz ohne Umwege und aus deinem Mund!«
»Sehr witzig.« Ich trete halbherzig nach ihm, aber er zieht die Beine schnell in einem Schneidersitz aufs Sofa hoch. Mit dem Rücken lümmelt er sich zusätzlich gegen die Armlehne. Sieht nicht so aus, als wollte er in nächster Zeit unsere gemütliche Stammtischrunde auflösen.
»Keine Ahnung«, meint er ernst. »Ehrlich nicht.«
»Vor oder eher nach Weihnachten?«
»Wieso?«, feixt er mich an. »Willst du mir ein Geschenk unter den Baum legen?«
Ich schnaufe abfällig und esse noch ein Stück Brot. Mein Gesicht fühlt sich schon ein bisschen warm von dem Wein an, aber ich hoffe, dass es noch zu wenig ist, um es bei diesen Lichtverhält-

nissen zu erkennen. »Ich will nur wissen, wann ich dich Nervensäge wieder los bin.«
»Natürlich.«
Ich ignoriere seinen spöttischen Tonfall geflissentlich und versuche ausnahmsweise, mal ernsthaft zu bleiben. Eigentlich möchte ich ihn zwar nicht fragen, weil zu viel Wissen in diesem Fall immer noch Ärger bedeutet, aber als Waise interessiert es mich doch ein wenig. »Willst du Weihnachten denn nicht mit deiner Familie feiern?«
Aus den Augenwinkeln heraus erkenne ich, wie er leicht erstarrt. Schätzungsweise hat er nicht damit gerechnet, dass ich dieses Thema auf den Tisch bringe, aber nach fünf Jahren fällt es mir beinahe leicht. Schlimm wird es erst wieder, Weihnachten nur allein mit meiner Oma am Esstisch zu verbringen. Da kommt vieles wieder hoch.
»Ähm...«, macht Maxim etwas unbeholfen und ich kann die Betroffenheit so gut aus seiner Stimme heraushören, als würde er sie mir direkt um die Ohren knallen. »Ich kann verstehen, warum du das fragst und wahrscheinlich verstehst du mich nicht, aber... nein. Dieses Jahr hab' ich nicht so das Bedürfnis danach.« Als ich daraufhin den Kopf drehe und ihn tatsächlich verständnislos anschaue, zuckt er in einer beinahe entschuldigenden Geste mit den Schultern.
»Warum?«
»Warum?«, wiederholt er und bläst Zeit schindend die Backen auf, um die Luft anschließend zischend wieder entweichen zu lassen. »Mann, erst stellst du überhaupt keine Fragen und dann kommst du plötzlich mit diesen Monsterdingern um die Ecke.« Er grinst matt. »Muss am Wein liegen.«
Ich folge seinem Blick zum Glas in meiner Hand. Scheiße. Wer hat das denn ausgetrunken?
»Ich gieß' dir noch was ein.«
»Nee, lass mal.« Schnell stelle ich das Glas weg und erwische dabei die Spitze meines Messers, das daraufhin fast vom Tisch hüpft.

Maxim unterdrückt ein Lachen, steht aber trotzdem auf. »Stell' dich nicht so an. Oder soll ich die zwei Flaschen vielleicht allein leeren?«
»Zwei?!«
»Na klar.« Er deutet über die Schulter zu einer Kommode rüber, wo tatsächlich eine zweite Flasche Rotwein steht, die auch schon geöffnet ist. Gleichzeitig greift er mit der anderen Hand nach der ersten Flasche und schenkt mein Glas so schnell wieder voll, dass ich nicht widersprechen kann.
»Musstest du die auch vorher probieren oder wolltest du nur sichergehen, dass auch ja beide getrunken werden?«, will ich lauernd wissen. Womöglich bin ich doch sehenden Auges in die offensichtliche Falle getappt.
»Beides«, gibt Maxim freimütig zu und setzt sich wieder hin. »Außerdem muss der Wein atmen.«
»Atmen.«
»Genau.« Er grinst mich an und wie sich seine Lippen dabei verziehen, sieht wirklich umwerfend aus. Mein Herz macht einen überraschten Hüpfer, dann drehe ich den Kopf in eine andere Richtung und starre die Käseplatte an.
»Also...«, versuche ich, den Faden wieder zu finden, »warum willst du Weihnachten nicht zu Hause sein?«
Er seufzt theatralisch auf. »Du bist eindeutig noch nicht betrunken genug.«
Was aber ganz bestimmt nicht heißt, dass ich heute noch viel betrunkener werden möchte. Ein leichtes Schwindelgefühl ist mir bereits in den Kopf gestiegen und trotzdem habe ich noch den Geschmack des Weins auf der Zunge, der mit jedem Schluck irgendwie besser schmeckt. Könnte mal ein Glas Wasser vertragen, um das wegzuspülen, aber so was steht natürlich nicht auf dem Tisch. Gehört Wasser nicht auch standardgemäß dazu? So jemand wie Maxim müsste das doch wissen...
»Ich«, setzt Maxim wieder an, weil er mein Schweigen offensichtlich als stumme Aufforderung, endlich zu antworten, versteht,

»komm' grad nicht besonders gut mit meinem Vater aus. Und wenn wir Weihnachten die ganze Zeit aufeinander hocken, mit der Verwandtschaft und so, streiten wir wahrscheinlich nur wieder. Da hab' ich keinen Nerv für.«
»Das ist alles? Meinst du, er wird sich auch noch mit dir streiten, nachdem du von deinem Ausreißertrip zurück bist?«
Er nickt ernst. »Oh ja. Und nach den Weihnachtsferien bin ich plötzlich Schüler an irgendeinem englischen Eliteinternat.«
»Hm?« Ich weiß nicht so ganz, ob ich mich da verhört habe.
»Damit droht er mir schon eine Weile. Mich in ein Internat abzuschieben. In England. Mit Uniformen, einem durchstrukturierten Tagesablauf von halb sieben bis zehn und der Lizenz, zum Zinnsoldaten zu werden.« Er winkt ab. »Ich wollte... ich hatte mir überlegt, dass er sich, weil ich weggelaufen bin, so große Sorgen macht, dass er England vergisst. Tja.« Er lächelt schwach und nippt an seinem Rotwein. »Leider traut er mir so einiges zu. Unter anderem auch, mich mehrere Tage auf der Straße durchzuschlagen oder auch den Mut zu haben, wieder nach Hause zu kommen, wenn gar nichts mehr geht.«
Das muss ja wirklich ein reizender Mensch sein, der Herr Jonathan Herman Sander zu Carlbergen. Und er ist offensichtlich einer der wenigen Menschen, die Maxim nicht um den Finger wickeln kann. Ich würde ja zu gern mal wissen, was denn Frau Sander zu Carlbergen zu diesem kleinen Spiel der Giganten sagt. Die ist bestimmt nicht so erfreut darüber, dass sich ihr einziges Kind zu Weihnachten sonst wo herumtreibt.
Schulterzuckend lehnt Maxim sich zum Tisch rüber und pflückt sich einen ganzen Weintraubenstängel vom Holzbrett. »Ich will so lange wegbleiben, wie es geht. Und wenn das bedeutet, auch über Weihnachten nicht da zu sein, dann heißt es das eben. Vielleicht macht er sich irgendwann ja doch noch Sorgen.«
Ich schaue ihn eine Weile nachdenklich an und trinke hin und wieder etwas von meinem Wein, den ich mir zwischenzeitlich doch wieder gegriffen habe.

Ein schwerer Fehler, nebenbei, denn als ich zu sprechen anfange, merke ich, dass meine Zunge leichte Bewegungsschwierigkeiten hat. Sollte mehr essen, um das irgendwie abzufangen, aber der Tisch ist so weit weg.
»Und warum biste so blöd gewes'n, mitten im Winter abzuhau'n?«
Belustigt hebt Maxim den Kopf an und feixt mich an. »Deine Wangen sind ganz rot.«
»Is' warm hier drin'.« Aus irgendeinem Grund findet er das sehr zum Lachen. Brummelnd rutsche ich noch etwas tiefer in die Couch und finde es sehr angenehm, die Lehne so deutlich im Rücken zu spüren. Dann weiß ich wenigstens, dass sich in Wirklichkeit doch nicht alles dreht, obwohl in meinem Kopf die Welt langsam Karussell fährt. »Also? Warum grad jetzt? Hätt'ste das schon eher gemacht oder später, hätt' ich dich nich' finden müss'n.«
Er braucht ziemlich lange für die Antwort und eigentlich müsste er mich dafür auch nicht so durchdringend ansehen. Schließlich meint er: »Weil ich mir ziemlich sicher bin, dass mein Vater seine Drohung jetzt wahrmachen wird. Weil... also... hm, bei unserer Schule gibt es so einen Lehrerparkplatz, wo die Lehrer ihre Autos parken, okay? Und... es gibt da so ein paar Idioten bei uns auf der Schule, die immer ähnlich blöde Sprüche bringen wie du.«
»Wie ich?«
»Ja. Irgendwas mit Freak, verwöhnter Bonze und ich krieg' ja eh nur alles in den Arsch geschoben und so. Na ja, ich hab' mich davon anstacheln lassen und so 'ner dummen Mutprobe oder was auch immer zugestimmt. Es... es ging darum, das Auto vom Schuldirektor... ähm, umzuparken.«
Ich blinzle verwirrt. »Um...zupark'n? Wie... du kannst doch gar kein Auto fahr'n?«
»Richtig. Ist auch nicht gerade gut gegangen. Britta, eine Freundin von mir, hat mir geholfen, das Auto aufzubrechen und kurzzuschließen... ähm, ihr Bruder hat ihr das gezeigt«, erklärt er hastig, als ich ihn ziemlich erstaunt anblinke.

»Der ist KFZ-Mechaniker. Deswegen sind die Idioten ja auch erst drauf gekommen. Hm, und als es dann ans Fahren ging, bin ich mit voller Wucht in so einen steinernen Blumenkübel gefahren. Die stehen zur Zierde überall auf dem Parkplatz rum. Tja.« Verschämt schlägt er den Blick nieder. »Und deshalb denke ich, dass ich meine Koffer packen kann, sobald ich zu Hause bin. Sowas lässt mir mein Vater nicht durchgehen.«
Nein, aber da ist sein Vater wohl nicht die Ausnahme von der Regel. Das ist schon ziemlich schwachsinnig von Maxim gewesen, auch wenn ich mir sehr gut vorstellen kann, wie die so genannten Idioten ihn so weit bringen konnten. Er wohnt noch nicht lange bei mir, aber dass er schnell aus der Haut fährt oder sich angegriffen fühlt, habe ich auch schon mitbekommen. Trotzdem. Dass er so dämlich sein kann, sich auf so einen Blödsinn einzulassen, nur weil ihn mal jemand nicht vergöttert... Hätte ja zu gern sein Gesicht gesehen, als er in diesen Blumenkübel gerast ist. Da ist er bestimmt nicht mehr so selbstsicher gewesen.
Maxim lehnt sich etwas nach vorne, was in seinem Fall bedeutet: dichter zu mir rüber. Aus schmalen Augen fixiert er mich, nachdem er sein Weinglas in aller Seelenruhe auf dem Tisch abgestellt hat. Mein Blick hingegen zuckt wackelig über sein Gesicht.
»Lachst du mich etwa aus?«
»Würd' ich mir nie erlauben«, lache ich hinter vorgehaltener Hand und versuche gleichzeitig, ernst zu bleiben. Klappt leider gar nicht. Verdammter Alkohol. Kribbelt im ganzen Körper. »Aber du musst zugeb'n: Das war 'n riesengroßer Schwachsinn.«
Maxim schnauft. »Schwachsinn, ja? Ich hab' nur versucht, meine Ehre zu verteidigen.«
Ich kann nicht anders und muss losprusten. Oh Gott, Scheiße. Kein Wein mehr für mich. »Ehre?«, gluckse ich. »Indem du beweist, dass du jederzeit bereit bist, bei so 'ner Kinderkacke mitzumach'n? Sehr ehrenvoll. Und sehr erwachs'n, wirklich.«

Inzwischen glüht mein Gesicht wie ein Hochofen und ich habe das Gefühl, ich rede schneller, als ich denken kann. Wenn ich überhaupt noch denken kann. Wann ist Maxim so dicht an mich herangerutscht? Ich sehe zwar etwas verschwommen, aber doch nicht bruchstückhaft. Und... hat er schon immer so gut gerochen? Wo ist das zarte Aroma von Kanalratte hin?

Angestrengt lege ich die Stirn in Falten und starte einen Rettungsversuch: »Hab' doch immer gesagt, dass du 'n kleiner, dummer Junge bist.«

Leider reagiert er darauf dieses Mal überhaupt nicht. Im Gegenteil, er scheint genau zu wissen, warum ich das gesagt habe, weil er mich so seltsam anlächelt. Gleichzeitig rückt er noch näher an mich heran. Zeit, das Ganze abzubrechen. Jetzt! Scheiße. Wenn die Couch nur nicht so tief und er schon so nah wäre... Gott, hat der Augen!

»Und ich hab' dir schon mal gesagt«, raunt er mit seiner sexy Verführerstimme, so dass es mir aufregend im Nacken prickelt, »dass ich das nicht bin.«

Dann überbrückt er den letzten Abstand zwischen uns und küsst mich. Nicht zu Schauspielzwecken und auch ganz bestimmt nicht harmlos, denn mein Herz fängt plötzlich zu rasen an. Seine Lippen bewegen sich aufreizend gegen meine und seine Zunge fährt immer wieder sachte an ihnen entlang; ein lockendes Versprechen auf mehr.

Er kann das gut, denn mein Kopf ist auf einmal wie leergefegt und ich vergesse, dass ich ihn eigentlich wegschieben wollte. Stattdessen küsse ich ihn zurück. Es ist beinahe wie ein Reflex, weil es sich so gut anfühlt und genau richtig in diesem Moment ist. Ich höre ihn beinahe erleichtert aufseufzen, als seine Zunge ungestüm auf meine trifft, und muss träge in den Kuss hineingrinsen. Offensichtlich freut er sich, dass seine Hartnäckigkeit belohnt wird, denn er zahlt es mir damit zurück, dass seine Hand in meinen Nacken fährt und er sich noch mehr in den Kuss hineinlehnt. In meiner Leistengegend beginnt es, begeistert zu kribbeln.

Vielleicht hätten wir das doch schon viel eher tun sollen.
Seine zweite Hand legt sich locker auf meinen Bauch und streichelt dort eine Weile selbstvergessen entlang, bis ich so sensibilisiert bin, dass ich bei jeder Bewegung wohlig erschauere. Als er dann allmählich weiter abwärts wandert und mit den Fingerspitzen neckend unter den Hosenbund streicht, keuche ich atemlos in den Kuss hinein. Mein Puls hämmert noch heftiger in meinen Ohren und der Alkohol saust wie in einer Achterbahn durch meinen Körper und gibt mir ein seltsam schwereloses Gefühl. Fast ein bisschen zu schwerelos und zu unwirklich. Ich will seine Berührungen richtig spüren, aber bis auf seine Hand in meinem Nacken ist alles zu weit weg. Ich denke gar nicht richtig darüber nach, da hebe ich ihm im nächsten Moment schon begehrlich mein Becken entgegen. Allerdings habe ich bei dieser Bewegung völlig das Weinglas vergessen, dass ich noch immer mit einer Hand – ziemlich verkrampft mittlerweile – festhalte. Etwas von dem Wein schwappt aus dem Glas, landet kühl auf meiner erhitzten Haut und erinnert mich wie mit einem Holzhammerschlag daran, wie das Ganze hier angefangen hat.
Und daran, wie blöd ich bin.
Nicht zu fassen. Er hat mich genau da, wo er mich die ganze Zeit über haben wollte. Und ich Volltrottel genieße das auch noch in dieser fatal berauschenden Mischung aus Alkohol und Maxim, anstatt mein Hirn anzuwerfen! Gott, aber wer kann denn schon denken, wenn Maxim einen so ansieht, anfasst und küsst, als gäbe es keinen verdammtens Morgen mehr! Bevor sich seine Finger weiter mit meinem Gürtel beschäftigen können, schnappe ich mir seine Hand und drehe in der gleichen Sekunde etwas abrupt den Kopf zur Seite, damit er aufhört, mich mit seinem Mund wahnsinnig zu machen. Meine Gedanken sind noch immer etwas umnebelt und ich schüttle kaum merklich den Kopf, um diese Trägheit loszuwerden. Geht schneller, als ich dachte, weil ich zunehmend wütender auf ihn und mich werde, je lauter mir der Klang meines abgehackten Atems in den Ohren dröhnt.

Oder je intensiver sein verfluchter Geschmack auf meinen Lippen brennt. So ein verdammter Mist!
Obwohl ich weiß, dass mir das überhaupt nicht gut tun wird, kippe ich den Rest Wein in meinem Glas hinunter und lecke anschließend auch noch die Rinnsale von meiner Hand.
Besser.
Maxim lacht leise. Ein ekelhaft angenehmer Laut, der mir die Wirbelsäule entlang rinnt. »Versuchst du, dir Mut anzutrinken? Keine Sorge, ich bin überrascht. So schlecht küsst du ja doch nicht.«
Pff, mir wäre es lieber, *er* würde schlecht küssen.
Ich stoße seine Hand von mir, die ich immer noch umklammert halte, und schiebe ihn dann nachdrücklich von mir weg. Letzteres ist ein bisschen schwierig, weil meine Hände ihn um ein Haar an mich gezogen hätten. »Ich glaube, wir brechen das Ganze hier jetzt mal ab.«
Seine Augenbrauen wandern irritiert nach oben. »Äh, was? Wieso? Wir waren doch gerade —«
»Falsch«, unterbreche ich ihn so kühl wie möglich. »Du warst g'rade. Ich hab' kein Interesse an dir. Immer noch nich' und in diesem Leben auch nie mehr.«
»Bitte? Das wüsste ich aber. Ich bin gerade zufällig dabei gewesen, als du mich geküsst hast. — Und jetzt sag' nicht so was Beknacktes wie: *‚Das lag am Alkohol'*«, fährt er mir über den Mund, als ich den gerade öffne, um tatsächlich so etwas Ähnliches zu sagen.
Unwillig verziehe ich die Lippen. »*Es* lag aber am Alkohol — den du mir untergejubelt hast.«
»Ja«, gesteht Maxim völlig freimütig, »um dich locker zu machen. Sonst würdest du wahrscheinlich in tausend Jahren noch nicht dazu stehen, dass du mich scharf findest.«
»Ich find' dich nich' scharf«, protestiere ich ärgerlich und reibe mir mit einer Hand die Stirn, um die Gedanken dahinter in Schwung zu halten. Mit der anderen stelle ich das leere Weinglas auf dem Couchtisch ab.

Wenn ich mich nicht in irgendeine verfängliche Diskussion stürzen will, sollte ich zusehen, dass ich von ihm wegkomme. Möglichst bevor er merkt, dass ich lüge oder mich seine pure Anwesenheit um den Verstand bringt. Jetzt muss ich ihn nur ansehen und werde sofort daran erinnert, wie es sich anfühlt, ihn zu küssen. Grandios, Vincent!

Maxim schüttelt den Kopf. »Du verarschst mich doch.«

»Nein.«

»Was hält dich dann ab, zum Teufel?«

»Gar nichts, verdammt!« Mit einem Ruck stehe ich auf, was nicht wirklich gut überlegt ist. Das Zimmer springt mit auf und fällt dann abrupt wieder auf den Boden. Ich muss mich kurz an der Lehne des Sofas festhalten, bis alles wieder an Ort und Stelle ist, und kann dann erst den nötigen Sicherheitsabstand zwischen uns bringen: den halben Raum. »Ich find' dich nich' attraktiv und ich will auch nich' mit dir schlaf'n oder sonst was in der Richtung mit dir tun, okay? Also lass mich damit in Ruh'. Keine Überraschungsdinner mehr, keine Berührung'n, keine Küsse, kein nix, verstand'n?« Ich warte ein paar Sekunden, in denen Maxim mich nur aus großen Augen anstarrt. »Ob du das verstand'n hast, Maxim!«

Es ist beinahe beängstigend, wie überzeugend er diesen verletzten Hundewelpenblick aufsetzen kann – und vor allen Dingen wie lange. Irgendwann suche ich mir einen Punkt an seinen strubbeligen Haarspitzen, um mir nicht mehr die ganze Zeit diesen stummen Vorwurf in seinen Augen antun zu müssen, während ich noch immer auf eine Antwort warte. Je länger es dauert, desto dämlicher komme ich mir vor und desto deutlicher spüre ich das Stechen in meiner Herzgegend, aber ich weigere mich, darauf einzugehen. Er ist es wahrscheinlich nicht gewöhnt, zurückgewiesen zu werden, und deswegen kann er diesen Ausdruck auch so lange aufrechterhalten. Schön. Ich falle nicht drauf rein.

»Klar«, sagt Maxim nach einer Weile dumpf und sackt etwas auf dem Sofa in sich zusammen.

»Gut«, nicke ich. »Ich bin müde, ich geh' ins Bett.«
»Klar«, sagt er wieder.
»Morg'n früh bin ich mit meiner Oma aufm Markt und anschließend einkauf'n.« Als er daraufhin nicht reagiert, füge ich noch hinzu: »Wahrscheinlich bin ich nicht da, wenn du aufwachst.«
»Hm-hm, klar.«
Scheiße. Im letzten Moment bekämpfe ich den schier übermenschlichen Drang, zurück zum Sofa zu gehen und ihn tröstend in den Arm zu nehmen, aber das wäre das Absurdeste überhaupt, denn immerhin bin ich ja erst für seinen Gemütszustand verantwortlich. Offensichtlich kratzt es sehr an seinem Ego, dass ich ihn abgewiesen habe. Trotzdem werde ich ganz bestimmt nicht aus Nächstenliebe mit ihm ins Bett springen, um dann hinterher nach seiner Pfeife zu tanzen. Oder, schlimmer, um festzustellen, dass ich mich verrückterweise in einen freakigen Sechzehnjährigen mit dem Bruttoinlandsprodukt eines Dritte-Welt-Landes auf dem Konto verknallt habe, der meine Gefühle so oder so mit Füßen treten wird.
Wenn ich nur wüsste, was er von mir will. Einfach nur das gute Gefühl einer Eroberung oder doch etwas anderes, das sich in seinen perfiden Internatsfluchtplan einfügt? Oder beides? Aber... ich hab' doch nichts, verflucht!

***

Wie zu erwarten gewesen ist, ist die Nacht ein einziger Alptraum. Ich kann die Augen nicht zumachen, ohne sofort wieder auf dem Sofa zu sein, Maxim über mir, seine Hände auf mir und seine Lippen warm, weich und nachgiebig an meinen. Wenn ich mich nicht gerade im Bett herumwälze und an tote Igelkadaver auf der Schnellstraße denke, wache ich schweißgebadet von meinen eigenen Kurztrips in die Welt der erotischen Phantasien auf. Schon beinahe unheimlich, was die eigene Phantasie aus vielleicht einer realen Minute Rumgeknutsche machen kann.

Einmal erwische ich mich im Halbschlaf auch dabei, wie ich mich selbst streichle, und drehe mich frustriert auf den Bauch, die Hände unter meinem Kopf und dem Kissen begraben. Wie armselig wäre es denn jetzt wohl, mir auf Maxi einen runterzuholen, während er mich gerade zwei Zimmer weiter noch verführen wollte?!
Hoffentlich hat sich das jetzt ein für alle Mal erledigt, nachdem ich ihn eben so angeranzt habe.
Oh Mann, warum werfe ich diesen Freak nicht einfach zurück auf die Straße, wo ich ihn aufgesammelt habe?
Über diesen Gedanken brüte ich noch bis in die frühen Morgenstunden hinein, dann muss mich die Müdigkeit doch irgendwann überfallen haben, denn als mein Wecker um halb sieben klingelt, reißt er mich mitten aus dem Tiefschlaf.
Verwirrt zwänge ich meine Lider auf und sehe mich erst etwas orientierungslos um, ehe ich begreife, wo ich bin und was für dieses ätzende Piepsgeräusch verantwortlich ist.
Müde strecke ich eine Hand zum Nachtschrank hin aus, um den Wecker abzustellen, und hätte mich daraufhin liebend gerne wieder umgedreht und noch eine Runde weitergeschlafen. Normalerweise ist es für mich kein Problem, früh aufzustehen, weil ich es nicht anders gewöhnt bin und meistens auch früh ins Bett verschwinde. Aber normalerweise versucht auch keine Mischung aus Punk und Casanova, mich ins Bett zu kriegen.
Wenn ich ehrlich sein soll, muss ich sowieso erst einmal ein wenig nachdenken, wann mein letzter Sex gewesen ist, an dem nicht nur ich selbst beteiligt gewesen bin. Es ist schwer, jemanden kennen zu lernen, wenn man vormittags mit einer stalkenden Ex-Freundin in der Schule hockt und nachmittags meistens mit irgendwelchen Mini-Jobs beschäftigt ist. Abends wegzugehen, kann ich mir in den meisten Fällen nicht leisten und Zeit habe ich dafür auch nicht übrig.
Oder für eine Beziehung.
Patrizia ist meine erste und bisher letzte gewesen, alles andere

dazwischen ist nur lockerer Zeitvertreib und Druckabbau gewesen. Ah, jetzt weiß ich's wieder. Der Azubi aus der Werkstatt, als das Auto meiner Oma Ende September den Geist aufgegeben hat. Ist einfach mitten an der Ampel ausgegangen, das blöde Ding, und wollte partout nicht mehr anspringen, so dass wir sogar einen horrenden Abschleppdienst beauftragen mussten. Diese Rechnung ist mittlerweile zum Glück bezahlt, aber die Reparaturkosten stottern wir heute noch ab.

Ich weiß noch genau, wie der Azubi mich zur Seite nahm, während einer der Mechaniker meine Oma mit irgendwelchem Fachkauderwelsch zuschwafelte. Mit seinen halbfachmännischen Kenntnissen vertraute er mir verschwörerisch an, dass die Kiste spätestens in einem halben Jahr wieder bei ihnen stehen würde und dass es wahrscheinlich günstiger wäre, ein neues Auto zu kaufen und das alte zu verschrotten.

Ha, günstiger, natürlich. Ich scheiß' auch mal eben fünfzehntausend für ein neues Auto, kein Problem!

Ich glaube, so was Ähnliches sagte ich auch und ließ den Typen dann einfach stehen, um aufzupassen, dass sein Meister meiner Oma keinen Bären aufband. Ich habe ihm überhaupt nicht angemerkt, dass er schwul ist, und wüsste auch nicht, dass es mir auf der Stirn tätowiert steht. Aber während der ganzen Zeit, als der Chefmechaniker uns erklärte, wie er das Auto wieder zum Laufen bringen wollte, sah er mich mit diesem Blick an, dass es mir angenehm im Nacken prickelte. Ich starrte genauso unverhohlen zurück und der Azubi grinste mich daraufhin frech an.

Als wir schließlich die Reparatur in Auftrag gegeben hatten und gehen wollten, bat ich meine Oma, schon mal vorzugehen, und das möglichst so laut, dass der Azubi das auch mitbekam.

Sie hatte kaum die Straßenecke erreicht, da stand der Typ plötzlich neben mir und meinte: »Hi. Ich hab' grad Pause.«

»Ach was.« So einen Job möchte ich auch mal haben. Kaum läuft was zum Vögeln vorbei, gibt's einfach mal mitten am Nachmittag eine Pause.

Aber abgeneigt war ich nicht, zugegeben. Der Typ hatte tolle Arme und in seinem schmutzigen Blaumann steckte ein ziemlich attraktiver Hintern.
»Soll ich dir mal die Werkstatt zeigen?«
Spöttisch hob ich eine Augenbraue an. »Ist das die neue Variante von: ,Willst du mal meine Briefmarkensammlung sehen?'«
Der Typ grinste breit, trat einen Schritt näher und strich an meinem Jackenaufschlag entlang. »Und? Willst du?«
Na, ich hatte zumindest nichts Besseres vor!
Das Ganze hat nicht mal zehn Minuten gedauert und sich obendrein äußerst unbequem auf der winzigen Mitarbeitertoilette abgespielt. Schneller, anonymer Sex eben. Der nicht mal besonders gut gewesen ist, aber das hat wohl eher mit den Umständen zu tun gehabt. Oder damit, dass es buchstäblich nur der Quickie für zwischendurch gewesen ist. Und das vor zweieinhalb Monaten.
Mann, kein Wunder, dass ich am Durchdrehen bin.
Schnaufend schlage ich die Decke zurück und lege damit den Blick auf eine 1a-Morgenlatte frei. Grandios! Mir bleibt auch gar nichts erspart. Bin ich fünfzehn, oder was?
Brummelnd klettere ich aus dem Bett raus und schleiche mich möglichst leise von meinem Zimmer ins Bad. Hätte mir jetzt gerade noch gefehlt, wenn Maxim das gesehen hätte. Dann hätte ich nachts wahrscheinlich noch meine Zimmertür abschließen müssen, damit der nicht plötzlich in mein Bett krabbelt und mich im Schlaf mit seiner freigiebigen Willigkeit überfällt.
Mist, warum ist der auch bloß so... Mist.
Ich drehe das Wasser in der Dusche auf und springe im nächsten Moment auch schon schnell unter den eiskalten Strahl. Heute finde ich es ausnahmsweise mal nicht schlimm, dass das Wasser immer ewig zum Warmlaufen braucht.
Fünfzehn Minuten später stehe ich komplett angezogen und gewaschen in der Küche und mümmle an einem Stück labbrigen Toast herum. Ich bin erst um sieben mit meiner Oma verabredet, aber sie hätte bestimmt auch nichts dagegen, wenn ich in ihrer

Küche auf sie warte. Trotzdem stehe ich hier in meiner und überlege, ob ich noch mal einen kurzen Blick ins Wohnzimmer und auf Maxim werfen sollte.

Einfach so.

Muss ich aber nicht, weil ich schon an seinen Schuhen und der Jacke im Flur erkenne, dass er noch da ist. Also besteht auch kein Grund, nachzusehen. Wozu auch? Was könnte mir denn verraten, dass er heute Nacht genauso gelitten hat wie ich? Oder dass er sauer gewesen ist, weil sein toller Plan nicht aufgegangen ist? Oder frustriert, weil er sich so auf eine Runde Vögeln gefreut hat?

Hastig klatsche ich mir die Hand gegen die Stirn, um den aufkommenden Bildern Einhalt zu gebieten, bevor sie sich in meinem Kopf festsetzen können.

Okay, das war's, eindeutig. Ich muss hier raus, und das schnell.

Ich stecke mir den Rest Toast in den Mund und schlüpfe anschließend im Flur in meine Schuhe und die Jacke. Ohne einen weiteren Blick zurück verlasse ich die Wohnung.

# 10

*Maxi*

Ich höre, wie er geht, rühre mich aber kein Stück vom Fleck. Wenn es nach mir ginge, müsste ich mich sowieso nie wieder bewegen. Ich fühle mich so schlapp, ausgelaugt und müde, als hätte ich gerade eine Weltumrundung hinter mir. Zu Fuß. Könnte daran liegen, dass ich in der Nacht kaum geschlafen habe, weil mein blöder Schädel keine zwei Minuten lang Ruhe gegeben hat. Stattdessen hat er mir ziemlich sadistisch immer und immer wieder die halbe Stunde hier auf der Couch vorgespielt.

Ich habe ja schon, als es passiert ist, gedacht, schlimmer kann's nicht mehr werden. Oder was zum Teufel mich eigentlich geritten hat. Oder warum ich so bescheuert gewesen bin, alles so falsch einzuschätzen. Oder ab welchem verdammten Zeitpunkt sich das Blatt so phänomenal in die falsche Richtung gewendet hat. Ich bin mir ziemlich sicher, dass ich mir *nicht* eingebildet habe, Vince geküsst zu haben. Aber je länger ich darüber nachdenke, desto verschwommener werden die Erinnerungen.

Wollte er mich überhaupt küssen? Hat er sich gewehrt? Habe ich mich ihm aufgedrängt? Ich meine, klar habe ich das gemacht, aber... so sehr? Kann ich denn so bombastisch von mir selbst überzeugt sein, dass ich nicht merke, wenn ich jemand anderen total ankotze?

Fuck. Aber er *hat doch zurückgeküsst*! So was kann ich mir doch nicht einbilden! Genauso wenig wie diese verfluchte Hormonfontäne, die mich für einen Augenblick völlig überwältigt hat.

Das andauernd im Kopfkino wieder vorgespielt zu bekommen, um vielleicht herauszufinden, wo der Fehler gewesen ist, ist echt hart. Und tut weh. Jedes Mal ein bisschen mehr. Und es wird jedes Mal ein bisschen schlimmer. Ich Vollidiot. Verzweifelt fahre ich mir mit einer Hand durchs Haar, strubble es durcheinander und kralle mich schließlich an einzelnen Strähnen fest.

Scheiße, Scheiße, Scheiße.
Und Britta hat noch großspurig gemeint, ich würde Vince nur für mein Ego rumkriegen wollen. Ha! Also, *das* würde sich definitiv nicht so vernichtend anfühlen.
Zugegeben, ist mir noch nie passiert, dass ich nicht bekommen habe, was ich haben wollte, aber trotzdem würde sich ein angekratztes Ego bestimmt anders anfühlen. Wahrscheinlich wäre ich angefressen und sauer und frustriert und sicherlich auch ein wenig verzweifelt und angeschlagen, aber ich hätte garantiert nicht diesen stetigen Druck auf der Brust, der sich wie ein Geschwür an mein Herz klammert. Gar nicht wie ein richtiger Schmerz, als wenn mich jemand geschlagen hätte oder so, sondern eher... wie das niederschmetternde Gefühl, in einer aussichtslosen Situation zu stecken. Es geht nicht vorwärts und nicht rückwärts, weil man mittendrin ist und nicht zurück will, aber auch nicht nach vorne gelassen wird.
Shit. Britta wird sich totlachen. Maxi ist unglücklich verliebt, haha. Tatsächlich sagt sie so was Ähnliches, als ich mich am späten Vormittag bei ihr melde.
»Oh.« Schweigen. »Aber... na ja, jetzt weißt du wenigstens mal, wie sich der Ottonormalmensch fühlt.«
Wahnsinn.
»Vielen Dank für diese aufbauenden Worte, jetzt kann ich mich ruhigen Gewissens von der nächsten Brücke stürzen!«
»Ach, komm, hör' auf mit dem Gequatsche. Das ist eine Erfahrung, die man auch mal machen muss.«
»Tolle Erfahrung.« Hätte ich gut und gerne drauf verzichten können.
»Na ja, aber jetzt besteht wenigstens kein Grund mehr für dich, noch länger bei ihm zu bleiben.«
Ich rolle genervt mit den Augen. Ich habe hier ein ernsthaftes, emotionales Problem und alles, woran sie denkt, ist meine baldige Heimkehr?! Wahrscheinlich noch heimgetrieben von meinem gebrochenen Herzen und meiner nicht vorhandenen Würde oder

so ein Quatsch. Dann wird sich mein Vater kringelig lachen.
»Britta...«
»Ja, schon gut. Ich wollte es ja nur mal angemerkt haben. Dein Vater zeigt übrigens noch keine Schwäche.«
»Schön. Ich auch nicht.« Zumindest nicht was das anbelangt.
Britta stößt ein zutiefst frustriertes Knurren aus. »Scheiße, Maxi, schnall das doch mal endlich! Er wird sich nicht von dir vorführen lassen!«
»Und ich werde mich nicht von ihm nach England schicken lassen. Britta, das hatten wir schon.«
Zum Glück scheint sie das einzusehen, auch wenn sie mir daraufhin vorwirft, dass ich meinen Schädel irgendwann mal aus Versehen in einen Betonmischer gesteckt haben muss.
Im Moment allerdings spiele ich tatsächlich mit dem Gedanken, bei Vince auszuziehen. Ich habe keine Ahnung, wie ich ihm nach der Abfuhr begegnen soll und habe obendrein sogar ein wenig Schiss davor. Immerhin habe ich mich ihm sehr offensichtlich an den Hals geschmissen. Soll ich jetzt so tun, als wäre nichts gewesen? Als hätte ich vorher schon eine Flasche Wein geleert, weshalb ich nicht mehr ganz zurechnungsfähig gewesen bin? Es vergessen und für Vince wieder der kleine Freak sein? Es noch mal probieren?
Pff, soweit kriegen mich keine zehn Pferde. Bin auch nicht scharf darauf, in einer Tour abgewiesen zu werden, und das gestern ist deutlich genug gewesen. Vielleicht hat er tatsächlich nur versehentlich zurückgeküsst. Aus Reflex. Er kann das nämlich doch besser, als zuvor von mir befürchtet, was auf der einen Seite natürlich toll ist. Auf der anderen... shit.
Ist wohl doch besser, ich ziehe aus. Lieber das, als ihn jeden Tag zu sehen und zu ahnen, wie es sein könnte, aber andererseits... wo soll ich hin? Ich bin viel zu bequem, um jetzt nach dieser himmlischen Woche wieder in die eisige Kälte auf die Straße zu ziehen. Und nach Hause zu gehen, kommt überhaupt nicht in Frage.
Mann, Maxi, kannst du nicht einmal *vorher* dein Gehirn einschal-

ten?! Wie kann man denn so verblendet sein?!
Vince muss mich ja wirklich so gar nicht anziehend finden, weil er sonst doch bestimmt nichts gegen eine Runde Sex einzuwenden gehabt hätte. Ein bisschen Spaß für uns beide, auch wenn das wahrscheinlich noch schlimmer gewesen wäre als jetzt nur der Kuss.
Verdammt.
Allerdings scheint es irgendjemand ausnahmsweise mal gut mit mir zu meinen, weil ich mir gar keine Gedanken darum machen muss, wie ich Vince nach dem Fiasko gestern am geschicktesten begegnen kann; er taucht Samstag nämlich gar nicht mehr auf.
Am späten Vormittag höre ich unten die Haustür aufgehen, aber scheinbar ist seine Oma allein zurückgekommen, weil Vince nicht nach oben kommt. Aber seine Schicht in der Glühweinbude fängt auch in anderthalb Stunden an, vielleicht ist er daher gleich in der Stadt geblieben.

***

Im Verlauf der nächsten Woche bin ich mir beinahe zu hundert Prozent sicher, dass Vince mir aus dem Weg geht. Der Gute hat wohl vergessen, dass ich schon etwas länger bei ihm wohne, und so viel, wie er in letzter Zeit plötzlich arbeiten oder unterwegs ist, um irgendwelche Besorgungen zu machen, ist er die ganze letzte Woche über zusammen nicht gewesen. Zweimal ekelt er mich zur Tarnung zwar aus der Wohnung, damit ich einkaufen gehe, aber im Großen und Ganzen kommuniziert er überhaupt nicht mit mir. Nicht, dass er vorher eine kleine Plaudertasche gewesen wäre, aber mit diesem schweigenden Grab kann ich auch nicht sonderlich gut umgehen.
Und Grab ist genau das richtige Stichwort. Der Killerblick verschwindet so gut wie gar nicht mehr aus seinem Gesicht und er ist die ganze Zeit gereizt. Vor ein paar Tagen ist ein Einschreiben für ihn ins Haus geflattert – natürlich hat es Agnes entgegen

genommen, nicht ich; Vince ist wie immer nicht da gewesen – und hat ihn ziemlich aufgeregt. Fluchend hat er den Brief aufgerissen, fluchend gelesen und dann fluchend in irgendeine Schublade in seinem Schreibtisch geknallt, in der sich noch ein paar andere offizielle Schreiben getummelt haben.
Auf diese Weise muss sich zwar keiner von uns überlegen, wie er dem anderen gegenüber tritt, aber ich weiß nicht, ob mir dieses ständige Ausweichen und Umeinanderherumgeschleiche mehr zusagt. Vor allen Dingen verstehe ich nicht, warum es ihm so unangenehm ist, mir zu begegnen. *Ich* habe mich viel mehr zum Deppen gemacht als er. Eigentlich habe ich mich sogar als *Einziger* zum Deppen gemacht. Vince kann sich ein Loch ins Knie freuen, dass ich völlig unverständlicherweise Gefühle für ihn entwickelt habe, obwohl er sich wie der letzte Vollarsch mir gegenüber verhält – aber was macht er? Er ist ständig mies gelaunt, die meiste Zeit über nicht da und raunzt mich in einer Tour an, wenn er sich denn überhaupt mal dazu herablässt, ein Wort mit mir zu sprechen. Als ob es etwas *Abartiges* wäre, dass ich mich in ihn verliebt habe.
Ha, bei meinem Pech ist es für ihn wahrscheinlich sogar so. Weil jede Banane bei ihm erotischere Gedanken auslöst als ich. Shit.
Also spiele ich sein Spielchen mit und bemühe mich, ihn ebenfalls so wenig wie möglich zu sehen. Bis Mittwoch auch eine beinahe zu einfache Sache. Ich bin ganz erstaunt von mir selbst, dass mir bis dahin noch nicht der Kopf geplatzt ist, weil die Gedanken darin Achterbahn fahren. Hätte vielleicht doch meinen Kram packen und ausziehen sollen. Das Temperaturargument scheint sich im Laufe des Tages nämlich zu verflüchtigen.
Gegen Mittag fällt mir zum ersten Mal auf, dass es irgendwie recht kühl geworden ist, also ziehe ich mir die Decke um die Schultern, während ich mich gleichzeitig lustlos durchs Fernsehprogramm zappe. Bis vor ein paar Wochen habe ich zu viel Freizeit noch für eine kolossal beknackte Erfindung der Arbeitswütigen gehalten. Seitdem ich allerdings bei Vince wohne und den lieben langen

Tag nichts anderes mache als fernzusehen und zu lesen, weil sein Computer ungefähr tausendundein Jahr braucht, um hochzufahren, hat sich das leicht gewandelt. Ich habe mich sogar schon mal dabei ertappt, wie ich in seinen Schulbüchern geblättert, Texte gelesen und Aufgaben im Kopf gelöst habe. Wenn er mich nicht deshalb schon mal angefahren hätte, hätte ich wahrscheinlich irgendwann sogar angefangen, seine Hausaufgaben zu machen. Vince ist nämlich nicht sonderlich gut in Englisch – und Physik und Latein – und schiebt gerade in diesen Fächern immer alles bis auf den letzten Drücker vor sich her oder macht sie gleich gar nicht. Mich will er sie allerdings auch nicht machen lassen mit der Begründung, dass ich dafür irgendwann noch eine Gegenleistung verlangen werde.

Finde ich ziemlich niederschmetternd, dass er so von mir denkt, aber er hat sich auch dadurch nicht überzeugen lassen, dass *er* damit eher *mir* einen Gefallen tun würde. Er hat wirklich eine sehr miese Meinung von mir. Weiß gar nicht, wieso. Nur wegen der paar Schwindeleien, die ich ihm am Anfang aufgetischt habe. Seitdem bin ich immer ehrlich zu ihm gewesen. Oder zumindest fast. Muss mir ja auch nicht alles auf der Stirn geschrieben stehen.

Nach einer Weile Herumgammeln auf der Couch fällt mir jedenfalls auf, dass es auch mit Decke ziemlich kalt in der Wohnung ist. Ich quäle mich vom Sofa hoch und tapere mit Decke um die Schultern zur Heizung rüber. Vince hat mir zwar eingebläut, dass ich da nicht dran herumspielen soll von wegen sparen und so, aber soll er mich deswegen eben anbrüllen. Dann richtet er wenigstens mal wieder das Wort an mich.

Leicht erstaunt hebe ich die Augenbrauen an, als ich den Heizkörper anfasse, um zu testen, wie warm er ist. Nämlich gar nicht. Eiskalt.

Fuck.

Das Thermostat steht schon auf drei – quasi mittlere Stufe –, aber ich bin mal so frei und drehe es ganz auf. Vielleicht muss dem Ding nur mal vernünftig eingeheizt werden.

Oder es muss entlüftet werden. Wo Vince wohl diesen komischen Schlüssel dafür aufbewahrt?
Ich schlurfe zurück zum Sofa und krame einen zweiten Pullover aus meinem Rucksack raus, nur um festzustellen, dass dies gleichzeitig auch mein letzter ist. Der Rest ist in der Wäsche. Super. Perfektes Timing. Aber ich hoffe einfach mal, dass die Heizung gleich wieder funktionieren wird.
Nach einer weiteren Stunde habe ich da jedoch so meine Zweifel. Ganz besonders, als ich bei einem Rundgang durch Vince' Wohnung feststelle, dass *alle* Heizungen arschkalt sind. Wie wahrscheinlich ist es, dass alle Heizungen auf einmal entlüftet werden müssen?
Shit.
Ganz superklasse. Und wer ist am Ende wieder Schuld gewesen? Richtig, ich. Dann fordert Vince zusätzlich zum Fahrrad noch einen Autoführerschein inklusive Auto.
Aber bis der hier aufkreuzt, dauert es erst mal noch ein paar Stunden, und da er mir praktisch verboten hat, irgendetwas zu tun, kann ich auch nichts dagegen machen, dass die Temperatur weiter fällt und fällt und es sich schon bald so kalt in der Wohnung anfühlt wie draußen. Irgendwann verziehe ich mich mit einer dampfenden Kanne Tee aufs Sofa und habe mich zusätzlich zu der Wolldecke in Vince' Bettdecke eingemummelt und mir Handschuhe übergezogen. Ebenfalls von Vince. Soll er meckern, wenn er kommt. Kriege ich wahrscheinlich eh nicht mit, weil ich bis dahin erfroren sein werde!
Um kurz nach halb neun höre ich unten endlich, wie die Haustür aufgeschlossen wird und kurze Zeit später Schritte im Treppenhaus. Dann wird die Wohnungstür geöffnet. Bin mal gespannt, wie schnell er mitbekommt, dass hier was nicht stimmt. Der Unterschied von drinnen und draußen dürfte nicht so furchtbar groß sein.
Ich höre, wie er in meinem Rücken ins Wohnzimmer kommt.
»Was zum Teufel machst du denn da?«

»Ich versuche, nicht zu erfrieren.«
»Sehr witzig. – Ist das meine Bettdecke?«
»Nee, die von deiner Oma.«
Ich kann beinahe *fühlen,* wie er an dieser Stelle mit den Augen rollt, obwohl er immer noch hinter mir steht und ich mich nicht umgedreht habe. »Warum drehst du nicht die Heizung hoch?«
»Weil die kaputt ist.«
»Kaputt?!« Schnelle Schritte nach rechts zur Heizung. »Wieso kaputt? Wie hast du das denn hingekriegt?!«
Als ob ich's geahnt hätte! Kann ja nur ich gewesen sein, der das Teil geschrottet hat, ist ja sonst niemand hier gewesen! Ich drehe den Kopf in seine Richtung. Mit gerunzelter Stirn legt er abwechselnd eine Hand gegen den Heizkörper und dreht am Thermostat herum.
»Was hast du eigentlich gemacht, als du mich noch nicht gekannt hast? Den Möbeln die Schuld für alles gegeben?«
Er beachtet mich gar nicht, sondern tastet sich einmal am ganzen Heizkörper entlang. Auf Spurensuche nach ein bisschen Wärme. Ich könnte ihm sagen, dass er in der falschen Richtung sucht.
»Vielleicht muss die nur mal entlüftet werden«, murmelt er und fummelt am anderen Ende am Verschluss herum.
»Dann kannst du gleich bei allen anderen Heizungen in der Wohnung weitermachen. Es funktioniert nämlich keine.«
Sein Kopf fährt zu mir herum und er schaut mich aufrichtig geschockt an. »*Was?*«
»Es funktioniert keine Hei...« Ich spare mir den Rest des Satzes, weil er schon auf dem Absatz kehrt gemacht hat und durch die übrigen Räume der Wohnung saust.
Wahnsinn. Er traut mir alles zu, hält mich für einen Erpresser und glaubt meinen einfachsten Worten nicht.
Mutlos rutsche ich tiefer in die Sitzpolster und wickle mich enger in seine Bettdecke, so dass ich nicht nur von angenehmer Wärme, sondern auch von seinem Geruch gänzlich eingehüllt bin. Letzteres lässt mich beinahe etwas wehmütig aufseufzen.

Inzwischen rauscht Vince wieder ins Wohnzimmer und versucht, die Heizung durch Entlüften zum Laufen zu bringen. Scheint nicht besonders gut zu funktionieren, weil er kurz darauf gegen den Heizkörper schlägt und laut: »Scheiße!«, brüllt. »Das darf doch wohl nicht wahr sein! Scheiße, *Scheiße!*«
Wow, das hört sich ja schon beinahe dramatisch an, wie er das so ausruft. Dabei ist weder das Gebäude noch die Einrichtung auf dem topmodernen Stand, ganz zu schweigen von der Heizung. Ist wahrscheinlich abzusehen gewesen, dass die irgendwann den Geist aufgibt oder zumindest Mucken macht. Gibt doch bestimmt einen Notdienst für so was, gerade jetzt im Winter.
Ich wende ihm wieder das Gesicht zu. Vince hockt vor der Heizung, hat die Stirn gegen den Heizkörper gelehnt und die Augen geschlossen, während er leicht den Kopf schüttelt.
Andererseits... Notdienste sind teuer. Und eine Heizung komplett zu reparieren, bestimmt auch. Wenn er schon beim Einkaufen minutiös genaue Einkaufszettel schreibt, kann er bestimmt auch nicht locker-flockig so eine Reparatur bezahlen. In diesem Moment würde ich ihm sehr gerne alles Geld auf meinen Konten dafür anbieten, aber leider komme ich da gerade nicht dran. Und selbst wenn: Ich schätze, mein Vater hätte etwas dagegen, wenn ich mal eben aus der Hüfte geschossen so eine Samaritertat vollbringen möchte.
Etwas ratlos suche ich nach irgendetwas, das ich jetzt sagen könnte, aber bei seinem niedergeschlagenen Anblick will mir spontan nichts einfallen, außer ihn zu trösten. Aber das würde er wahrscheinlich nicht zulassen.
»Ist meine Oma hochgekommen?«
»Was? Wieso? Nein.«
»Gut.« Er nickt, dann stößt er sich von der Heizung ab und steht auf.
»Wieso fragst du?«
Er sieht mich an. »Weil ihre Heizung dann wahrscheinlich noch funktioniert. Sonst wäre sie bestimmt hochgekommen, um zu

gucken, ob meine auch nicht geht.«
Ich zucke mit den Schultern. »Frag' sie doch einfach.«
»Ja«, schnaubt er. »Sicher.«
»Wieso nicht?«
Unwillig verzieht er die Mundwinkel und knurrt: »Ich habe jetzt wirklich keine Lust auf deine kleine Fragerunde, okay? – Hast du schon was gegessen?«
Meine Augenbrauen zucken nach oben. Ich bin überrascht. Das eben ist nicht nur unser längstes Gespräch am Stück seit langem gewesen, sondern schließt obendrein mit so einer netten Frage. Die Heizungsgeschichte muss ihm mehr zugesetzt haben, als ich vermutet habe. Er ist ja regelrecht durcheinander!
»Nein.«
»Ich koch' Nudeln.«
»Echt?«, rutscht mir heraus. Seit wann steigen giftige Dämpfe aus Heizungskörpern?
Vince rollt mit den Augen. »Willst du auch welche?«
»Natürlich!«
Er nickt nur kurz zum Zeichen, dass er mich verstanden hat, und verschwindet dann in die Küche. Ich bin immer noch ziemlich baff über diesen plötzlichen Nettigkeitsschub, weiß aber fünfzehn Minuten später, als ich mich – mit der Wolldecke um die Schultern – zu ihm in die Küche geselle, was ihn dazu veranlasst hat.
Die Küchentür ist geschlossen und er hat das Fenster auch nicht aufgemacht, so dass die Wärme vom Herd nicht nur das Nudelwasser erhitzt, sondern auch zu einem geringen Teil die Küche. Obendrein herrscht hier drinnen eine Luftfeuchtigkeit wie in der Sauna, weil sich der Wasserdampf langsam aber sicher im ganzen Raum verteilt. Und es ist warm.
»Clever«, bemerke ich und lasse mich auf einen der Küchenstühle plumpsen. Die Decke lege ich allerdings noch nicht ab. »Und sehr praktisch. Ausnahmsweise muss ich mal nicht hungrig ins Bett gehen.«
»Freut mich, wenn ich helfen kann«, kommt es ironisch von ihm

zurück, aber der Bemerkung fehlt eindeutig die Bestimmtheit und der Pfeffer. Für gewöhnlich kommt so was viel biestiger aus seinem Mund oder er stachelt mich noch mit irgendetwas an. Aber wenn er nicht ganz bei der Sache ist, macht es keinen Spaß, ihn zu reizen. In den letzten Tagen ist er – wenn wir mal kurz miteinander gesprochen haben – auch nie darauf eingegangen.
»Wie viel kostet es, so eine Heizung zu reparieren?«
Skeptisch zieht er eine Augenbraue hoch. »Was interessiert's dich?«
»Ich hab's gern warm. Und da ich derjenige von uns beiden bin, der von morgens bis abends in der Wohnung hockt, interessiert es mich schon.«
Scheinbar klingt ihm die Antwort zu logisch, denn er schnauft verärgert. »Keine Ahnung«, antwortet er dann verspätet. »Nicht wenig.«
»Oder haben sie dir die Heizung abgedreht?«
Irritiert blinzelt er mich an. »Wieso sollten sie das tun?«
»Weil du ständig irgendwelche offiziellen Briefe bekommst.«
Offensichtlich passt ihm auch diese Erwiderung nicht, weil er sich zunächst einmal dem Herd zuwendet, das Wasser salzt und in aller Seelenruhe ein paar Nudeln hineinkippt, ehe er sich fünf Minuten mit Rühren aufhält.
»Hast du nichts anderes zu tun, als mich und meine Post zu überwachen?«, will er brummelnd vom Nudeltopf wissen.
»Wenn ich ehrlich sein soll: Nein. Langsam langweile ich mich hier zu Tode.«
»Wie furchtbar.«
Ah, endlich kommt etwas von dem alten, sarkastischen Unterton in ihm hoch. Das ist ja glatt wie Musik in meinen Ohren. Ein richtiges Gefühl von Nach-Hause-Kommen.
»Tut mir Leid, wenn ich nicht mit einem vollständig ausgestatteten Entertainment-Raum aufwarten kann, aber wenn es dir hier nicht passt« – er dreht sich zu mir um und lächelt mich überfreundlich falsch an – »dann geh' doch einfach wieder nach Hause.«

Hm, wie ich diesen Satz vermisst habe! Und diese Tonlage! So hat er bestimmt seit Freitag nicht mehr mit mir gesprochen. Ich meine, richtig *gesprochen* und nicht gekeift, weil er mich loswerden wollte.

»Da passt es mir aber noch weniger.«

»Dann bleib' und halt' die Klappe.«

»Du könntest mich deine Hausaufgaben machen lassen.«

»Mach' gefälligst deine eigenen. Da haben sich bestimmt einige angesammelt.«

»Stimmt. Komme ich aber nicht dran.«

»Pech.«

Ich kann nicht anders und muss ein bisschen lachen. »Mann, weißt du, wie ich das vermisst habe?«

»Hausaufgaben zu machen?«, spottet er vollkommen in seinem Element und rührt nebenbei weiter im Nudeltopf herum. Da kein zweiter Topf oder gar eine Pfanne auf dem Herd steht, gehe ich mal stark davon aus, dass es nur Nudeln mit Ketchup geben wird. Egal. Hauptsache warmes Essen.

»Nein. Mit dir zu flachsen«, gestehe ich geradeheraus und sehe ihm dabei fest in die Augen, obwohl mich mein polternder Herzschlag dabei beinahe umbringt. Ich bin mir fast sicher, dass er sehen muss, wie die Adern unter meiner Haut pulsieren, weil es sich so heftig anfühlt.

In seinen dunklen Augen flackert es kurz überrascht auf, so dass sich meine Lippen schon zu einem warmen Lächeln verziehen wollen, aber dann kehrt er mir wieder den Rücken zu und traktiert die Nudeln. Hart beiße ich die Zähne aufeinander, als der Schmerz schnell und heftig in meiner Brust aufflammt. Meine Fresse, ich sollte es doch besser wissen, echt.

»Aha«, macht er nach einer Weile einsilbig.

»Aha? Ist das alles?«

»Ja.« Bevor ich das weiter hinterfragen kann, legt er den Holzlöffel zu Seite und verkündet: »Essen ist fertig«, während er das Nudelwasser abgießt.

Beim Essen kauen wir in völliger Stille auf unseren Nudeln herum. Ich weiß ja nicht, wie es ihm dabei geht, aber ich bin die meiste Zeit über auf der Suche nach einem vernünftigen Gesprächsthema, weil mich dieses Anschweigen ziemlich ankotzt. Andererseits habe ich keine Ahnung, was ein geeignetes Gesprächsthema wäre. Ich fühle mich in seiner Gegenwart unsicherer als sonst.
»Was... ähm, was willst du denn jetzt eigentlich wegen der Heizung machen?«
»Keine Ahnung.« Vince spießt seine letzte Nudel auf und zieht damit ein unkenntliches Muster durch die Ketchupreste auf seinem Teller. »Heute jedenfalls nichts mehr.«
»Was?« Irritiert blinzle ich ihn an. »Aber... es ist kalt.«
Er zuckt mit den Schultern. »Nicht zu ändern.« Mit seinem Teller in der Hand steht er auf und stellt ihn in die Spüle. Dann wendet er sich einfach um und verlässt die Küche. Wahrscheinlich, um sich in seinem Zimmer zum Hausaufgaben machen niederzulassen. Das macht er in letzter Zeit nämlich auch häufig, womit er mir praktischerweise aus dem Weg geht.
Seufzend schiebe ich mir die letzten Nudeln in den Mund, bleibe danach aber noch ein Weilchen am Tisch sitzen. Im Moment ist es hier immer noch wärmer als im Wohnzimmer. Und ich bin viel zu demotiviert und lustlos, um aufzustehen.
Shit. Wieso kann er nicht mal vernünftig auf ein einfaches Kompliment eingehen? Ich wollte ihm damit doch nicht gleich eine Liebeserklärung machen, sondern nur mitteilen, dass ich gerne mit ihm herumalbere. Aber er blockt gleich alles von vornherein ab, was von mir kommt.
Bedrückt schließe ich die Augen und versuche, meinen Kopf und mein Herz auszuschalten.

***

Ich versuche es wirklich. Ganz ernsthaft und ganz fest entschlossen, aber es geht einfach nicht. Meine Nasenspitze ist eiskalt und meine Zehen und Finger sind, glaube ich, schon vor zehn Minuten abgestorben. Jetzt zieht sich die Kälte langsam meine Beine und meine Arme entlang. Ich stelle mir vor, ich würde bei fünfundzwanzig Grad im Schatten am Pool unserer Strandvilla auf Mauritius liegen, oder in ganz schwachen Momenten sogar, dass ich in meinem eigenen Bett zu Hause schlafe, aber auch das bringt nichts. Ich zittere am ganzen Körper.

Vince hat mir, als wir schlafen gegangen sind, seine Bettdecke natürlich weggeschnappt, so dass für mich nur dieses absolut nicht wärmende Wollteil übrig bleibt. Außerdem befindet sich ein Großteil meiner Sachen gerade in der Wäsche. Ich habe zwar alles an, was ich finden konnte, friere aber immer noch. Theoretisch könnte ich mir noch meine und Vince' Jacke anziehen, gefolgt von Schal und Handschuhen und dergleichen, aber...

Ich denke gar nicht richtig darüber nach, da ertappe ich mich schon dabei, wie ich, in die Wolldecke eingemummelt, vor Vince' Zimmertür stehe.

Fuck, Maxi, was tust du eigentlich hier? Du hast dir heute schon einen Arschtritt zu viel abgeholt. Muss es denn wirklich noch einer sein?

Vorsichtig öffne ich die Tür und ignoriere geflissentlich meine ekelhaft logische Stimme. »Vince?«, flüstere ich. »Bist du noch wach?«

Keine Reaktion. Ich kann nicht wirklich etwas erkennen, aber es sieht so aus, als hätte Vince sich auch unter mehreren Sachen begraben, um im Schlaf nicht aus Versehen zu erfrieren.

Ich schiebe die Tür weiter auf, schlüpfe ins Zimmer und schließe sie hinter mir wieder. Die Füße dicht am Boden, um nicht irgendwo gegen zu rennen oder drauf zu treten, schleiche ich durch den Raum, bis ich in etwa neben Vince' Bett stehe. Obwohl es hier drinnen genauso kalt ist wie in allen anderen Räumen, scheint Vince sich keinen abzufrieren, weil er sich gar nicht rührt und ganz normal atmet.

»Vince?«
Ich zucke etwas zusammen, als er ohne Zögern antwortet: »Was willst du?«
»Du bist ja doch wach.«
»Hmpf.«
»Mir ist kalt.« Es raschelt kurz und schemenhaft erkenne ich, wie er mich über die Schulter hinweg ansieht. »So kalt, dass ich nicht schlafen kann.«
Raschelnd verschwindet sein Kopf wieder in der Stoffmasse. »Kann ich nicht ändern.«
»Theoretisch«, setze ich etwas zögerlich und mit wild hämmerndem Herzschlag an, »theoretisch könntest du das doch. Also, ganz ohne Hintergedanken und so, aber du und ich unter einer Decke... oder mehreren Decken... das wäre schon mal wesentlich wärmer. Ich würde nicht fragen, wenn... ich weiß ja, dass du mich unausstehlich findest. Wenn du willst, müssen wir uns ja nicht mal berühren. Ich meine, natürlich berühren wir uns nicht. Ich werde mich auch nicht bewegen oder so. Aber... ich friere wirklich.«
Halb erwarte ich, dass er mich daraufhin auslacht oder gleich achtkantig aus seinem Zimmer wirft, aber tatsächlich sagt er erst einmal gar nichts. Mein Herz macht einen erwartungsvollen Hüpfer und schöpft sofort viel zu viel tödliche Hoffnung, während meine Füße langsam am Boden festfrieren. Unauffällig trete ich von einem Bein aufs andere, weil ich nicht will, dass er denkt, dass ich ihn so überzeugen will.
Dann höre ich es wieder rascheln. Erst mit einiger Verspätung geht mir auf, dass er eine Seite der Bettdecke einladend hochhält. Mein Pulsschlag haut mich fast von den Socken. Ein völlig beknacktes Glücksgefühl explodiert in meinem Bauch und legt kurzfristig mein Gehirn lahm, so dass ich das Bett nur wie den heiligen Gral anstarren kann.
»Nun mach' schon«, knurrt Vince nach einer Weile. »Es wird kalt.«
Das muss er mir aber nun wirklich nicht zweimal sagen. Hastig stürze ich mich aufs Bett und mummle mich in die von ihm

vorgewärmte Bettdecke ein, ohne jedoch die Wolldecke abzulegen. Sogar die Matratze ist warm! Oh Shit, wie herrlich! Und alles riecht so unglaublich intensiv nach ihm. Sein Körper ist so dicht neben mir, dass ich seine Präsenz regelrecht spüren kann. Außerdem strahlt auch er eine unglaubliche Wärme aus. Mir kribbelt es regelrecht in den Fingerspitzen, ihn anzufassen, aber nachdem ich es Vince nun versprochen habe, kann ich jetzt nicht einfach tun und lassen, was ich will. Dann bin ich schneller wieder auf der Couch, als ich »Hoppla« sagen kann.

Also rolle ich mich ganz klein zusammen und drehe ihm obendrein den Rücken zu, damit ich gar nicht erst in Versuchung komme. Mit den besten Absichten schließe ich die Augen, muss aber feststellen, dass ich die ganzen Umstände nicht ignorieren kann. Verdammt. Jetzt friere ich zwar nicht mehr wirklich, aber angespannt bin ich trotzdem. Meine Fresse, wie bin ich bloß auf die hirnverbrannte Idee gekommen, hier besser schlafen zu können? Ist ja die reinste Tortur. Und er liegt nur knapp dreißig Zentimeter neben mir!

»Du, Vince?«

»Hm.«

Wow, perfekte Einleitung für ein Gespräch, echt. Kein Wunder, dass meine Stimme schon wieder zittert, obwohl mein Kopf ziemlich warm ist. »Findest... findest du mich eigentlich wirklich so unausstehlich?«

Er schweigt ziemlich lange, so dass ich schon vermute, dass er über dieser Frage eingepennt ist, aber dann meint er matt: »Fang nicht schon wieder damit an.«

»Tu ich nicht!«, beeile ich mich, ihm zu versichern. »Nur... es... ist halt doof, wenn man... also... Gefühle für jemanden zu haben, der die so absolut gar nicht erwidert. Ver... verstehst du?«

Wieder keine Reaktion. Shit.

Mir ist danach, mir die Decke über den Kopf zu ziehen und die Rückspultaste für die letzten fünf Minuten zu drücken. Nein, doch lieber zehn.

Dann kann ich mich vielleicht von dieser bescheuerten Idee abhalten, in sein Bett zu krabbeln! Wenigstens ist es zappenduster hier drinnen, dann muss ich mir zumindest nicht angucken, wie er sich über mich lustig macht. Dafür höre ich es nach ein paar stummen Minuten wieder rascheln. Kacke, warum habe ich eigentlich den Mund aufgemacht?

»Also, weil...«, setze ich stammelnd wieder an, weil ich mich da irgendwie wieder hinauslavieren muss, »... klingt vielleicht blöd, aber ich bin das nicht gewöhnt, okay? Ich meine, nein, das klingt auch beknackt. Ich... wenn ich mich verliebt habe, hat sich der andere in der Regel auch verliebt. Oder war es schon. Oder so. Nur... nur bei dir...«

Seine Hand auf meiner Schulter unterbricht mich. Im nächsten Moment werde ich von ihm herumgerollt, so dass ich auf dem Rücken liegend zu ihm hochstarre. Mir schießt noch mehr das Blut in den Kopf, obwohl ich seinen Blick gar nicht richtig *sehen*, sondern vielmehr spüren kann. Sein Gesicht hängt irgendwo über mir, ich erkenne aber nur ein paar abstehende Haarspitzen. An der Art, wie sich seine Finger in meine Schulter bohren, merke ich, dass ich schon wieder irgendwas Falsches gesagt haben muss.

»Was?!«, will Vince dann auch schon zischend, mehr noch aber überrascht wissen.

»Was?«, echoe ich verwirrt. »Was was?«

Vince schnauft genervt. »Du hast dich...« – er stolpert merklich über das Wort – *»verliebt?!«*

»Ähm... ja? Was meinst du denn, warum ich versuche, mich dir zu nähern und dich zu küssen?«

Seine Hand verschwindet von meiner Schulter und er scheint sich damit in einer seltsam hilflosen Geste durch die Haare zu fahren. Meine Fresse, was hat er denn gedacht? Wie kann man denn so auf dem Schlauch stehen? Meint er vielleicht, ich mache mich aus Jux und Tollerei an ihn heran? Oder dass ich so eine Schlampe bin, die nach zwei Tagen ohne Sex mit jedem in die Kiste springt, der gerade greifbar ist, weil der Druck übermächtig ist?

Pff, das würde seine überaus hohe Meinung von mir natürlich perfekt abrunden!
»Vince?«, hake ich nach, als er nicht auf meine Frage eingeht.
»Okay. Okay, weißt du was? Ich stelle dir diese Frage jetzt genau einmal und du kannst absolut ehrlich sein, ohne dass ich dir dafür den Kopf abreiße, einverstanden?«
»Wieso solltest du mir den Kopf abreißen?«
»Einverstanden?«, beharrt er nachdrücklich.
Ich zucke mit den Schultern. »Ja, klar.« Sobald er mir die Frage gestellt hat, kann ich mir ja immer noch überlegen, *wie ehrlich* ich tatsächlich antworte.
»Gut.« Er holt tief Luft, zögert noch kurz und schießt dann los: »Was willst du von mir?«
»Äh...«, mache ich etwas ratlos. Was genau meint er damit? Soll ich ihm jetzt darlegen, wie ich mir eine Beziehung mit ihm im Idealfall vorstelle, oder was? Pro Tag wenigstens zehn Küsse, zwanzig schmachtende Blicke und dreißig wie auch immer geartete Berührungen? Was soll diese Scheißfrage? »Was meinst du?«
»Red' nicht drum herum.«
»Worum?« Bin ich versehentlich im falschen Gespräch gelandet? Ich kapier' nur Bahnhof!
»Warum du dir so einen Schwachsinn ausdenkst, verdammt. Was hast du davon?«
»Wov-« Urplötzlich geht mir ein Licht auf, aber es ist eine sehr schmerzhafte Erleuchtung, die einmal mit der Kraft eines Ambosses auf meinem Brustkorb aufschlägt. »Du denkst, ich denke mir nur aus, in dich verliebt zu sein?«, flüstere ich entsetzt.
»Ja.«

# 11

*Vincent*

Ich stehe kurz davor, das Licht anzuschalten, während ich noch immer auf eine Antwort von ihm warte. Ich will sehen, wie er aussieht, wenn er erkennt, dass ich ihn durchschaut habe. Offensichtlich ein großer Schock für ihn, weil er mich schon mehrere Minuten lang beharrlich anschweigt. Gleichzeitig fürchte ich mich jedoch etwas davor, was ich möglicherweise auch zu sehen bekommen könnte. Also lasse ich das Licht vorsichtshalber erst noch ausgeschaltet. Die Lampe steht eh auf seiner Seite des Bettes.

»Maxim«, fordere ich ihn nach einer Weile ungeduldig auf, »beantworte die Frage.«

»Beantwort' du zuerst meine«, faucht er biestig. »Wie bescheuert kann ein Mensch sein?«

Ich sehe den Schlag nicht kommen, also kann ich ihm auch nicht ausweichen. Im nächsten Moment trifft er mich hart an der Brust und an der Schulter, als er mich zur Seite schubst, so dass ich nicht mehr über ihn gebeugt bin.

»Fuck! Was für eine Scheißmeinung hast du Volltrottel eigentlich von mir? Brauchst du für deine grenzenlose Hornochsigkeit nicht so was wie einen Waffenschein?! Oder ein verdammtes Warnschild vor der Stirn, damit sich dir nicht aus Versehen normale Menschen nähern?«

Unkoordiniert strampelt er die zwei Decken von seinen Beinen und trifft dabei schmerzhaft meinen Oberschenkel. »Au! Verdammt. Hör auf damit.«

»Ich denk' ja nicht dran!«, bollert er. »Lieber frier' ich mir den Arsch ab, als hier neben einem herzlosen, paranoiden Scheißroboter zu liegen!« Er wühlt sich unter den Decken hervor und springt dann augenblicklich aus dem Bett heraus. Es ist mehr Glück als Geschick, dass ich ihn tatsächlich an der Taille zu fassen bekomme, als ich blind nach ihm greife.

Schnell wickle ich meinen Arm um seinen schmalen Körper und zerre ihn wieder ins Bett.
»Shit! *Lass los!*«
»Nein. Und hör auf, hier so rumzubrüllen.«
*»Ich brülle, so viel ich will!«*
Erschrocken zucke ich zusammen und spiele ernsthaft mit dem Gedanken, ihm ein Kissen aufs Gesicht zu drücken, um ihn ruhig zu kriegen, aber das hätte vielleicht doch einen etwas unangenehmen Nebeneffekt. Stattdessen schnappe ich mir seine wild herumfuchtelnden Arme und drücke sie über seinem Kopf in die Matratze, damit er mich nicht treffen oder zu packen bekommen kann. Dass ich dabei halb auf ihn drauf rutsche, beschert mir ein ganz und gar unpassendes Kribbeln in der Leistengegend, mehr noch, weil er sich hektisch unter mir hervorzuwinden versucht. Außerdem scheint die Dunkelheit jede Berührung und jede Bewegung doppelt so intensiv zu machen
»Geh runter von mir!«
»Erst wenn du mir sagst, warum du dich so aufregst.« Zugegeben, seine heftige Reaktion verblüfft mich ein wenig. Sie ist beinahe zu gut, um nur geschauspielert zu sein, aber er kann doch nicht wirklich... Wahrscheinlich unterschätze ich ihn immer noch.
»Och, du, warte mal, lass mich kurz nachdenken«, zickt er sarkastisch. »Vielleicht, weil du mich für einen intriganten Mistkerl hältst, der ohne mit der Wimper zu zucken mit dir schlafen würde, um was auch immer zu bekommen?!«
»Um was zu bekommen?«
»*Gar nichts,* verfluchte Kacke! Nur weil ich dich ein paar Mal angeschwindelt habe —«
»Ein paar Mal öfter. Ständig«, unterbreche ich ihn brüsk. »Meinst du, ich habe nicht gesehen, wie du mich angeschaut hast, wenn du irgendetwas haben wolltest?«
»Ja, am Anfang! Als es darum ging, ob ich erfriere oder nicht!«
»Und jetzt geht es um was?«
Maxim schnauft frustriert.

»Um nichts! Es geht um absolut gar nichts! Aus mir völlig unverständlichen Gründen kriege ich Herzrasen bei dir. Ich möchte dich anfassen, dich küssen und...«
Überrascht keuche ich auf, als er sich plötzlich der Länge nach an mich schmiegt und seinen Unterleib provokativ an meinem reibt. Er ist erregt. Oder zumindest auf dem besten Weg, es zu werden. Ach du Scheiße.
»... mit dir schlafen«, raunt er so verführerisch, dass es erwartungsvoll durch meine Lenden zuckt. Dann schwenkt seine Stimme wieder ins Ärgerliche um: »Und alles, was ich dafür will, sind fünfzehn Minuten deiner ungeteilten Aufmerksamkeit und vielleicht die eine oder andere Zärtlichkeit von dir.« Sein Tonfall bekommt einen unverkennbar niedergeschlagenen Klang. »Aber selbst das ist offensichtlich zu viel verlangt.«
Im Moment ja. Ich kann kaum geradeaus denken. Sein Körper unter mir ist mir so überdeutlich bewusst, dass ich den Griff um seine Handgelenke verstärken muss, weil ich sonst anfangen würde, ihn zu streicheln.
»Autsch.« Maxims Arme zucken. »Ich weiß, dass du nicht willst, also musst du nicht... äh, Vince?«
Mein Kopf ist herunter gesackt und meine Stirn lehnt nun leicht gegen seine. Obwohl es eh schon völlig dunkel ist, schließe ich die Augen und fühle noch intensiver, wie sein leicht beschleunigter Atem über meine Lippen hinweg streicht. Sein Puls am Handgelenk pocht schneller und treibt meinen automatisch auch an.
Ich kann nicht mehr. Ob er mich schon wieder anlügt oder nicht, ist mir plötzlich egal. Es klingt wenigstens ehrlich. Das muss genügen.
»Doch«, murmle ich, »ich will.«
Überraschtes Schweigen. Dann hakt er misstrauisch nach: »Du willst was?«
Anstatt einer Antwort lasse ich seine Handgelenke los und lege meine Hände rechts und links an sein Gesicht.

Mit dem Daumen streiche ich mich tastend an seiner Wange entlang, bis ich seine Lippen erreiche. Sie sind leicht geöffnet, halten aber ganz still, als ich sachte über sie hinweg fahre. Ich glaube, er hat aufgehört zu atmen.
Ich beuge mich das letzte Stück zu ihm herunter und küsse ihn. Seine Lippen sind weich und nachgiebig, und es dauert nur eine winzige Sekunde, ehe er sie gegen meine bewegt.
Er ist sofort voll dabei. Seine Zunge tastet neugierig umher und er schlingt seine Arme um mich, um mir jeden Fluchtweg von vornherein abzuschneiden. Zugleich schmiegt er sich wieder so erregend dicht an mich, dass mein Herz einen begeisterten Looping schlägt und augenblicklich alles Blut Richtung Süden pumpt. Er ist so selbstsicher in dem, was er tut, und gleichzeitig gibt er sich mir so bedenkenlos hin, dass die Mischung daraus mir komplett den Kopf vernebelt.
Seine Hände wandern von meinem Nacken den Rücken hinunter und schieben sich leicht kühl unter mein Schlafshirt, wo sie über meine erhitzte Haut streicheln. Keuchend drücke ich den Rücken etwas durch, als seine Finger eine leicht kitzelige Stelle an meiner linken Seite erwischen, und presse mich damit automatisch näher an Maxim heran.
»Kitzelig?«, grinst er, hält mich mit der einen Hand im Nacken fest und wandert mit der anderen wieder über meine linke Seite.
Empfindlich zucke ich zusammen und fische dann seine Hand unter meinem Shirt hervor. Sprechen kann und will ich nicht wirklich, weil sein Mund noch immer mit meinem beschäftigt ist. Stattdessen streiche ich nun auch an seinen Seiten entlang und schiebe einmal komplett seine zwanzig Zwiebelschichten nach oben, um dann über seinen flachen Bauch, die Rippenbögen und schließlich die Brustwarzen zu streicheln.
Maxim seufzt zufrieden auf, wofür er mich freigibt, und legt anschließend genießerisch den Kopf in den Nacken. »Shit, warum hast du eigentlich nicht eher was gesagt? Ich hab's doch gewusst.«
Ich spare mir wieder eine Antwort und küsse seinen Hals genau

da, wo der Puls unter der Haut hämmert, als bestreite er einen Triathlon. Anschließend versuche ich, ihn von einigen seiner Oberteile zu befreien, um endlich nackte Haut zu spüren, wenn ich sie schon nicht sehen kann. Aber das ist gar nicht so einfach, wenn man halb auf ihm liegt und er wie zu einer antarktischen Expedition angezogen ist.

»Du hast zu viel an«, murmle ich und kämpfe schon mit dem ersten Pullover, weil sich die dazugehörige Kapuze irgendwo verhakt hat.

»War ja auch arschkalt im Wohnzimmer.« Er reibt sich an mir und ich höre das Grinsen aus seiner Stimme heraus, als er mich aufächzen hört. »Aber hier ist's warm.«

»Hmpf.« Ich friemle weiter an seinen Klamotten herum.

Maxim lacht, dann legt sich seine Hand über meine. »Lass mich. Es sei denn, du kommst während der kurzen Pause plötzlich wieder zur Vernunft. Wie beim letzten Mal.«

Das dürfte schwierig werden, so wie es in meinem Unterleib pocht. Ich frage mich, ob er überhaupt weiß, wie sehr er mich anmacht. Oder wie das Ganze hier funktioniert. Ach du Scheiße. Habe ich noch gar nicht dran gedacht, weil er in allem so sicher ist.

»Maxim –«

»Fuck«, unterbricht er mich. »Ich wusste es! Nicht denken!«

Er packt mich und rollt sich im nächsten Moment mit mir herum, so dass er nun auf mir sitzt und sich hektisch seine zig Schichten über den Kopf zerrt. Dass er sich dabei anregend auf mir bewegt, bekommt er offensichtlich nur am Rande mit. Denn als ich stöhnend meine Hände an seine Hüften lege, um ihn wahlweise aufzuhalten oder anzutreiben, verstärkt er die Reibung noch ein bisschen. Gott, er hat wirklich keine Ahnung, was er hier mit mir macht. Oder er unterschätzt meine Selbstbeherrschung ganz gewaltig. Schließlich kann ich ihn aber doch dazu bringen, aufzuhören.

»Weißt du überhaupt...«, fange ich etwas atemlos an, um dann noch mal neu anzusetzen: »Ich meine, hast du... schon mal –«

Er beugt sich zu mir runter und verwickelt mich in einen verstörend langen, intensiven Kuss. »Ja, hab' schon mal. War das deine einzige Sorge?« Er schiebt mein Shirt hoch – »Dann können wir jetzt ja weitermachen!« – und zieht es mir über den Kopf. Sein Mund senkt sich heiß und unerwartet auf meine nackte Brust, so dass ich ihm leicht entgegen zucke, und wandert dann suchend weiter zu meiner rechten Brustwarze.

Verdammt. Das gibt's doch nicht.

Seufzend fahre ich an seinen Armen hinauf, weiter über die Schultern und den Rücken und spüre dabei, wie er unter der Berührung leicht erschauert, besonders als ich sein Steißbein erreiche und mit der Hand in die Jogginghose hineinfahre. Langsam streichle ich über seinen nackten Hintern und teste vorsichtig aus, wie er auf meine Finger reagiert, wenn sie nur leicht an ihm entlang streichen. Vielleicht hat er mich ja wieder angelogen.

Scheint ihm aber nichts auszumachen. Im Gegenteil. Trotzdem dirigiere ich sein Gesicht mit der freien Hand wieder hoch zu mir. Obwohl ich ihn fast nicht erkennen kann, starre ich ihn in der Dunkelheit an und frage rau: »Aktiv oder passiv?«

Er zuckt weder zusammen, noch erstarrt er oder zögert. »Bei dir? Passiv«, antwortet er ohne Scheu oder das geringste Anzeichen von Unwohlsein.

»Bei mir?« Mit wie viel Erfahrung kann er sich denn bitte schön rühmen, dass er solche Aussagen machen kann?

»Ja«, entgegnet er fest. »Ich kann an nichts anderes mehr denken.«

Grandios. Ich jetzt auch nicht mehr. Außerdem bin ich in diesem Moment doch wieder ganz froh, dass das Licht ausgeschaltet ist. Ich möchte ihm so gerne glauben, dass er das alles ernst meint, aber ein winziger Funken Zweifel ist immer noch da. Im Dunkeln kann ich den aber ausblenden. Buchstäblich.

Ich ziehe sein Gesicht wieder zu mir runter und küsse ihn erneut. Gleichzeitig drehe ich mich mit ihm wieder herum und schiebe mich über ihn. Von seinem Mund aus küsse und lecke ich mich über seinen Hals und seine Brust allmählich abwärts und spü-

re dabei deutlich, wie sein Herz flattert und sich seine Muskeln zitternd zusammenziehen. Sein Atem klingt etwas abgehackt und zwischendurch gibt er immer wieder erregende kleine Laute von sich, die mich ganz wahnsinnig machen.
Am Bund der Jogginghose angekommen, helfe ich mit meinen Händen nach, um sie ihm mitsamt Shorts von den Hüften zu ziehen. Dann wandere ich mit meinen Lippen weiter, umkreise sein steifes Glied und streife nur kurz seine Hoden.
Maxim zuckt zusammen. »Also, wow...«, bringt er keuchend hervor, »vielleicht solltest du... langsam mal anfangen, hm? Nur so als Tipp.«
Ich rutsche wieder an ihm hoch. »Okay. Wenn du willst.«
»Soll ich's dir schriftlich geben?«, will er spöttelnd wissen. Na, so dringend kann's ja noch nicht sein, wenn er noch solche Sprüche zustande bringt. »Damit du dich absichern kannst?«
»Danke, ich verzichte.«
»Oho, hört, hört.« Seine Finger nesteln an meiner Pyjamahose herum, die ich mir wegen der Kälte übergezogen habe. »Oder fragst du«, bringt er plötzlich wieder etwas unsicher an, während er die Hose nach unten zerrt, »weil du doch nicht... oh.« Ohne Vorwarnung umschließt er mich. Mir entfährt ein dunkles Stöhnen und die Lust zuckt wie ein Blitz einmal durch meinen ganzen Körper. »Du willst ja tatsächlich«, bemerkt Maxim beinahe erstaunt, ehe er sein Selbstbewusstsein wiederfindet und seine Hand aufreizend bewegt. »Ich wusste es.«
»Klugscheißer«, ächze ich und ziehe seine Hand weg, um mich zum Nachttisch rüberzulehnen und blind Kondome und Gleitgel daraus hervorzufischen.
»Warum hast du dich so lange geziert?«
Himmel! Als ob ich da jetzt drüber diskutieren möchte!
Ich drehe etwas den Kopf und verschließe seinen Mund mit einem weiteren Kuss. Wenn er mich das morgen immer noch fragen möchte, habe ich mir bis dahin eine glaubwürdige Ausrede zurecht gelegt.

Jetzt gerade fehlt mir dazu das funktionstüchtige Hirn.
Etwas umständlich befreie ich mich von meiner Hose und spreize dann seine Beine, während ich ihn noch immer küsse. Sein Atem beschleunigt sich noch einmal etwas und er erschauert immer wieder in unregelmäßigen Abständen. Als ich anfange, zusätzlich über seinen Oberkörper zu streicheln, seufzt er hingebungsvoll in den Kuss hinein.
Kurz lasse ich von ihm ab, um mir das Kondom überzurollen und beuge mich dann wieder über ihn. Ich kann es zwar nicht wirklich erkennen, spüre dafür aber überdeutlich, wie er mich die ganze Zeit ansieht. Das Gefühl ist so intensiv, dass es mir elektrisierend den Rücken entlang kribbelt.
Maxim lacht leise, als würde er ganz genau wissen, wie es in mir aussieht. Dann hebt er eine Hand an und legt sie – mit einigen Anlaufschwierigkeiten – zärtlich an meine Wange. »Du darfst anfangen.«
Ach.
Unwillig verziehe ich etwas den Mund, bringe mich dann aber in Position und dringe vorsichtig in ihn ein. Mir bleibt beinahe die Luft weg. Er umschließt mich ganz fest und fühlt sich so absolut wunderbar an, dass ich aufpassen muss, nicht den Verstand zu verlieren. Der ist nämlich gerade das Einzige, was mich davon abhält, ihn zu packen und rücksichtslos zu erobern.
Maxim stöhnt schon tief auf, da bin ich noch nicht ganz in ihm. Seine Hand rutscht von meiner Wange und es raschelt etwas, als er keuchend den Kopf in den Nacken legt. Gleichzeitig windet sich sein Körper so aufreizend unter mir, so dass ich ganz in ihn hinein gleite und Maxim ein unglaubliches, atemloses Stöhnen entfährt.
Auch ich seufze erregt auf und versuche, meinen hämmernden Herzschlag ein paar Sekunden lang unter Kontrolle zu halten, damit er sich an mich gewöhnen kann. Aber Maxim lässt mir gar keine Gelegenheit dazu. Er drängt sich an mich und seine Hände streichen fahrig meine Arme nach oben, über die Schultern und den Rücken hinweg bis sie an meinem Hintern angekommen sind

und sich seine Finger aufreizend hinein krallen.
»Nicht aufhören«, haucht er so lustvoll, dass ich schon allein vom Klang seiner Stimme kommen könnte.
»Hab' doch noch gar nicht angefangen«, murmle ich zurück. In der Dunkelheit wandere ich mit den Händen übers Laken und taste nach seinem Gesicht, um sanft darüber hinweg zu streichen.
»Eben.«
Wieder bewegt er sich mir entgegen, so dass ich gar nicht anders kann, als dem nachzugeben. Ich bemühe mich um Rücksicht, kann aber irgendwann einfach nicht mehr denken, als ich immer wieder in ihn stoße. Ich höre seinen keuchenden Atem, der sich mit meinem vermischt, wenn ich ihn küsse, spüre seine verschwitzte Haut unter meinen Fingern glühen und fühle mein wild pochendes Herz, das sich vor lauter Glück überschlagen möchte. Mit einer Hand umschließe ich sein Glied und streiche daran entlang. Maxim gibt ein überraschtes Aufstöhnen von sich und bohrt seine Finger in meine Oberarme. Ich merke, wie sich der Druck in mir immer weiter aufstaut. Auch Maxim scheint es nicht anders zu ergehen. Seine Bewegungen werden schneller, sein Atem abgehackter, bis er sogar noch vor mir kommt. Anschließend klammern wir uns nach Atem ringend aneinander, während wir ausgelaugt auf dem Bett liegen, ich auf ihm. Und ich muss gestehen: Kalt ist mir jetzt definitiv nicht mehr.
Ich stütze mich auf die Arme und hebe den Kopf aus seiner Halsbeuge, als er mir in derselben Sekunde entgegen kommt und mir einen liebevollen Kuss auf den Mund drückt. Seine Lippen verziehen sich dabei zu einem kleinen Lächeln.
»Und jetzt sag' mir noch mal, du findest mich unausstehlich, nicht scharf und willst nichts von mir.«
Ich schnaufe genervt und rolle mit den Augen. War ja klar. Ich weiß nicht, was ich erwartet habe, aber dass er mir so offensichtlich vor den Kopf knallt, dass er nur sein riesengroßes Ego bestätigt sehen wollte, ganz bestimmt nicht. »Grandios. Freu dich.«

Als ich mich von ihm herunterrollen will, hält er mich fest. »Nein, so war das nicht gemeint. Shit, glaub' mir doch nicht immer alles.«
»Tu ich nicht.«
»Nee. Du glaubst mir bloß die richtigen Sachen nicht und die falschen schon.«
»Was?«
Maxim stöhnt frustriert auf. »Ich bin in dich verliebt, du Trottel. Ganz ernsthaft und ohne Tricks.«
Ich starre nach unten, etwa dahin, wo sein Gesicht sein müsste, und verfluche zur Abwechslung mal wieder die Dunkelheit, nachdem ich sie eben noch gutgeheißen habe. Kurzerhand befreie ich mich aus seinem Griff und lehne mich zum Nachttisch rüber, um verspätet die Lampe darauf doch noch einzuschalten. Obwohl die Glühbirne darin normalerweise nicht die meiste Leuchtkraft besitzt, wirkt sie nach der langen Dunkelheit doch extrem hell. Ich muss die Augen kurz zusammenkneifen und auch Maxim gibt ein brummendes Geräusch von sich und legt einen Arm über seine Augen.
»Was wird das jetzt? Sex im Dunkeln ja, Liebeserklärungen nein?«
Ich blinzle ihn an, nachdem sich meine Augen an die veränderten Lichtverhältnisse gewöhnt haben, und muss beinahe lachen. In einem Satz: Er sieht aus, als hätte er gerade guten Sex gehabt.
Und darüber hinaus absolut wunderbar, wie mir auf den zweiten Blick klar wird. Mein Herz trommelt einen stürmischen Rhythmus und ziept gleichzeitig.
»Wenn du nicht meinst, was du gesagt hast, warum sagst du es dann?«
Maxim verzieht das Gesicht und linst mich unter seinem Arm hervor an. »Du meine Fresse, keine komplizierten Sätze nach'm Vögeln, okay?«
Offensichtlich will er darüber nicht reden, ergo habe ich doch Recht gehabt. Scheiße, und ich lasse mich immer wieder von ihm blenden.
Um mich von dem Gedanken abzulenken, greife ich abermals zum

Nachtschrank rüber und verteile ein paar Taschentücher an ihn und mich, damit wir uns wenigstens notdürftig säubern können. Zum Aufstehen kann ich mich gerade nicht überreden.
»Hey.« Er nimmt den Arm vom Gesicht und berührt mich vertraulich am Unterarm. »Ich meine das *wirklich* ernst. Ich weiß nicht, warum ich dir immer alles schriftlich geben muss. Ich... es hat nun mal an meinem Ego gekratzt, okay. Aber offensichtlich hast du ja auch gelogen, sonst wären wir schon viel eher hier gelandet.« Er grinst frech und seine Hand springt von meinem Arm direkt zu meiner Brust. »Und du kannst jetzt nicht behaupten, dass es scheiße war.«
Bestimmt schiebe ich seine Hand weg. »Lass uns morgen weiter streiten. Ich bin müde.«
Maxim rollt genervt mit den Augen. »Nein. Ich will mich gar nicht mehr mit dir streiten, also regeln wir das jetzt. Es tut mir Leid, was ich gerade gesagt hab', war nicht so gemeint. Ich freue mich, dass du mir nachgegeben hast, auch wenn ich nicht verstehe, warum du mich deswegen vorher angelogen hast. Ist doch nichts dabei, jemanden attraktiv zu finden.« Er wiegt leicht den Kopf. »Klar, es wäre schöner für mich, wenn du auch was für mich empfinden würdest, aber —«
Einer Eingebung folgend, beuge ich mich zu ihm rüber und verschließe seine Lippen mit einem langen und sehr intensiven Kuss, der Maxim am Ende ein bisschen atemlos zurücklässt. Keinen Schimmer, wie er diese Tiraden immer hinbekommt. Seinem verblüfften Gesichtsausdruck nach hat er mich jedoch auch so verstanden.
»Wow.« Erstaunt blinzelt er mich an. »Heißt... heißt das, was ich denke, dass es heißt?«
»Vermutlich schon.«
Impulsiv schlägt er mir gegen die Schulter. »Mann, kannst du nicht einmal den Mund aufmachen, verdammt?« Seine Arme schlängeln sich in meinen Nacken und um meinen Körper und ziehen mich wieder dichter zu ihm rüber, bis ich halb auf ihm

liege. Auffordernd sieht er mich an und streichelt währenddessen zärtlich meinen Nacken.
Trotzdem kann ich ihm noch nicht ganz vertrauen und mich blindlings fallen lassen, ringe mich aber trotzdem zu einem: »Ich fürchte, du bist für mich mehr als nur attraktiv«, durch.
Obwohl ihn die Antwort nicht zu hundert Prozent zufrieden stellt, lächelt er glücklich. »Okay. Das reicht mir. Vorerst. *Jetzt* können wir von mir aus eine Runde schlafen.«

***

Am nächsten Morgen bin ich natürlich vor ihm wach. Auch der Wecker wird erst in einer Viertelstunde klingeln, aber ich spiele bereits mit dem Gedanken, die ersten zwei Stunden Politik sausen zu lassen. Maxim liegt ziemlich dicht an mich gekuschelt, aber da die Heizung immer noch nicht funktioniert, bin ich sogar dankbar für die Wärme, die er ausstrahlt.
Ich bin mir noch nicht so ganz sicher, was das in der Nacht nun tatsächlich gewesen ist. Maxim scheint ja drauf zu pochen, dass er in mich verliebt ist, und wenn ich mich recht erinnere, habe ich ihm auch irgendwie mitgeteilt, dass er mir nicht ganz gleichgültig ist. Schon seltsam. Wie ist das überhaupt passiert?
Nachdenklich streiche ich ihm durch die abenteuerlich gefärbten Haare und schaue ihm dabei ins schlafende Gesicht. So entspannt sieht er tatsächlich nicht im Geringsten unausstehlich aus. Das kommt nur dadurch, dass er manchmal zu viel redet. Wobei ich mich inzwischen sogar daran gewöhnt zu haben scheine, weil ich mich schon jetzt frage, mit was er mich gleich überfällt, wenn er wach wird. Verrückt.
Als um halb sieben plötzlich der Wecker klingelt, reißt er mich regelrecht aus meiner stummen Betrachtung, während Maxim instinktiv zusammenzuckt und noch näher rückt. Er brummelt irgendetwas, seufzt und tastet anschließend aus Gewohnheit nach dem Wecker, wobei er jedoch nur meine Wand erwischt.

Er versucht es mit der anderen Richtung, kann aber nicht ganz um mich herum greifen und streift verpeilt meine Seite.
Mit einem kleinen Lächeln auf den Lippen helfe ich ihm schließlich und schalte den Wecker aus. Zufrieden murmelt Maxim unverständliches Zeug vor sich hin, ruckelt sich in eine bequemere Position – alles, ohne auch nur einmal die Augen aufzumachen – und würde sicherlich innerhalb der nächsten zwei Sekunden wieder wegpennen, wenn ich ihn nicht wach halte.
»Hey.« Ich drücke meine Lippen sanft gegen seine Schläfe. »Nicht wieder einschlafen.«
»Schlaf' nich'«, nuschelt er undeutlich und umklammert die Decke fester. »Noch fünf Minut'n.«
Von mir aus auch fünf Stunden, wenn er mich so lieb darum bittet. Die Entscheidung, nicht zu Politik zu gehen, ist soeben gefallen. Stattdessen sehe ich ihm beim Einschlafen zu und beobachte ihn anschließend weiter. Es ist bestimmt eine gute Stunde später, ehe er urplötzlich zusammenfährt und den Kopf hochreißt.
»Hm? Wie spät?«
»Halb acht.«
»Shit! Ich muss zur Schule!« Er ist schon dabei, sich in Windeseile aus dem Bett zu wühlen, da halte ich ihn grinsend auf.
»Wenn überhaupt, muss ich zur Schule. Nicht du. Beruhig' dich wieder.«
»Was?« Verwirrt fährt er sich mit den Händen übers Gesicht und blinkt mich dann an. Seine Wangen verfärben sich leicht, als er mich endlich erkennt. »Oh. Hi. Morgen.«
»Morgen.«
»Ich hab'... ich war gerade...« Er lässt den Satz in einer nichtssagenden Geste enden und runzelt dann die Stirn. »Wieso bist du noch da? Wenn du zur Schule musst, meine ich?«
»Ich schwänze.«
»Ach so. Na klar.« Inzwischen weiß ich ja, dass er morgens immer etwas braucht, um in die Gänge zu kommen, aber das Grinsen, das jetzt auf seinem Gesicht auftaucht, hat auch schon mal länger auf

sich warten lassen. »Etwa wegen mir?«
»Nö, wegen der Abgase.«
Er geht nur insofern darauf ein, dass er mich kurz in die Seite zwickt, dann schmiegt er sich wieder an mich. »Was hast du denn Schönes mit mir vor?«, säuselt er, während seine Hände schon auf Wanderschaft gehen. Sofort fängt es überall zu kribbeln an.
»Hm, frühstücken, einkaufen, dir die Funktionsweise der Waschmaschine erklären...«
Er schnauft und drückt mich dann auf den Rücken, um sich auf mich zu schieben. »Ich weiß noch was Besseres.«
»Tatsächlich?«
Zu mehr blöden Fragen komme ich nicht mehr, weil er sich erst auf meinen Mund und dann auf meinen Körper stürzt. Ich habe beinahe das Gefühl, dass er die Dunkelheit von gestern wettmachen möchte, weil es anschließend ganz bestimmt kein Fleckchen Haut gibt, das er nicht mit seinen Fingerspitzen oder Lippen liebkost hat. Ich versuche, es ihm gleichzumachen, bin aber längst nicht so geduldig wie er und begnüge mich damit, ihn dieses Mal wenigstens anschauen zu können.
Es verursacht ein ganz und gar unglaubliches Gefühl in meiner Brust, wenn ich sehe, wie er vor Lust die Augen schließt, den Kopf genießerisch in den Nacken legt oder sich mir entgegen wölbt. Ich kann gar nicht damit aufhören, ihn zu berühren und die anschließende Reaktion zu beobachten, bis er mich schließlich atemlos und zitternd vor Erregung darum bittet, ihn zu nehmen.
Hm, vielleicht sollte ich einfach spontan den ganzen Tag blau machen. Wenn ich Maxim jedenfalls so ansehe, wie er hinterher etwas erschlagen auf dem Bauch neben mir liegt, vergeht mir so ziemlich jede Lust auf Schule.
Er dreht den Kopf, bis er mich ansehen kann. Halb erwarte ich, dass er mir wieder irgendetwas brennend Wichtiges zu sagen hat, aber ausnahmsweise begnügt er sich mit Schweigen. Er sieht mich einfach nur an, und je länger er das tut, desto stärker bringen diese hellgrünen Augen meinen Puls aus dem Takt.

Irgendwann frage ich schließlich: »Was ist?« Eine vollkommen bescheuerte Frage, ich weiß. Aber wenn er nicht bald mal wieder zu sprechen anfängt, müsste ich noch als erster den Blickkontakt unterbrechen.

»Nichts. – Oder doch.« Er dreht sich auf die Seite und stützt seinen Kopf mit der Hand auf. »Aber nur, wenn du mir versprichst, nicht auszuticken. Oder wieder griesgrämig zu werden.«

Ich ziehe eine Augenbraue hoch. »Wenn du schon so anfängst, will ich's gar nicht wissen.«

Maxim verzieht die Mundwinkel. »Machst du das eigentlich immer? Wenn's kompliziert wird, geht's dich plötzlich nichts mehr an. Ein Hurra auf die Unwissenheit. Aber eins sag' ich dir: Einmal ist keinmal, Vince. Dementsprechend bedeutet das zwischen uns schon was. So leicht kommst du da nicht mehr raus.«

»Hört sich an wie eine Drohung«, spotte ich und frage mich gleichzeitig, was zum Teufel er damit meint?

»Na, du kannst den Sex zumindest nicht unter einer vorübergehenden, geistigen Umnachtung verbuchen, solltest du plötzlich wieder zu viel denken und auf Abstand zu mir gehen wollen.«

»Aha.« Wozu sollte ich das wollen? »War das alles, was du mir mitteilen wolltest?«

»Nein. Eigentlich wollte ich dich was fragen.« Ich mache eine auffordernde Handbewegung, als er nicht von sich aus weiter spricht. »Was ist das mit dir und Patrizia?«

»Wieso?«, will ich überrascht wissen, weil ich mich irgendwie auf etwas anderes gefasst gemacht habe.

Er zuckt mit den Schultern. »Es interessiert mich nur.«

Und mich wundert es, dass er erst jetzt fragt, wenn es ihn wirklich interessiert. Immerhin hat er schon gesehen, was für einen tollen Umgang wir zwei miteinander pflegen.

»Wir waren – mit etlichen Unterbrechungen – zwei Jahre lang zusammen und sind es seit ungefähr zwei Jahren nicht mehr«, fasse ich zusammen.

»Wow«, spottet Maxim. »Ist das alles?«

»Was willst du denn noch wissen?«, fahre ich ihn etwas harsch an und habe dafür gleich seinen ausgestreckten Zeigefinger im Gesicht.

»Aha!«, triumphiert er. »Ich hab' gewusst, dass du austicken wirst! Warum?«

»Warum?«, echoe ich. »Vielleicht ist es dir nicht aufgefallen, aber wir sind nicht im Guten auseinander gegangen.«

»Weil sie immer noch was von dir will.«

»Richtig.«

»Obwohl du schwul bist und sie das weiß?«

»Ja.«

Er runzelt die Stirn. »Versteh' ich nicht.«

»Ich auch nicht.«

Und das ist keinesfalls gelogen, aber ich weiß nicht, ob ich Maxim das näher erläutern möchte. Er scheint jedoch darauf zu vertrauen, dass ich es ihm schon sagen werde, weil er mich eine ganze Zeit lang schweigend meinen eigenen Gedanken überlässt und beinahe geduldig darauf wartet, dass ich es ihm erkläre. Ein Zug, den ich noch gar nicht an ihm kenne. Andererseits will er etwas von mir – Informationen – und da hat er sich bisher immer den richtigen Weg herauspicken können, es auch zu bekommen.

»Ich...«, setze ich schließlich zögerlich an, »ich glaube, sie mag mich wirklich. Immer noch. Trotz allem.« Ich warte regelrecht auf die Zwischenfrage, trotz was, aber er stellt sie nicht.

Nach geschlagenen dreißig Sekunden fahre ich fort: »Ich bin ein halbes Jahr nach dem Tod meiner Eltern mit ihr zusammengekommen. Ein Autounfall. Sie waren zu einem Wochenendausflug unterwegs und haben mich bei meiner Oma gelassen.«

Ich sehe kurz zu ihm rüber, aber er sieht zum Glück nicht so aus, als würde er jeden Moment aus Mitleid in Tränen ausbrechen oder so was in der Art. Käme auch etwas spät. Mittlerweile kann ich damit umgehen.

»Das Ganze hat mich ziemlich aus der Bahn geworfen und... ich hab' eine Menge Scheiße gebaut.«

Mit einem Lächeln unterbricht er mich: »Du?«
»Ja.«
Das war nicht die Antwort, die er haben wollte, denn er hakt noch mal nach: »Zum Beispiel?«
Ich zucke mit den Schultern. »Was man als Teenager so machen kann. Es ging mit Schule schwänzen und Streitereien mit jedem und allem los und endete irgendwann in Prügeleien und Ladendiebstahl.«
»Also kommt dein Mafiosi-Gehabe doch nicht von ungefähr.«
»Was?«
»Ach, vergiss es. – Erzähl weiter.«
Ich schnaufe. »Das ist hier keine Märchenstunde.«
Er klimpert unschuldig mit den Wimpern und rollt sich auf den Rücken, um mich von unten her anzublinzeln. Die Decke rutscht bis zu seinem Bauchnabel hinunter, aber da es immer noch sehr kalt im Zimmer ist, zieht er sie schnell wieder hoch. »Also wirst du am Ende nicht mit mir in den Sonnenuntergang reiten?«
Ein bisschen grinsen muss ich schon, als ich ihm einen leichten Stoß gegen die Schulter versetze. »Niemals.«
»Hey! Das war ernst gemeint!«
»Natürlich. Ich lass' gleich das Pferd satteln, Eure Majestät Sander zu Carlbergen.«
»Spielverderber.« Er verzieht die Mundwinkel. »Also – Auftritt der bösen Hexe.«
Obwohl es mir zutiefst widerstrebt, das zu sagen, tue ich es nach kurzer Überlegung doch: »So ist sie gar nicht.«
»Ach nein?«, spöttelt Maxim. »Dann muss sie eine böse Zwillingsschwester haben.«
»Wie gesagt«, lenke ich ab, »ich glaube, sie hatte... hat mich wirklich ganz gern. Unverständlicherweise, weil ich zu dem Zeitpunkt, als wir zusammengekommen sind, ein Riesenarschloch war.«
»Und jetzt bist du nur noch ein winziges Arschloch?« Die Vorlage ist ohne Zweifel da gewesen, trotzdem rolle ich bei diesem Kommentar genervt mit den Augen, woraufhin Maxim schnell meint:

»Okay, sorry. Das war natürlich nicht so gemeint. Von jetzt an sag' ich nix mehr.«
Das glaube ich erst, wenn ich's höre.
»Ich war ziemlich oft ziemlich mies zu ihr, immer wenn's mir schlecht ging und alles wieder hochkam.« Ich zucke wieder mit den Schultern. »Trotzdem war sie meine erste richtige Freundin und ich ihr erster Freund. Wir haben miteinander geschlafen, uns gestritten, getrennt, wieder versöhnt, ein paar relativ nette Tage zusammen gehabt und dann ging alles wieder von vorne los. Zwei Jahre lang, wie gesagt. Irgendwann hab' ich dann gemerkt, dass ich schwul bin, Patrizia links liegen gelassen und... ein bisschen rumprobiert.«
Maxims Augenbrauen wandern nach oben. »Aha?«
»Hm-hm. War auch keine ruhige Zeit.« Ich habe keine Lust, das weiter auszuführen. »Dann hat meine Oma einen Herzinfarkt erlitten und musste ins Krankenhaus. War ein ziemlich einschneidendes Erlebnis, weil ich...« Ich gerate ins Stocken, aber Maxim führt den Satz ohne Probleme zu Ende: »Weil du sie nicht auch noch verlieren wolltest.«
»Ja.« Es ist einfacher, so was zu bejahen, als selbst auszusprechen. »Ich hab' das alles abgehakt und versuche seitdem... na ja, zu retten, was zu retten ist.«
Maxim nickt, als würde er das alles nachvollziehen können. »Was machst du nach dem Abi?«
Unheimlich, wie scharfsinnig er diese Frage in genau diesem Augenblick stellt. »Hoffentlich irgendwo arbeiten.« Und sei es als Lagerarbeiter im Supermarkt.
Nachdenklich runzelt Maxim die Stirn, als müsste er sich über irgendetwas klar werden, spricht es dann aber doch nicht aus, weil er einen Blick auf den Wecker auf dem Nachtschrank wirft. »Und ich halt' dich von der Schule ab.«
»Quatsch«, schnaube ich. »So was entscheide ich gerade noch allein. Außerdem hatte ich schon vor, gleich noch irgendwann hinzugehen.«

»Ich könnte in der Zwischenzeit einkaufen gehen.« Als ich ihn daraufhin nur skeptisch ansehe, muss er grinsen. »Natürlich nicht umsonst.«
»Natürlich.«
Er reckt sich mir entgegen. »Für einen Kuss?«
Na, das ist ein Preis, den ich gerade noch so bezahlen kann.
Ich beuge mich zu ihm hinunter, lege sanft meine Lippen auf seine und verfange mich in ein etwas zu lang andauerndes Spiel mit seiner Zunge. Aber als ich mich wieder aufrichten will, legt sich seine Hand eilig in meinen Nacken.
»Oder zwei...?«, haucht er und küsst mich gleich noch mal.
»So komme ich nie zur Schule.«
»Gleich«, verspricht er und presst seinen Mund wieder auf meinen. Anschließend gibt er mich so weit frei, dass er mir, ohne zu schielen, sehr ernsthaft in die Augen sehen kann. »Glaubst du mir jetzt eigentlich?«
»Was?«
»Dass ich in dich verliebt bin.«
Ich zögere kurz und will eigentlich halbwegs vernünftig über diese Frage nachdenken, aber mein Herz schlägt lauter in meinen Ohren, als die Gedanken nachhallen.
»Ja«, sage ich daher einfach.

# 12

*Maxi*

Vince verlässt gegen neun das Haus, um wenigstens noch zur dritten Stunde in der Schule zu sein. Ich gehe kurz nach ihm. In meiner Tasche steckt wieder ein Zehner, eine Einkaufsliste und ein Schlüssel. *Der* Schlüssel, um genau zu sein. Vince' Ersatzhausschlüssel.

Ich dachte, mir bleibt das Herz stehen, als er mir das Ding vorhin in die Hand gedrückt hat. Ich meine, er hat sich beinahe zwei Wochen lang geziert, mir überhaupt auch nur zwei Zentimeter weit über den Weg zu trauen – und plötzlich schläft er nicht nur mit mir, *zweimal*, sondern überlässt mir auch noch seinen Hausschlüssel! Und ganz davon abgesehen, hat er heute Morgen mehr mit mir geredet als in der ganzen vergangenen Zeit zusammen. Und das auch noch am Stück! Und er hat sich mir geöffnet. Er hat mir was von sich erzählt, sich mir *anvertraut* wie... wie... shit, wie bei einem richtigen Paar!

Wow, cool bleiben, Maxi, sonst kippst du gleich noch versehentlich aus den Latschen, Hyperventilation vom Feinsten!

Aber, halleluja, wenn ich an die Nacht und die kleine Session heute Morgen zurückdenke, wird mir ganz wabbelig in den Beinen. Ich hätte definitiv absolut nix dagegen, wenn wir das – als Paar – demnächst häufiger tun würden! Ich hab' mir ja schon so einiges vorgestellt, aber die Realität schlägt die Phantasie da doch um Längen. Niemals hätte ich gedacht, dass Vince so... so... erschlagend zärtlich und gleichzeitig so einfühlsam ist. Er ist so vorsichtig gewesen, als hätte er mir zwischenzeitlich immer mal wieder nicht geglaubt, dass das mit ihm nicht mein erstes Mal ist. Wenn ich ihn ab und an nicht ein wenig angetrieben hätte, wären wir wahrscheinlich jetzt noch beim Vorspiel!

Der Gedanke schickt ein angenehmes Kribbeln meinen Rücken hinunter und ich erschauere wohlig, als ich nach einer Dreier-

packung Paprika greife. Die Frau mit Kinderwagen neben mir schaut mich kurz etwas befremdlich an, schnappt sich dann selbst ihre Paprika und verschwindet etwas zu hastig in Richtung Kühlregal.
Jau, da gehörst du auch hin. Meine Fresse. Kann man hier nicht mal unbeobachtet ein bisschen in Sexerinnerungen schwelgen, ohne gleich für seltsam gehalten zu werden?
Mhm, Vince' sehnige Hände überall auf meinem Körper, liebkosend, streichelnd... Seine Lippen, so warm und sanft und *überall*... Hilfe, vielleicht sollte ich mich doch nicht *so detailliert* daran zurückerinnern. Aber es ist total verrückt. Schon von dem bisschen hat er mich total süchtig gemacht. Meine Haut kribbelt beim bloßen Gedanken an ihn und schon jetzt ist die Sehnsucht nach weiteren Berührungen so erschreckend stark, dass ich mich frage, was ich machen werde, wenn ich ihm wieder gegenüberstehe. Erst noch kurz Hallo sagen oder mich gleich an seine Lippen hängen? Jedenfalls ist es absolut unverantwortlich von ihm, mich ewig und drei Tage allein zu lassen. Ich meine, erst hängt er zig Stunden in der Schule fest, kommt dann kurz für einen Zwischenstopp zurück in die Wohnung, nur um dann gleich weiter zur Glühweinbude zu hetzen. Und abends, wenn er endlich mal mehr Stunden am Stück zu Hause ist, muss er wahrscheinlich schlafen – wie bescheuert ist das denn?
Daher liefere ich erst die Einkäufe in seiner Wohnung ab und bemühe mich dabei um totale Lautlosigkeit, damit Agnes nicht denkt, ihr steigt jemand aufs Dach, um dann passend zur letzten Stunde zu Vince' Schule zu dackeln und ihn abzuholen. Wäre natürlich auch schön gewesen, ich hätte schon mal was zum Mittagessen vorbereiten können, aber so der Gourmetkoch bin ich leider auch nicht. Außerdem weiß ich nicht, ob sich Vince' Zärtlichkeit auch auf den Bereich hin ausdehnt, wenn es ums Essen und die teuer eingekauften Lebensmittel geht. Immerhin muss auch noch ein Handwerker wegen der Heizung vorbeikommen.
Da ich etwas früher da bin, ehe die Schulglocke das Ende der

sechsten Stunde verkündet, bekomme ich das so befreiende Klingeln noch mit. Prompt packt mich dabei ein wenig das Heimweh. Nicht unbedingt nach meinem *tatsächlichen* Heim, sondern vielmehr nach meiner Schule. Klingt bestimmt vollkommen lächerlich, aber nach rund drei Wochen Schulentzug ist es doch seltsam, nicht im Klassenzimmer zu hocken, während man ganz genau weiß, dass alle anderen das müssen. Ich frage mich, ob ich den ganzen Stoff, den ich verpasse, überhaupt jemals wieder aufholen kann. Ich bin zwar nicht total verblödet, aber in drei Wochen kann in mehr als zehn verschiedenen Schulfächern schon eine ganze Menge passieren. Aber eigentlich habe ich gerade jetzt nicht vor, demnächst ins tausend Kilometer entfernte Düsseldorf zurückzukehren und noch viel weniger ins Nirwana nach England. Das wäre viel zu weit weg von Vince und obendrein ein zu leichter Weg für ihn, mich einfach aus seinem Gedächtnis zu streichen. Er hat mir heute Morgen zwar noch gesagt, dass er mir glaubt, dass ich in ihn verliebt bin, aber so, wie er sich am Anfang dagegen gesträubt hat, fällt es ihm bestimmt umso leichter, mich wieder zu vergessen.

Ein grausiger Gedanke.

Außerdem... ich bin für ihn mehr als nur attraktiv, klingt in meinen Ohren wie eine furchtbar lausige Liebeserklärung. Das ist ja nichts Halbes und nichts Ganzes und hat er bestimmt nur gesagt, damit ich Ruhe gebe.

Fuck.

Allmählich lichtet sich der Strom der tausend Schüler, die aus dem Schulgebäude raus strömen, wieder etwas. Von Vince ist immer noch weit und breit nichts zu sehen. Ich hoffe, ich habe ihn in dem ganzen Tohuwabohu gerade nicht übersehen. Aber eigentlich sitze ich hier wieder sehr gut sichtbar auf der Schulmauer. Er müsste mich also leicht entdecken.

Dann mache ich ihn aber doch zuerst ausfindig – was eindeutig sein Pech ist.

Warum zur Hölle unterhält er sich mit Patrizia?

Und dann auch noch so friedlich? Normalerweise hat er immer seinen grandiosen Killerblick drauf, wenn er mit ihr spricht, und jede Faser seines Körpers ist auf Feindseligkeit getrimmt. Jetzt erkenne ich sogar auf die Entfernung hin, dass er beinahe entspannt ist! Da haben wir in zu kurzer Zeit wohl einmal zu oft gevögelt, was, Vince?!
Oder habe ich heute Morgen irgendetwas gesagt, was ihn dazu veranlasst haben könnte, sich mit der Trulla zu versöhnen? Ich habe mich doch bloß nach ihrer gemeinsamen Vergangenheit erkundigt! Kein Grund, die gleich wieder aufleben zu lassen!
Ich springe von der Mauer runter und schlendere den beiden entgegen.
»... nicht, wie du darauf kommst.«
»Ich habe Augen im Kopf«, säuselt Patrizia und klimpert Vince so übertrieben mit ihren getuschten Wimpern an, dass es mir gleich mal hochkommt. »Und ich bin mir ziemlich sicher, dass du es auch erkannt hast.« Sie lässt ihre rotbraunen Locken fliegen.
Was soll Vince erkannt haben? Dass sie eine hohlbirnige Schnepfe ist? Das werde ich ihm gleich schon noch mal verklickern, darauf kann sie aber Gift nehmen!
»Hi«, grüße ich lächelnd, als die zwei nah genug sind.
Vince sieht überrascht auf. »Hey.«
Okay, genug der Begrüßungsfloskeln, mein Herz poltert so laut in meiner Brust, dass ich eh nichts Weiteres mehr mitbekommen würde. Ich kann sogar komplett und ohne große Anstrengung Patrizia ausblenden, als ich Vince meine Arme um den Hals lege, mich an ihn schmiege und ihn eigentlich viel zu intensiv für den Grad an Öffentlichkeit küsse. Aber, wie gesagt, mein Wahrnehmungsfeld ist gerade extrem eingeschränkt und befasst sich eigentlich nur noch mit Vince: Vince' weiche Lippen, Vince' verspielte Zunge, Vince' berauschenden Geruch, Vince' warme Hände an meinem ausgekühlten Gesicht...
Die Tatsache, dass er mich genauso lange und mit der gleichen Intensität zurückküsst, kann eigentlich nur bedeuten, dass ich

ihm genauso die Sinne verneble wie er mir.
Es fühlt sich an, als wäre bloß ein Sekundenbruchteil vergangen, ehe wir uns wieder voneinander lösen. Dagegen spricht allerdings das kribbelige Gefühl, das auf meinen Lippen liegt. Auch Vince' sind ganz gerötet. Erstaunlich, dass Patrizia gar nicht eingeschritten ist.
Ach ja, Patrizia...
Mit einem leicht scheelen Grinsen im Gesicht wende ich mich Patrizia zu und knalle dabei urplötzlich auf den Boden der Tatsachen zurück.
Ihre Augen sind vor Entsetzen weit aufgerissen und für eine winzige Schrecksekunde befürchte ich sogar, dass sie kurz davor ist, in Tränen auszubrechen. Sie starrt mich mit der bitteren Erkenntnis an, dass sich all ihre Wunschträume soeben in Luft aufgelöst haben, dass Vince und sie wohl tatsächlich nie wieder zusammenkommen werden. Dass er jetzt mich hat.
Und gleichzeitig glimmt unter dieser ganzen Niedergeschlagenheit ein mikroskopisch kleiner Funken Kampfgeist, so dass mir kurzfristig ein eisiger Schauer den Rücken hinunter rinnt.
Ich schaue sie daher schweigend ein paar Sekunden länger als geplant an, ehe ich mein gesamtes Schauspielrepertoire zusammengekratzt habe, um einfach darüber hinwegzugehen.
»Hi, Patrizia«, sage ich höflich, weil ich mich zu Freundlichkeit doch noch nicht ganz durchringen kann. »Ich bin Maxi, erinnerst du dich?«
Wie immer ignoriert sie mich erst einmal und sieht stattdessen zu Vince rüber. Ich folge ihrem Blick und bin erstaunt, mit welcher Härte er ihr begegnet. »Patrizia —«
»Spar's dir.« Sie wendet sich ab und verlässt schnellen Schrittes das Schulgelände.
»Warte!« Vince will sich von mir losmachen, aber ich halte ihn etwas verstimmt fest. Ich glaube, ich höre nicht richtig. Und sehe nebenbei wohl auch nicht richtig!
»Was soll das werden?«

»Was?«, herrscht er mich an und friemelt meine Hände los. Noch ist Patrizia in Sichtweite, aber sie geht ziemlich zackigen Schrittes.
»Du willst ihr hinterher rennen?«, frage ich ungläubig wie betroffen. Da lässt man ihn mal vier Stunden in der ätzenden Schule allein und schon so was! Hat er während der ganzen Zeit überhaupt einmal an *mich* gedacht?!
»Ja!«
»Warum?!«
»Weil sie findet, dass du einem gewissen Millionärssohn ziemlich ähnlich siehst!«, blafft er mich an und befreit sich endgültig aus meiner Umklammerung. »Und weil ich nicht will, dass sie sich jetzt frustriert daran macht, deine berühmte Identität zu lüften!« Er dreht sich um und sucht mit den Augen nach Patrizia, aber die scheint zwischendurch irgendwo abgebogen zu sein. »Scheiße! Grandios! Sie ist weg.«
Ich kann nicht anders, packe mit beiden Händen sein Gesicht und ziehe es trotz Gezeter und Gemoser zu mir heran, um ihn leidenschaftlich zu küssen. Das Gute ist: Er ist danach erst mal zu atemlos, um gleich weiter zu feuern. Meine Chance.
»Danke.«
Verblüfft blinzelt er mich an. »Danke?«
Ich grinse zurück. »Dass du nicht willst, dass ich sobald wieder nach Hause gehe.« Ich kann mich noch sehr gut an Zeiten erinnern, wo er *nichts anderes* gewollt hat.
Er schnauft und zieht meine Hände von seinem Gesicht, lässt sie jedoch nicht los. »Ja. Was auch immer. Sie ist trotzdem weg.«
»Aber sie weiß es nicht hundertprozentig?«
»Nein. Keine Ahnung.« Er rettet sich in ein Schulterzucken. »Sie hat die ganze Zeit komische Andeutungen gemacht. Und du hast ja gesehen, wie sie gerade abgedüst ist.«
»Äh... jaaah«, sage ich gedehnt. Vince scheint in gewisser Hinsicht ein kleiner Gefühlskrüppel zu sein. »Ich glaube nicht, dass es was damit zu tun hat. Ein letzter Blick auf mich und – zack! – erkennt sie mich.«

»Nicht?«
Ich muss lächeln. »Nein, du Blindfisch. Sie hat den Unterschied gesehen. Von gespielt zu echt.« Ich stelle mich auf die Zehenspitzen und recke mich ihm entgegen. »Und du bist wirklich ein ganz mieser Schauspieler, wenn es darum geht. Könnte daran liegen, dass du nicht mal die echten Gefühle vernünftig rüberbringen kannst.« Unwillig verzieht er den Mund, aber ich hauche ihm trotzdem einen Kuss auf die Lippen. »Beruhig' dich also wieder, okay? Ich bleib' noch ein Weilchen.«
»Na, was ein Glück«, spottet er.
»Nicht wahr?«

***

Vince gibt mir die offizielle Erlaubnis, fürs Abendessen was zu kochen. Mit der Einschränkung, dass ich nur Zutaten benutzen darf, die auch im Haus sind. Ich glaube, er hat noch nicht ganz verstanden, dass ich – was so Haushaltskram anbelangt – ein ziemlich unbeschriebenes Blatt bin. Quasi leer. Oder gar nicht vorhanden. Unsere Haushälterin macht nämlich nicht nur unsere Wäsche, sondern kocht auch für uns – wenn überhaupt mal jemand zu Hause ist, der das in Anspruch nehmen kann. Ich bin ja schon happy, dass ich weiß, wie der Staubsauger funktioniert, falls ich bei sturmfreier Bude mit Britta eine Party feiere und dabei das eine oder andere zu Bruch geht. Britta kümmert sich in solchen Fällen immer ums Putzen und ich ums Wegsaugen. Bis jetzt sind wir noch nicht wissentlich aufgeflogen.
Sie hat mich übrigens dazu beglückwünscht, endlich mit Vince in der Kiste gelandet zu sein, auch wenn ich ihr tausend und einmal zu verklickern versucht habe, dass das nicht so ganz zutrifft. Ich meine, schon, aber ihre Ausdrucksweise lässt da irgendwie was anderes vermuten. Für mich ist's wunderschön gewesen und hoffentlich – hoffentlich, hoffentlich! – der Beginn von etwas, das über eine reine Sexgeschichte hinaus geht.

Also, bei mir sind dafür jedenfalls alle Voraussetzungen erfüllt!
Gegen halb neun kehrt Vince ausnahmsweise mal pünktlich von seiner Glühweinbudenschicht zurück und wird von mir dafür auch gleich mit einem heißen Zungengefecht begrüßt. Das leider nicht lange anhält.
Misstrauisch schiebt er mich auf Abstand. »Hier riecht's verbrannt.«
Argh, shit. Und ich hab' versehentlich gehofft, es würde vielleicht eine Minute länger dauern, ehe ihm das auffällt. »Nun ja, weißt du... ich hab' dir doch mal erzählt, dass ich nich' so der Küchenexperte bin...«
»Ach du Scheiße«, entfährt es ihm, offensichtlich schon mit den schlimmsten Vorahnungen im Kopf. Er nimmt sich nicht mal die Zeit, Jacke und Schal auszuziehen, sondern sprintet gleich an mir vorbei zur Küche. Als ob er *jetzt* noch irgendetwas tun könnte, wenn ich ihm tatsächlich die Einrichtung abgefackelt hätte.
Habe ich natürlich nicht. Ich weiß ja, wie schwer er sich schon damit getan hat, den Heizungsfritzen anzurufen, der heute am späten Nachmittag irgendwann eingetrudelt ist, als Vince auf dem Weihnachtsmarkt gewesen ist. Aber ging ja nicht anders. Er kann ja nicht den Rest seines Lebens mit Kerzen oder dem Herd heizen. Ich kann nur hoffen, dass der Typ seine Arbeit vernünftig gemacht hat. Bis jetzt funktioniert die Heizung zwar wieder einwandfrei, aber Ahnung habe ich von seinen Tüfteleien trotzdem nicht gehabt und ihn mal schön machen lassen. Hoffentlich habe ich wenigstens kompetent und angsteinflößend gewirkt — so wie Vince es bestimmt getan hätte —, damit er gar nicht erst auf den Gedanken kommt, uns zu verscheißern. Na, die Rechnung wird Vince jedenfalls in den nächsten Tagen zugeschickt.
Ich folge Vince zur Küche und sehe ihm ein bisschen verschämt dabei zu, wie er sich das kleine Chaos, das ich hinterlassen habe, betrachtet. Dabei wollte ich bloß ein paar Nudeln kochen. Mit diesen Semmelbröseln, die er immer dazu macht. Aber in den Nudeltopf habe ich wohl zu viel Wasser rein getan, weil das

plötzlich alles übergeschäumt und auf die heiße Herdplatte getropft ist. Außerdem ist mir die Butter für die Semmelbrösel angebrannt. Und das Paniermehl wohl irgendwie auch, weil die Klümpchen in der Pfanne etwas schwarz aussehen. Und so, wie Vince gerade die Nudeln ansieht, habe ich damit wohl auch noch was falsch gemacht. Vielleicht zu lange im Wasser gelassen? Wie lange brauchen so bekloppte Nudeln denn?

»Ich... ähm...« Ich habe das Gefühl, ich muss mich und meine glorreiche Kreation irgendwie verteidigen. »Ehrlich gesagt, ich kann... gar nicht kochen.«

»Das sehe ich.« Vince kratzt mit einem Holzlöffel in der Pfanne herum.

»Aber du hast gesagt, ich soll was kochen. Obwohl du ja weißt... oder dir zumindest hättest zusammenreimen können, dass ich da nicht so der Crack bin.«

»Ich habe nur gesagt, du kannst was kochen, wenn du möchtest. Nicht, dass du musst.«

»Aber ich wollte! Um dir eine kleine Freude zu machen. Oder so.« Aber ich glaube, ich habe eher alles vermasselt.

Vince seufzt und legt gleichzeitig Mantel und Schal auf einem Küchenstuhl ab. »Schon okay.«

»Was?« Irritiert blinzle ich ihn an. Hat er gerade gesagt, es macht ihm nichts aus, dass ich seine Küche in ein Schlachtfeld verwandelt habe? Was zur Hölle ist da bloß auf dem Weihnachtsmarkt passiert?! Gehirnwäsche auf dem Weg nach Hause?!

»Ich sagte: Schon okay.« Er schnappt sich die Pfanne, kratzt die schwarzen Krümmelchen in den Mülleimer und weicht sie dann erst mal mit ordentlich Geschirrspülmittel und warmem Wasser ein. »Dann gibt's eben matschige Nudeln mit Ketchup.« Er schaut zu mir rüber. »Deckst du den Tisch?«

»Wer bist du und was hast du mit Vincent Junker gemacht?«

AHA! Da taucht doch prompt wieder der mürrische Zug um seinen Mund auf, gefolgt von den Denkerfalten und dem Killerblick. Wow! Alles zusammen! Er ist es doch!

»Soll ich dir lieber den Kopf abreißen?«, knurrt er, gießt die labbrigen Nudeln in einem Sieb ab und knallt sie etwas unsanft auf den Tisch.

Yeah, das ist mein Junge!

»Zum Beispiel.«

Ich kann gar nicht so schnell gucken, wie er auf mich zuspringt, mich packt und in den Schwitzkasten nimmt.

»Hey!« Etwas hilflos fuchtle ich mit den zwei Tellern in meinen Händen herum, kann mich so aber unmöglich befreien. Ich spüre, wie mein Kopf schon etwas rot wird, und versuche, Vince mit meinem Ellenbogen zu pieken. »Fuck!«, ächze ich. »Tust du eigentlich immer alles, was man dir sagt?!«

Blind stelle ich die Teller auf dem Küchentisch ab und da es in der nächsten Sekunde nicht scheppert, muss ich das Teil wohl getroffen haben. Anschließend ziehe und zerre ich an seinem Arm herum, aber Vince ist natürlich viel stärker als ich.

»Lass los!«

»Nein. Das ist die Strafe, weil du meine Küche eingesaut hast.«

Gegen meinen Willen muss ich ein bisschen grinsen. »Okay! Ich hab's kapiert, Lektion gelernt.« Prompt lässt er mich los. Ich taumle erst ein Stückchen und drehe mich dann mit sicherlich hochroter Birne zu ihm um. »Das war doch nicht ernst gemeint, Mann!«

»Wann ist bei dir überhaupt mal etwas ernst gemeint?«, schießt er zurück.

Oh nein, müssen wir das Thema jetzt schon wieder durchkauen? Noch vor dem Essen?! »Als ich dir gesagt hab', dass ich in dich verliebt bin, war das jedenfalls verdammt ernst gemeint.«

Er öffnet den Mund, um automatisch etwas zu erwidern, überlegt es sich dann aber doch noch mal anders und zögert kurz. Sollte er mir endlich zu hundert Prozent glauben, lässt sich das allerdings nicht aus seiner Miene herauslesen.

»Und dann hast du was dagegen, wenn ich mal nett bin?«

»Ich habe doch nichts dagegen! Es kam nur völlig unerwartet!«

Heilige Scheiße! Manchmal frage ich mich echt, wie man sich in Bezug auf Gefühle nur wie der reinste Elefant im Porzellanladen verhalten kann. Und Vince stellt sich dabei sogar noch an wie eine komplette Herde! »Vince«, sage ich wieder ruhiger und trete näher an ihn heran, »ich warte schon seit einer halben Ewigkeit darauf, dass du mal freundlich zu mir bist. Klar, dass mich das dann überrumpelt, wenn du's tatsächlich bist, oder?«

Er sieht mich lange an, die dunklen Augen vollkommen unergründlich wie immer. Der Moment dehnt sich und ich frage mich, ob er überhaupt vorhat, zu antworten, aber dann beugt er sich zu mir runter und küsst mich. Langsam, zärtlich, intensiv. Meine Beine fangen zu schwanken an und ich schlinge meine Arme um seine Taille, um mich irgendwo dran festhalten zu können. Vince' Hände liegen warm und fest an meinen Hüften und schieben mich nach viel zu kurzer Zeit schon wieder von ihm weg.

»Vielleicht essen wir erst was.«

»Ach, wozu denn?« Spielerisch schnappe ich nach seinen Lippen, komme aber nicht dran.

»Weil wir sonst nachher nicht mehr dazu kommen werden.«

»Aha?« Ich klappe meine Lider auf Halbmast herunter und säusle: »Ist das ein Versprechen?«

»Eher eine Drohung.«

Ruckartig zieht er mich wieder an sich und presst hungrig seinen Mund auf meinen, so dass mir schon nach ein paar Sekunden die Luft wegbleibt. Um mich wenigstens ein bisschen daran zu beteiligen, schmiege ich mich eng an ihn und reibe mich lasziv an ihm, was er mit einem Ächzen und einem entsprechenden Sicherheitsabstand quittiert.

»Wie gesagt, essen wir was.«

»Hm, ich hab' eigentlich gar keinen Hunger mehr — auf Nudeln.« Obwohl ich ihn einladend ansehe, bugsiert Vince mich brummig zu einem Küchenstuhl rüber und drückt mich auf ihn hinunter, um sich dann schnell auf seinen zu retten.

»Ich aber.« Im nächsten Moment schaufelt er sich schon die

matschigen Nudeln auf den Teller.
Na gut. Dann will ich mal nicht so sein. Er hat ein bisschen Energie bestimmt nötig, wenn er wahrmachen will, was er gerade noch so verheißungsvoll angekündigt hat.

***

Der Wecker klingelt um halb sieben und reißt mich mitten aus einer Tiefschlafphase, weil Vince zu lahm ist, das Ding auszuschalten. Meine Fresse, so sehr mir die Schule in manchen Momenten auch fehlt, dieses elendig frühe Aufstehen vermisse ich garantiert nicht!
»Hey.« Vince stupst mich an. »Lässt du mich mal los?«
Halleluja, zwei Sekunden wach und er kann sich schon vernünftig artikulieren und sogar seine Gliedmaßen bewegen. Weiß ja nicht, wann er eingeschlafen ist, aber bei mir kann das nicht länger als zwei Stunden her sein. Ich fühle mich auch noch viel zu erschlagen, um mich zu rühren, ehrlich gesagt.
»Nee...«, nuschle ich mit geschlossenen Augen gegen seine Brust und versuche, die Arme enger um ihn zu zurren, damit er mich nicht einfach abschütteln kann, aber leider fühlen die sich sehr gummiartig an. »Schwänz' 'och.«
»Ich kann nicht immer schwänzen, bloß weil du ein Langschläfer bist.«
Ich hebe minimal den Kopf an, um besser sprechen zu können. »Dann schwänz' halt, weil du mich magst, das aber nur durch besonders intensiven Sex ausdrücken kannst.«
Schweigen.
»Entschuldige.«
»Blödsinn.« Mein Kopf sackt wieder auf seine Brust hinunter, so dass meine Lippen beim Sprechen wieder seine Haut berühren. »Hab' ich mich b'schwert?«
Da er daraufhin nichts mehr erwidert, ist er entweder mit völlig überflüssiger Grübelei beschäftigt oder er scheint eingesehen zu

haben, dass es schwachsinnig ist, sich zu entschuldigen. In beiden Fällen rührt er sich jedenfalls nicht, so dass ich schon beinahe wieder weggedämmert bin, als ich seine Hand plötzlich durch meine Haare streichen fühle.

Hm, auch nicht schlecht. Ob er damit wohl automatisch weitermacht, wenn ich ein bisschen zu schnurren anfange?

Sein Mund berührt sachte meine Schläfe, dann flüstert er: »Ich muss jetzt wirklich aufstehen.« Ich gebe einen unwilligen Laut von mir, den Vince nicht besser hinbekommen hätte. »Du kannst liegen bleiben.«

Ja, super. Was gibt es Spannenderes, als alleine im auskühlenden Bett liegen zu bleiben, während sich mein Lover auf den Weg zur Schule macht?

Ehe ich mir über diese beknackte Frage klar werden kann, wurschtelt Vince sich auch schon unter mir hervor und ich bin zu müde und zu schwach, um ihn aufzuhalten. Keine Minute später beginnt im Bad das Wasser zu rauschen. Wow, Vince verliert echt keine Zeit. Sehr effizienter Kerl.

Obwohl es viel zu schnell viel zu kalt in dem zu großen Bett wird, wickle ich mich wieder in die Bettdecke ein und gestatte mir noch ein paar ruhige Momente. Tatsächlich bin ich aber wohl doch wieder eingenickt, denn als ich die Augen beim nächsten Mal aufmache, sitzt Vince schon komplett angezogen und gewaschen neben mir auf dem Bett und rüttelt mich wach.

»Hey, Maxi.«

»Hm?« Ich bekomme nur vage mit, dass er mich gerade – versehentlich, ausnahmsweise, absichtlich? – mit meinem Spitznamen angesprochen hat, weil ich zu sehr damit beschäftigt bin, die Augen offen zu halten und mir durchs Gesicht zu fahren. Hat er nicht gerade noch gesagt, ich darf liegen bleiben?

»Es hat gerade geklingelt.«

»Hm?«, wiederhole ich. Sollte das irgendeinen Sinn ergeben?

»Ich geh' aufmachen, kannst du dir in der Zwischenzeit kurz was überwerfen?«

Bezeichnend lässt er seine Augen über meinen nackten Oberkörper hinweg wandern, weil ich die Decke zwischenzeitlich doch wieder runter gezerrt habe. Sein Blick löst einen kribbeligen Schauer in mir aus, für den ich mich glatt schämen könnte. Shit, ich bin total verrückt nach ihm.

»Hm-hm«, mache ich automatisch, als es ein zweites Mal klingelt. Ganz schön ungeduldig, so am frühen Morgen. »Wie spät is'n?«

»Kurz vor sieben.« Vince steht auf und durchquert den Raum.

Erst mit einiger Verspätung fällt mir auf, dass er irgendwie nicht wirklich überrascht über diesen frühmorgendlichen Besuch ist. Außerdem möchte er offensichtlich nicht, dass mich wer auch immer splitterfasernackt in seinem Bett vorfindet. Was relativ logisch ist, weil ich das auch nicht unbedingt möchte. Trotzdem werde ich aus irgendeinem Grund leicht nervös. Vielleicht, weil Vince so abartig ruhig ist.

Bevor er also das Zimmer verlassen kann, frage ich ihn noch schnell: »Erwartest du wen?«

Er bleibt nicht mal stehen oder dreht sich zu mir um, als er antwortet: »Ich ahne nur was.« Dann höre ich, wie er im Flur die Wohnungstür aufschließt und die Treppe im Hausflur hinunter geht. So was Tolles wie eine Gegensprechanlage gibt's bei den zwei Wohnungen nicht.

Obwohl ich tierisch neugierig und gleichzeitig in einer seltsam fahrigen Erwartung bin, tue ich, worum Vince mich gebeten hat und ziehe mich an. Das heißt, ich schlüpfe ohne Unterwäsche in seine zu große Jogginghose und in eins meiner T-Shirts, weil ich ja irgendwie doch noch die Hoffnung habe, gleich noch mal ins Bett krabbeln zu können. Anschließend bin ich sogar so umsichtig und verstecke die paar Spermaflecken auf dem Laken unter der Bettdecke, obwohl ich nicht glaube, dass Vince wen auch immer zuerst in sein Schlafzimmer führen wird.

Ich verlasse das Zimmer und ziehe hinter mir die Tür ins Schloss, als ich mehrere Personen im Hausflur die Treppe hochkommen höre. Zwei, vielleicht drei.

»Links hinter der Wohnungstür?«, versichert sich jemand mit kühler, geschäftsmäßiger Stimme, bei der sich mir unwillkürlich die Nackenhaare aufstellen. Das klingt beinahe wie...
Die Wohnungstür schwingt auf und im selben Augenblick gefriert mir das Blut in den Adern und ich bleibe wie angewurzelt mitten im Flur stehen, obwohl ich im ersten Moment am liebsten weggelaufen wäre und mich versteckt hätte. Rein instinktiv. Weil ich's die vergangenen Wochen immer so gemacht habe.
»Maxim Herman Sander zu Carlbergen?«, will der größere und ältere der beiden Polizisten wissen, obwohl seine Augen mir verraten, dass er mich schon längst erkannt hat.
Fuck.
Wo ist Vince?
Mein entsetztes wie völlig verdattertes Schweigen und Starren reichen dem Älteren wohl als Bestätigung, weil er eine unbestimmte, auffordernde Geste macht. »Würden Sie sich bitte anziehen, Ihr kleiner Ferienausflug ist hiermit beendet. Wir bringen Sie zurück nach Düsseldorf.«
Was? Jetzt?! Sofort?!
Mein Blick huscht zur geöffneten Wohnungstür hinüber. Da sie jedoch in meine Richtung aufschwingt, kann ich das Treppenhaus nicht einsehen. Wo ist Vince?
»Ich... äh... ja, klar«, stammle ich etwas ungeschickt daher, rühre mich aber keinen Zentimeter vom Fleck.
*Wo zur Hölle ist Vince?!*
»Wo haben Sie Ihre Sachen?«, will der Ältere wissen und macht automatisch einen Schritt in Richtung Schlafzimmer, vor dem ich stehe.
Ich stelle mich ihm in den Weg und deute auf das Wohnzimmer. »Da hinten.« Zum Glück, dann kann ich vielleicht endlich mal einen Blick ins Treppenhaus werfen.
Hat Vince etwa gewusst, dass die Polizei vor der Tür steht? Hat er sie sogar *gerufen*?! Und warum zum Teufel versteckt er sich jetzt?!
»Böhmer, gehen Sie mit und passen Sie auf, dass er nicht durchs

POLIZEI
POLIZEI

Fenster abhaut«, weist der Ältere den zweiten Polizisten an, als wäre ich gar nicht anwesend.
Böhmer nickt folgsam und macht dann eine auffordernde Handbewegung, damit ich ihm vorausgehe. Kann er gerne haben. Ich bin sogar etwas schneller, als er erwartet hat, da er sich kurzzeitig anspannt, als befürchte er, mich gleich mit einem Hechtsprung oder so wieder einfangen zu müssen. Schade, dass die Fluchtmöglichkeit durchs Fenster schon mal ausfällt.
Zunächst allerdings komme ich an der Wohnungstür vorbei, bleibe stehen und sehe ins Treppenhaus hinunter.
Vince lehnt mit vor der Brust verschränkten Armen an der Wand neben der Wohnungstür seiner Oma. Agnes steht neben ihm und sieht höchst verwirrt immer wieder von ihm zurück zu einer weiteren Polizistin, die sich irgendwelche Notizen auf einem kleinen Block macht und ab und an Fragen an Vince stellt.
»Und seit wann genau wohnt Herr Sander zu Carlbergen schon bei Ihnen, Herr Junker? Wussten Sie nicht, dass er von zu Hause ausgerissen ist und gesucht wird? Er ist sechzehn.« Sie betont das so seltsam, als wäre ich in diesem Alter noch viel zu jung, um eigene Entscheidungen treffen zu können.
»Fast siebzehn«, werfe ich von oben her ein, woraufhin sich die beiden Frauen zu mir umdrehen. Vince nicht. Shit, was soll das denn?!
»Maxi!«, entfährt es Agnes überrascht. »Dann... wohnst du tatsächlich bei Vincent?«
»Wussten Sie nichts davon?« Die Polizistin zückt ihren Stift.
»Nein«, antwortet Vince schnell für sie, »sie wusste nichts davon.« Gerade als ich glaube, dass sein Blick kurz in meine Richtung zucken will, legt sich eine schwere Hand auf meine Schulter und dirigiert mich nachdrücklich, wenn auch nicht grob in Richtung des Wohnzimmers.
»Wir haben nicht den ganzen Tag Zeit«, vertraut mir Böhmer freundlich an und postiert sich dann am Fenster.
»Aber Zeit zu packen und mich zu waschen, habe ich vielleicht

noch, ja?«, raunze ich missmutig, was mir aber im Moment ziemlich am Arsch vorbeigeht. Warum verhält Vince sich so abgrundtief beknackt und warum geht mir das sofort ans Herz? Verdammt. Verdammt! Und was macht eigentlich die beschissene Polizei hier?! Der Tag hat so schön – wenn auch eindeutig zu früh – angefangen und plötzlich ist nicht nur der im Eimer, sondern meine Zukunft mit Vince gleich mit. Düsseldorf! Genauso gut könnte ich auf dem Mond leben! Oder England! Da ist der Pluto noch näher!

FUCK! Das darf doch alles nicht wahr sein!

Aber es ist sogar noch viel schlimmer. Denn als ich fertig mit der Katzenwäsche und dem Packen bin und von den zwei Polizisten nach draußen eskortiert werde, ist von Vince und Agnes weit und breit nichts zu sehen. Von der Polizistin wohlgemerkt auch nicht. Eine kleine Sonderbefragung bei Kaffee und Kuchen in Agnes' Wohnung?

Allerdings sehen meine zwei Bodyguards nicht so aus, als hätten sie *noch mehr* Geduld für mich übrig. Dem Älteren wäre vorhin schon beinahe der Kragen geplatzt, als ich Ewigkeiten mit meinem Kajal zugange gewesen bin. Aber wenn es schon heimwärts geht, muss ich schließlich gut aussehen, nicht wahr? Haha. Hab' auch extra dick aufgetragen und die Haare nicht gekämmt.

Kaum bin ich aus dem Haus getreten und sehe die Polizistin – allein – im Polizeivan sitzen, bleibe ich stehen wie ein Felsbrocken.

»Haben Sie mal was zu schreiben?«

»Wie bitte?«

»Was zu schreiben«, wiederhole ich deutlicher und visualisiere es zusätzlich noch mit einer entsprechenden Geste, auch wenn dem Älteren dabei wieder ein Muskel zuckt.

»Später vielleicht.« Er legt genauso wie Böhmer eben eine Hand auf meine Schulter, aber ich winde mich schnell darunter hervor.

»Junge...«, setzt er sichtlich genervt an.

»Es dauert nur eine Minute, versprochen.«

Bevor der Ältere noch weiter rumdiskutieren kann, hält mir

Böhmer einen Block und einen Stift unter die Nase. »Hier. Die Zeit läuft.«

Ich schnappe ihm das Schreibzeug aus der Hand und zwinge mich kurz zu einem Lächeln, auch wenn mir da gerade absolut nicht nach ist. »Danke«, quetsche ich hervor und fange schon mal zu kritzeln an.

Dieser Mistkerl! So leicht wird der mich auf gar keinen Fall los, auch wenn es auf diese Art natürlich sehr bequem ist. Aus den Augen, aus dem Sinn, oder was? Scheiße! Und er hat sich doch die ganze Zeit immer so geziert. Und mir bis zum Schluss nicht geglaubt, dass ich...

Ich muss kurz die Augen schließen und schreibe dann schnell fertig, ehe ich den Zettel abreiße und Vince in den Briefkasten werfe.

So leicht soll der mich nicht vergessen können!

# 13

*Vincent*

»Vincent.«

Ich kann nicht fassen, dass es mir doch so viel ausmacht. Natürlich bin ich in gewisser Weise darauf gefasst gewesen, aber irgendwie habe ich nicht angenommen, dass er mir danach noch so widerspenstig im Kopf herumgeistern wird.

»Vincent!«

Er hat keine zwei Wochen bei mir gewohnt, aber ich habe mich doch so sehr an ihn gewöhnt, dass ich seine Anwesenheit in der Wohnung vermisse. Sein schwachsinniges Geschwafel, das Rauschen der Dusche, sein leises Atmen beim Fernsehgucken oder Schlafen... Scheiße.

»VINCENT!«

»Was?!«, raunze ich Piet an und bekomme im selben Moment seinen Ellenbogen in die Seite gerammt.

»Könntest du aufhören, zu träumen, und endlich mal deinen Hintern bewegen, verdammt?« Er drängt sich an mir vorbei und fragt mit strahlendem Lächeln eine Gruppe Betrunkener nach ihren Wünschen, ehe er finster zu mir zurückkommt. »Vier Glühwein, zwei davon mit Schuss, ein Lumumba und zwei Kakao, einer davon ohne Sahne — kriegst du das hin?« Er stößt mich gegen die Schulter, als ich nicht sofort antworte. »Ob du das hinbekommst? Mann, Vincent!«

»Ja doch, verflucht.«

»Scheiße, wenn du träumen willst, rufe ich Linda an. Oder sonst wen. Ein Tag vor Weihnachten und noch nicht mal Rush Hour und du hängst schon durch.«

»Ich hänge nicht durch.« Demonstrativ schnappe ich mir vier Glühweinbecher und fülle sie voll.

»Zum Glück kommt Frederick gleich«, brummelt er unzufrieden vor sich hin.

»Das hab' ich gehört.«

»Das solltest du auch. Nein, besser, du hörst auf das, was die Kunden bestellen – Zwei!« Er greift nach meinem Arm und rupft mir verärgert den Rum aus der Hand. »Zwei mit Schuss, nicht drei! Herrgott!«

Als ob die das noch mitbekommen würden bei deren jetzigen Alkoholpegel. Trotzdem überlasse ich es ohne großes Gezeter Piet, die restlichen Getränke zusammenzumischen. Habe die Hälfte eh schon wieder vergessen. Verdammter Mist. Wann ist bloß diese elendig lange Schicht zu Ende? Und was zur Hölle mache ich, wenn sie zu Ende geht und damit gleichzeitig mein Job in der Glühweinbude beendet ist, weil das heute der letzte Tag ist? Außerdem sind seit gestern Ferien. Das bedeutet, ab morgen habe ich plötzlich von morgens bis abends absolut nichts mehr zu tun. Für die nächsten zwei Wochen muss ich mir dringend den einen oder anderen Job besorgen oder ich dreh' durch. Ich denke ja schon die ganze Zeit an ihn, wenn ich zu tun habe, wie sieht das dann bitteschön erst aus, wenn mir vor lauter Langeweile die Decke auf den Kopf fällt?

Vier Tage und ungefähr neun Stunden seit er weg ist. Was für ein erbärmliches Armutszeugnis, dass ich das so genau weiß.

»Vincent, wenn du –«, will Piet mich schon wieder anblaffen, aber ich unterbreche ihn schroff: »Schon gut, Piet, krieg' dich wieder ein. Bin anwesend.«

»Wow«, spottet Piet, »dann möchte ich dich nicht erleben, wenn du *abwesend* bist.«

Ich schieße einen griesgrämigen Blick auf ihn ab, kann ihm aber wohl nicht verübeln, dass er sauer ist. Stattdessen versuche ich, mich die nächsten paar Stunden ganz besonders stark zu konzentrieren, was mir dank der anbrechenden Rush Hour ab fünf, halb sechs auch gelingt. Dafür kommt jedoch alles mit geballter Ladung zurück, als ich mich mit Fredericks Segen und dem Versprechen, mich für die nächste Weihnachtsmarktsaison vorzumerken, auf den Heimweg mache.

Patrizia steht an einer Ecke, an der ich zwangsläufig vorbei muss, und hat offensichtlich auf mich gewartet.
Grandios. Wirklich absolut grandios.
Ich habe nicht hundertprozentig gewusst, dass die Polizei gleich am nächsten Tag vor meiner Haustür stehen würde, nachdem Patrizia Maxi und mich Donnerstag zusammen an der Schule gesehen hat, aber ich habe doch ein recht übles Gefühl gehabt. Beinahe eine Vorahnung. Und als es dann tatsächlich geklingelt hat, ist mir schon alles klar gewesen. Wahrscheinlich kenne ich sie im Gegensatz zu Maxi einfach zu gut, weil er das Ganze heruntergespielt hat. Ich frage mich die ganze Zeit, was er gemacht hätte, wenn ich ihm mit mehr Hartnäckigkeit begreiflich gemacht hätte, dass am nächsten Morgen mit einer sehr hohen Wahrscheinlichkeit die Polizei an meiner Tür klingelt. Oder was ich gemacht hätte. Was ich beinahe getan hätte – nämlich seine Sachen gepackt, um ihn für einen Tag wieder auf die Straße zu schicken.
Stattdessen habe ich nichts gemacht. Hätte eh nicht ewig so weitergehen können. Ich hatte ihn schon viel zu gern.
Bei Patrizia an der Ecke angekommen, laufe ich ohne einen Blick oder einen Gruß zur Seite an ihr vorbei. Natürlich hat sie aber nicht umsonst die ganze Zeit auf mich gewartet und schließt mit schnellen Schritten wieder zu mir auf.
»Was willst du?«, raunze ich sie an, die Augen stur geradeaus gerichtet.
»Mich nach Maxim erkundigen. Wie geht's ihm?«
Ich beiße die Zähne zusammen. »Grandios.« Sie weiß ganz genau, dass er weg ist.
»Ach, dann steht ihr noch in Kontakt miteinander? Wie süß.«
Abrupt bleibe ich stehen und dränge sie mit einer schnellen Bewegung, die durchaus als bedrohlich angesehen werden kann, gegen die nächste Hauswand. Das überraschte Aufblitzen in ihren bernsteinfarbenen Augen ignoriere ich gekonnt. »Du gibst zu, ihn verpfiffen zu haben?«

Sie weicht meinem harten Blick nicht aus, als sie schlicht sagt: »Ja.«
Ich balle die Hände zu Fäusten und zische: »Was willst du dann noch von mir?« Sie kann nicht allen Ernstes glauben, dass diese Aktion sie mir wieder näher bringt!
Es sieht nicht so aus, als müsste sie lange über die Antwort nachdenken. Dennoch spannt sie mich mit einer langen Pause auf die Folter, ehe sie in ihrer Hosentasche herumkramt. »Teilen«, eröffnet sie mir dann, schnappt sich das Ende meines Schals und zieht mich zu einem kurzen, harten Kuss zu sich heran. Bevor ich überhaupt reagieren kann, lässt sie allerdings auch schon wieder von mir ab und knallt mir etwas vor die Brust, nach dem ich automatisch greife. Gar nicht so leicht, weil es beinahe weggeweht worden wäre.
Ein Fünfhundert-Euro-Schein. Die Hälfte der Belohnung für sachdienliche Hinweise zum gegenwärtigen Aufenthaltsort von Maxim Herman Sander zu Carlbergen. Peanuts für Patrizia, eine ganze Menge für mich.
»Ich hab's satt, mich die ganze Zeit allein beschissen zu fühlen.« Aus schmalen Augen fixiert sie mich und ich habe das ungute Gefühl, dass sie geradewegs in mich hineinsehen kann. »Und es fühlt sich richtig beschissen an, nicht wahr?«
Nein, noch schlimmer. Kaum in Worte zu fassen. Wenn sie sich die letzten zwei Jahre so gefühlt hat, kann ich ihr dafür nur Respekt entgegen bringen. Mehr noch, weil ich die ganze Zeit in ihrer Nähe gewesen bin und sie mich täglich gesehen hat, während Maxi...
Trotzdem ist das keine Entschuldigung dafür, dass sie ihn so eiskalt verraten hat, nur um sich auf Umwegen an mir zu rächen.
Ich sehe von dem lilafarbenen Schein zurück zu ihr und will ihr das Geld zurück in die Hand drücken. »Ich will es nicht.«
»Tja, Pech.« Sie weigert sich, es zurückzunehmen. »Das ist dein Anteil. – Und jetzt würde ich gerne gehen.« Sie macht eine leichte Bewegung mit dem Kopf, was wohl andeuten soll, dass ich zur Seite treten und sie vorbei lassen soll.

Aber erst halte ich ihr noch mal die fünfhundert Euro unter die Nase. »Ich will das Geld nicht«, wiederhole ich deutlicher und warte darauf, dass sie es zurücknimmt. Als das nicht passiert, versuche ich, ihr den Schein in die Jackentasche zu stopfen.

»Spinnst du?!«, fährt sie mich an und schlägt erst meinen Arm zur Seite, um dann mich zur Seite zu schubsen. »Verzieh dich. Am besten für immer.« Energisch drängelt sie sich an mir vorbei und sucht dann schnellen Schrittes das Weite – was ungefähr zwei Jahre zu spät kommt. Wenigstens aber viereinhalb Tage. So ein verdammter Mist!

In unterdrückter Wut ramme ich die geballte Faust mit den fünfhundert Euro gegen die Hauswand und habe das starke Bedürfnis, irgendetwas zu zerstören. Aber ich reiße mich zusammen und gehe dann schnell nach Hause, um dem zweitstärksten Bedürfnis nachzugeben: Den Tag zu verfluchen, an dem ich Maxi kennen gelernt habe, gefolgt von dem Tag, an dem ich so bescheuert gewesen bin, ihn gehen zu lassen.

***

24. Dezember 2008, 10:17 Uhr.

Mir ist noch nie so wenig nach Weihnachten gewesen, abgesehen vielleicht von dem ersten Weihnachten nach dem Tod meiner Eltern. Wobei Weihnachten seitdem sowieso immer äußerst merkwürdig bei uns ist. Ich habe meiner Oma auch gesagt, dass wir das dieses Jahr in keiner Weise anders aufziehen müssen als sonst – Kartoffelsalat und Würstchen, kein Weihnachtsschnickschnack, keine Geschenke –, nur falls sie denkt, mich aufheitern zu müssen.

Ich bin mir nicht wirklich sicher, ob sie mir die Geschichte glaubt, dass ich nicht wusste, wer Maxi ist, als ich ihm angeboten habe, ein paar Nächte bei mir zu schlafen. Aber da ich mich ansonsten recht nah an die Wahrheit gehalten habe, um mich nicht aus Versehen in irgendwas zu verstricken, könnte das schon sein. Von meiner Homosexualität jedenfalls dürfte sie so nichts mitbekommen haben, und das ist erst einmal das Wichtigste. Außerdem hat sie Maxi ja auch innerhalb kürzester Zeit in ihr Herz geschlossen, also warum sollte sie diese Tatsache nicht auch auf mich projizieren? Sie hat nur einmal kurz angemerkt, dass sie es bedauert, dass ich ihr nichts von seinem vorübergehenden Einzug hier erzählt habe.

»Du weißt, du kannst mir immer alles sagen, Vincent«, hat sie mir versichert, wobei ich da schon befürchtet habe, dass sie doch etwas von Maxi und mir mitbekommen hat. »Wegen Maxi wäre ich dir auch nicht böse gewesen. Im Gegenteil. Ich bin stolz auf dich. Er ist ein guter Junge und du hast ihm in einer Notsituation selbstlos geholfen.«

Natürlich habe ich nichts von dem Schuldschein und dem versprochenen Fahrrad erzählt. Dann hätte sie mir nicht mehr so leicht glauben können, dass ich nichts von Maxis Herkunft gewusst habe.

Den Schuldschein habe ich noch, aber mittlerweile bin ich mir nicht mehr so sicher, ob ich darauf bestehen würde, dass er ihn einlöst. Denn dann würde ich ihn unweigerlich wiedersehen. Ein harter Schnitt ist da doch bestimmt die bessere Lösung? Hätte sowieso keine Zukunft mit uns. Die Entfernung, die unterschiedlichen Welten, meine Zukunftsprobleme, sein England, die Unsicherheit, wie ernst er es meint, die Angst, wie ernst ich es meine...

Im Moment mag es zwar sehr schmerzen, aber langfristig gesehen, ist das einfach die bessere Variante.

Auch wenn ich es hasse, dass Maxi genau vorausgesehen hat, in welche Richtung sich meine Gedanken entwickeln werden. Seine kurze Notiz habe ich nämlich auch noch. Und ich bin mir ziemlich sicher, wenn er meine Telefonnummer oder meine Adresse hätte, hätte er sich schon längst bei mir gemeldet. Aber offensichtlich hat er weder auf den Straßennamen geachtet, noch sich meine Telefonnummer beschafft, auch wenn in den vergangenen Tagen

das Telefon ein-, zweimal geklingelt hat.
Da ich aber nicht dran gegangen bin, kann ich nicht sagen, ob der Anrufer tatsächlich Maxi gewesen ist.
Ich rolle mich im Bett herum, bis ich den Nachtschrank erreichen kann. Zur Feier des Tages lümmle ich nämlich immer noch im Bett herum, auch wenn das wohl eher damit zusammenhängt, dass ich zu unmotiviert zum Aufstehen bin. Aus der Schublade fische ich den kleinen Notizzettel hervor und falte ihn nach kurzem Zögern auseinander. Zu einem harten Schnitt gehört eigentlich, dass ich das Ding verbrenne, aber bisher habe ich das noch nicht über mich gebracht.
Oben auf dem Zettel steht hastig hingekritzelt seine komplette Adresse, inklusive zwei Telefonnummern, einer Handynummer und einer E-Mailadresse. Meine Augen wandern jedoch gleich weiter zu dem, was darunter steht.

*Vince!*
*Ich bring' dich um, wenn du dich nicht meldest, und dein Fahrrad kannst du dann auch vergessen! So leicht wirst du mich nicht los, bloß weil jetzt ein paar Kilometer zwischen uns sind. Also red' dir, verdammt noch mal, keinen Blödsinn ein, nur weil ich nicht da bin, um dir zu widersprechen.* ICH HABE MICH IN DICH VERLIEBT, *zur Hölle!*
*Maxi*

Ich kann mir genau vorstellen, in welcher Verfassung er das geschrieben hat. Scheiße, ich kann ja sogar seine Stimme passend dazu in meinem Kopf hören und meine von Sehnsucht inspirierte Phantasie dichtet gleich noch einen leidenschaftlichen Kuss hinzu, gleich nachdem er mir wieder mal versichert hat, dass er in mich verliebt ist.
Und wenn er es wirklich ernst meint? Wenn ich einfach nur zu feige bin, das zu glauben oder gar zuzulassen?
Oh Gott, Scheiße.
Ich fahre mir mit beiden Händen übers Gesicht.

Also, ein harter Schnitt ist definitiv etwas anderes.
Trotzdem stehe ich endlich auf und verschwinde erst ins Bad, um mich dann anzuziehen.

# 14

*Maxi*

»Scheiße, Maxi! Endlich bist du wieder da!« Ohne anzuklopfen oder auch nur eine Sekunde innezuhalten, stürmt Britta mein Zimmer und fällt mir mit einem erleichterten Seufzen sehr anhänglich um den Hals. Seit meiner Rückkehr ins heimische Düsseldorf und in mein Elternhaus sind keine zwei Stunden vergangen, aber natürlich weiß sie trotzdem schon Bescheid. »Du kannst dir nicht vorstellen, wie sehr ich dich vermisst habe, was ich mir für Sorgen gemacht hab'!« Sie drückt gleich noch ein bisschen fester zu, so dass ich mir einbilde, meine Rippen knacksen zu hören.

»Britta...!«, ächze ich. »Du bringst mich um!«

»Oh!« Sie fährt zurück. »Entschuldige!« Dann umarmt sie mich gleich noch mal und strubbelt mir durch die Haare. »Du hast mir trotzdem sehr gefehlt, Maxi.« Sie lässt mich los und gibt mir einen kurzen Kuss auf den Mund. Das hat allerdings nichts zu sagen bei uns, das machen wir immer so. Britta steht definitiv auf ältere Männer, an denen etwas mehr dran ist als an mir Bohnenstange, und da sie einmal sitzen geblieben ist, bin ich ihr sowieso viel zu jung.

»Du hast mir auch sehr gefehlt, Britta«, gebe ich ehrlich zurück und zupfe neckend an ihren langen, schwarzen Haaren, deren Spitzen knallig rot gefärbt sind. Eigentlich wollte sie sich Strähnen derselben Farbe durch das ganze Haar ziehen lassen, hat in letzter Sekunde aber doch den Schwanz eingezogen und sich nur für die Spitzen entschieden, weil sie die im Notfall immer noch abschneiden kann.

»Und es wundert mich, dass man dich schon ins Verlies vorgelassen hat«, spöttle ich, denn mein Vater hat natürlich nichts Besseres zu tun gehabt, als mir gleich mal für das komplette Wochenende Hausarrest aufzudrücken. Tja, wenn er keine Weihnachtsgeschenke haben will... am 23. stürze ich mich bestimmt nicht ins

Getümmel. Außerdem hat er mich vom Rest der Welt abgeschnitten und mir bis heute Abend Telefon, Handy und Internet untersagt. Ich hoffe, dass Vince nicht ausgerechnet während dieser Zeit der Hafer sticht und er mich anruft.

Britta schaut sich mit hochgezogenen Augenbrauen skeptisch in meinem riesigen Zimmer um, in das wahrscheinlich Vince' ganze Wohnung passen würde. Es gibt sogar einen Balkon. »Verlies, aha«, betont sie sarkastisch und betrachtet sich besonders ausgiebig meine kleine Home Entertainment Station mit riesigem Flachbildschirmfernseher, *PS3, Wii* und einem Schrank, der von oben bis unten vollgestopft ist mit DVDs und Spielen für die Konsolen. »Na, hier muss man sich aber schon schön blöd anstellen, um sich zu langweilen. Wurdest du auch auf eine Brot-und-Wasser-Diät gesetzt?«

Ich spüre mich ein winziges bisschen erröten, weiche ihrem frotzelnden Blick aber nicht aus. »Abendessen gibt's um sieben. Vier Gänge. Ich glaube, es gibt Dorade in Salzkruste. Und ich soll von all meinen schönen Abenteuern erzählen!«

»Oho!«, spottet Britta und streift sich ihre klobigen Treter von den Füßen, die nicht wirklich zu dem roten Kiltrock passen. Allerdings passt der gerade mal knielange Rock auch nicht unbedingt in den Dezember, auch wenn sie dazu noch eine schwarze Strumpfhose trägt. »Dann sind deine Eltern also nicht sauer?«

Unwillkürlich muss ich losprusten. »Wie bitte? Bist du denn keinem von beiden begegnet?«

»Eure Haushälterin hat mir aufgemacht.«

Was erklären würde, warum Britta überhaupt hier ist. Aber wahrscheinlich hat meine Mutter oder mein Vater Frau Niemaier instruiert, dass Britta zu mir vorgelassen werden darf, denn normalerweise geschieht hier nichts ohne ausdrückliche Order.

»Vermutlich muss mein Vater der Presse erklären, dass der verlorene Sohn zurückgekehrt ist. Wenn ich Pech habe, muss ich auch noch irgendwem Rede und Antwort stehen. Das hat mir zumindest mein Vater angedroht.«

»Dann ist er also doch sauer?«
»Na ja... irgendwie... weiß ich auch nicht.«
Um ehrlich zu sein, das Wiedersehen vor zwei Stunden ist schon recht seltsam gewesen. Die Polizei hat mich direkt vor der Haustür abgesetzt, weil die wohl befürchtet haben, dass ich sonst wieder ausbüxe. Meine Mutter ist den Tränen nahe gewesen und hat mich sehr lange in die Arme geschlossen. Dabei hat sie die ganze Zeit was davon gefaselt, dass wir alles, egal was es ist, schon in den Griff bekommen werden, ich aber bloß nie wieder ohne ein Wort verschwinden soll.
Hm. Ist mir schon etwas unangenehm gewesen, dass ich ihr solche Sorgen bereitet habe, aber ist nun mal nicht zu ändern gewesen. England und das Auto vom Direx sind bis jetzt noch nicht zur Sprache gekommen, aber heute Abend bei vier Gängen gibt's sicherlich genug Gelegenheiten dafür. Erst mal die Erleichterung zulassen und dann mit der Disziplin um die Ecke kommen. Mein Vater hat ja schon mal vorsorglich für eine Strafe für mich gesorgt, auch wenn Hausarrest nun wirklich unterstes Niveau ist. Vielleicht ist ihm auf die Schnelle nichts anderes eingefallen.
Ansonsten ist er eher kühl und undurchschaubar gewesen — wie immer also. Er hat mich den Polizisten abgenommen, kritisch mein desolates Äußeres begutachtet und kommentiert und zum Schluss gemeint: »Ich dachte, du würdest nicht mal eine Woche durchhalten.«
Ob ich mir damit nun bei ihm Respekt verschafft habe oder er mich für kindisch und albern hält, hat er nicht gesagt. Stattdessen hat's gleich die Strafe gehagelt und anschließend durfte ich in mein Zimmer abdampfen, während er noch ein paar Worte mit der Polizei gewechselt hat. Das große Donnerwetter gibt's bestimmt heute Abend beim Essen, wenn nur die werte Familie anwesend ist und man sich ein paar Strafpredigten zurecht gelegt hat. Ich hoffe nur, die Polizei hat nicht zu viel von Vince erzählt.
Als ich Britta das alles erzähle und ihr auch noch meine Gedanken bezüglich Vince mitteile, wackelt sie auffordernd mit den

Augenbrauen. »Ach ja, Vince! Wo wir gerade beim Thema sind!« Sie macht es sich etwas gemütlicher auf meinem Bett, lehnt sich mit dem Rücken an die Wand und streckt die langen Beine von sich; natürlich ist sie auch größer als ich. »Erzähl!«, fordert sie neugierig. »Ich meine, dass ihr miteinander geschlafen habt, weiß ich ja schon, aber... offensichtlich hat er's geschafft, dir so richtig den Kopf zu verdrehen.«

»Was? Woran willst du das bitte erkennen?«

Unvermittelt stupst sie meine Nase an. »Ich kann's dir an der Nasenspitze ansehen, mein lieber Maxi. Du bist ein offenes Buch für mich.«

»Na toll«, grummle ich und reibe mir die Nase.

»Ach, jetzt sei doch nicht so. Ist doch schön, wenn du verliebt bist!«

Ich schnaube. »Wunderschön. Ich hoffe nur, Vince kommt zu derselben Einsicht.«

»Hä?«

»Er ist ein kleiner Gefühlskrüppel. Er glaubt mir nicht mal, *dass* ich in ihn verliebt bin, und selbst wenn er es tun würde, würde er sich da mit Sicherheit irgendwie wieder rausreden.«

»Klingt ja nach 'nem tollen Kerl«, schnauft Britta.

Seufzend lasse ich mich der Länge nach auf die Matratze fallen und starre an die Decke. »Ja.«

Britta lacht. »Alles klar, damit wäre das ja geklärt. — Wie war der Sex?«

Ich drehe den Kopf zu ihr. »Das weißt du doch schon.«

»Jaah«, meint sie gedehnt, »aber wie fand er ihn?«

»Äh... gut? Shit, woher soll ich das wissen? Ich hab' ihm danach keinen Fragebogen zum Ankreuzen vor die Brust geknallt.«

Genervt rollt Britta mit den Augen, als wäre sie hier die Erwachsene, die mir Kleinkind alles erklären müsste. »Ist es bei dem einen Mal, von dem du mir erzählt hast, geblieben?«

»Ach so. Nee. Gestern haben wir auch... mehrmals.«

Triumphierend klatscht Britta in die Hände. »Na bitte! Was

brauchst du da noch mehr Antworten?«
Okay, sie ist Vince eindeutig noch nie begegnet. »Das hat nix zu sagen. Wenn ich Pech habe, verbucht er es unter einer Runde Spaß und hakt mich ab.«
»Glaub' mir, Maxi, dich kann man ganz bestimmt nicht einfach abhaken.«
Skeptisch sehe ich sie an. »Vince kann das. Oder er redet sich zumindest ein, dass er's kann. Außerdem wollte er mich ja von Anfang an nicht bei sich haben. Und als die Polizei heute Morgen bei ihm auf der Matte stand...« Ich zögere kurz, bevor ich ihr meine nächsten Gedanken mitteile. Darüber habe ich schon die ganze Zeit – quasi seitdem ich Vince' Wohnung mehr oder weniger gewaltsam verlassen musste – gegrübelt, bin mir aber immer noch nicht so richtig sicher, was ich davon halten soll.
»Ja?«, fragt Britta nach, als ich nicht fortfahre. »Was war da?«
Ratlos zucke ich mit den Schultern. »Er war so... komisch. Als... als hätte er gewusst, dass die Polizei bei ihm klingeln würde. Und er hat nicht den geringsten Widerstand geleistet, als die Typen seine Wohnung gestürmt haben.«
»War ja auch die Polizei«, wendet Britta ein. »Kann ja nicht jeder ein Rebell sein.«
»Trotzdem.«
Sie verzieht den Mund. »Du meinst, er hat dich verraten?«
»Ja. Nein. Ach, fuck, weiß ich auch nicht. Nein. Das traue ich ihm nicht zu.«
Tue ich wirklich nicht. Natürlich habe ich auch schon an Patrizia gedacht, klar, bin ja nicht blöd. Aber das Vince so völlig unüberrascht war, verwirrt mich total. Denn wenn er es gewusst hat... warum zur Hölle hat er dann nichts gesagt? Tatsächlich nur, um mich auf dem unkomplizierten Weg wieder loszuwerden, nachdem es mit uns gerade – sagen wir mal: ansatzweise – kompliziert geworden ist? Ich meine, er müsste schon sehr gefühlskrüppelig sein, um nicht zu merken, dass da mehr zwischen uns gewesen ist als ein bisschen Sex. Hat ihn das so... verschreckt,

verstört, weiß der Geier, dass er mich lieber aus dem Weg räumt, als sich dem zu stellen?
Idiot. Und so was schimpft sich Erwachsener, der allein leben darf. Ich kann nur hoffen, dass er es innerhalb der nächsten Tage über sich bringt, sich bei mir zu melden. Genug Möglichkeiten dazu habe ich ihm ja da gelassen. Ansonsten muss ich auf einen von den hervorragenden Privatdetektiven zurückgreifen, die mein Vater so gerne anheuert. Denn so viel ist sicher: So leicht lasse ich mich nicht abhaken.

***

Noch fünf... vier... drei... zwei... eins... 19:05 Uhr.
Ich warte genau fünf Minuten länger, ehe ich mich auf den Weg nach unten ins Esszimmer mache, obwohl mein Magen bestimmt schon vor einer halben Stunde wilden Alarm geschlagen hat. Aber das ist es mir wert. Außerdem sehe ich mit Sicherheit nicht so aus, wie man zu einem Abendessen im familiären Kreis auszusehen hat, aber darauf lege ich es ja an. Ich kann nicht einmal so genau sagen, warum ich meine Eltern ständig wieder provozieren muss; liegt mir einfach im Blut. Und beim anstehenden Gespräch fühle ich mich eindeutig sicherer und *selbst*sicherer, wenn ich nicht in einer Verkleidung da unten auftauche.
»Du bist zu spät«, begrüßt mich mein Vater vom Kopfende des Tisches aus und nickt dann auf den freien Stuhl zu seiner Rechten, während meine Mutter zu seiner Linken sitzt. Beide sehen aus, als kämen sie direkt von einem wichtigen Businessmeeting. Oder nein. Eher als *wäre* das hier eins. Sie sehen in keiner Weise müde oder abgekämpft aus, sondern viel mehr auf alle Eventualitäten vorbereitet.
»Fünf Minuten«, wiegele ich ab und lasse mich auf den gepolsterten Stuhl plumpsen.
»Die Welt wartet auch keine fünf Minuten auf dich.«
Na, da kann ich ja von Glück sagen, dass die Welt nicht anwesend

ist! Das sage ich aber nicht, weil das doch etwas zu dreist ist für einen der ersten Sätze. Sollen die beiden erst einmal ihr Pulver verschießen, dann sehen wir weiter.
»Frau Niemaier hat die Suppe schon serviert.«
»Ich seh's.« Ich schnappe mir den Löffel. »Guten Appetit«, lächle ich in die Runde und fange zu essen an. Denn, zugegeben, so was Leckeres habe ich schon eine ganz lange Weile nicht mehr in den Magen bekommen.
»Du trägst das schreckliche Piercing ja immer noch«, kommt keine zwei Sekunden später der Vorwurf von meiner Mutter, die mir gegenüber sitzt. Offensichtlich haben sie vor, das Gespräch mit Smalltalk zu beginnen. Solche Beschwerden sind hier nämlich quasi an der Tagesordnung. »Du hättest es doch wenigstens jetzt zum Essen rausnehmen können.«
Mein Vater schnaubt und lässt seinen Blick bezeichnend an mir auf und ab wandern. »Ich hoffe nicht, dass er sich während seines kleinen Abenteuerurlaubs noch weitere Piercings hat stechen lassen. Oder Tätowierungen.«
»Keine Sorge«, beruhige ich ihn, während ich weiter konzentriert meine Suppe löffle. »Hat er nicht.« Weil ich ja auch wohl ein bisschen was anderes zu tun hatte, als mich mit Körperschmuck zu beschäftigen. Zum Beispiel wie ich an meine nächste Mahlzeit herankomme oder an meinen nächsten Schlafplatz.
Mein Vater schnaubt, als würde er mir das erst nach einer eingehenden, selbst durchgeführten Leibesvisitation glauben. Vielleicht sollte ich den Moment der allgemeinen Ungläubigkeit nutzen und von Vince erzählen und mich dabei gleich mal outen. Meine Eltern wissen nämlich nicht, dass ich Jungs wesentlich lieber mag als Mädchen.
Eine Weile plätschert das Gespräch beinahe an mir vorbei. Ich werde sowieso nicht angesprochen, sondern mir wird nur gesagt, wie kindisch und albern und unreif ich mich verhalten habe und dass das meinem bisherigen Treiben die Krone aufgesetzt hat. Nach Meinung meines Vaters denke ich nicht langfristig

und für meine Zukunft – altes Blabla, das ich schon wenigstens von dem Zeitpunkt an kenne, seit dem ich mir das erste Mal die Haare gefärbt habe. Obendrein hält er mich scheinbar auch noch für bescheuert, denn er versucht mir mehrmals mit lauter Stimme deutlich zu machen, dass ich jetzt aktenkundig bin, weil ich ein Auto kurzgeschlossen habe, ob ich überhaupt verstehen würde, was das bedeutet?!

Als ob ich während meiner – wie mein Vater es liebevoll nennt – *kleinen Abenteuer* irgendwie einen Teil meines Gehirns verloren hätte. Dass Britta die eigentliche, technische Arbeit beim Kurzschließen übernommen hat, verschweige ich ihm wohlweißlich. Stattdessen versuche ich es mit ein bisschen Einsicht und gebe zu, dass ich mit der Aktion einen Fehler begangen habe. Mehr kann ich rückwirkend sowieso nicht mehr tun.

»Ein Fehler, in der Tat«, stimmt mein Vater sofort nickend zu. »Aber das ist eine etwas späte Einsicht, mein Sohn. Denn es war noch ein viel größerer Fehler, vor drei Wochen einfach ohne ein Wort zu verschwinden.« Er lehnt sich über den Tisch dichter zu mir rüber. »Dieses Verhalten bestärkt mich nur in dem Entschluss, dich nach England zu schicken. Und du *wirst*« – hebt er plötzlich dominant an, als ich protestieren will – »nach England gehen.«

Ah, jetzt beginnt der spannende und eigentliche Teil der Unterhaltung.

»Nein«, entgegne ich starrsinnig. »Du kannst mich nicht zwingen.« Schon gar nicht jetzt, wo es Vince gibt. Mehr oder weniger gibt. Wenn ich erst mal in ein anderes Land verschifft worden bin, fällt es ihm bestimmt viel zu leicht, mich einfach zu vergessen. »Was meinst du denn, warum ich abgehauen bin?«

»Maxim.« Genervt reibt sich mein Vater über die Stirn. »Glaubst du wirklich, das ändert meine Entscheidung?«

»Ich gehe *nicht* nach England!« Mir kommt dieses Gespräch wie ein einziges Déjà-vu vor.

»Doch!«, bellt er. »Es ist schon alles geregelt. Nach den Weihnachtsferien wirst du –«

»*Was?!*«
»Maxim!«, herrscht mich mein Vater am Ende seiner Geduld an. »Darüber gibt es keine Diskussion, verstanden?« Seine hellgrünen Augen, die ich ohne Zweifel von ihm geerbt habe, bohren sich unnachgiebig in meine, so lange und so anhaltend, dass ich irgendwann den Blick abwenden muss.
Fuck!
»Wenn du mich gegen meinen Willen in ein anderes Land verfrachtest und in irgendein Scheißinternat einsperrst, nennt sich das Freiheitsberaubung«, improvisiere ich lahm. »Das kannst du nicht machen!«
Er wirft mir nur einen verärgerten wie eindringlichen Blick zu, der eindeutig sagt, dass er sehr wohl kann. Zu einer verbalen Antwort lässt er sich gar nicht erst herab. Scheiße. Ich hasse es, wenn er nicht auf mich reagiert.
»Ich werde einfach wieder abhauen«, blaffe ich und bemerke gleichzeitig, dass ich mich gefährlich dicht an den Trotzabgrund bewege. »In England oder wo auch immer du mich hinschicken willst.«
Er stößt ein belustigtes Schnauben aus. »Mach' dich nicht lächerlich. Ich verspreche dir, beim nächsten Mal wird es keine drei Wochen dauern, bis man dich wieder einsammelt.«
In seiner Stimme schwingt ein gewisses Maß an Respekt mit, dass ich ihm so lange entwischt bin und so lange durchgehalten habe, viel mehr überwiegt jedoch die Herablassung. Wütend umklammere ich mit beiden Händen die Tischkante und beiße fest die Zähne zusammen. Ich stehe kurz davor, ihm an die Gurgel zu springen. Er nimmt mich einfach nicht ernst, verdammt! Ich bin drei Wochen auf eigene Faust und ohne Geld durch die Gegend gestromert und er nimmt mich immer noch nicht ernst!
Unvermittelt wird die hitzige, aufgeladene Atmosphäre im Raum von Frau Niemaier unterbrochen, die plötzlich aus der Küche kommt, die Suppenschüsseln abräumt und kurz darauf mit drei kleinen Salatschüsseln wiederkommt, die mit Scampis garniert

sind.
Als sie wieder verschwunden ist, habe ich mich etwas beruhigt.
Lustlos greife ich nach der Salatgabel und versuche es mit Vernunft: »Können wir noch mal über England reden?«
»Nein.« Als wäre das gar keine richtige Frage gewesen, widmen sich meine Eltern in aller Seelenruhe dem Salat. Etwas aus dem Zusammenhang gerissen, fährt mein Vater fort: »Wir können über das reden, was in den drei Wochen passiert ist.«
»Ja.« Meine Mutter sieht mich mit einem warmen Lächeln an, das in einem so starken Kontrast zu der Wut und der Genervtheit meines Vaters steht, dass ich kurzzeitig verwirrt bin. »Du kannst uns alles erzählen, Maxim. Alles.«
Ich runzle die Stirn. Hä? Als ob ich da Lust zu hätte. Außerdem spricht mir mein Vater den gerade gezollten Respekt bestimmt sehr schnell wieder ab, wenn ich damit herausrücke, dass ich die ersten zwei Nächte in Jugendherbergen verbracht und beinahe zwei volle Wochen Vince beglückt habe. Ich hoffe einfach mal, dass Vince zu seiner eigenen Sicherheit nicht erzählt hat, dass ich schon so ewig lange bei ihm gehaust habe.
»Aber ganz egal, was du uns erzählst«, merkt mein Vater noch an, »sei dir der Tatsache bewusst, dass das keinerlei Einfluss auf England haben wird.«
»Jonathan«, mahnt meine Mutter leicht tadelnd, leicht niedergeschlagen, was ich nicht so ganz verstehe.
»Was sollte ich euch schon groß erzählen?«, frage ich jetzt etwas spöttelnd. »Waren doch nur die kleinen Abenteuer eines kleinen Jungen.«
Meine Mutter sieht mich bei diesen Worten etwas seltsam an, mein Vater lehnt sich wieder näher zu mir rüber. »Gut, dann eben anders: Was hat es mit diesem Vincent Junker auf sich?«
Ich erstarre. Beinahe wäre mir reflexartig: *‚Mit wem?'*, rausgerutscht, aber ich kann mich gerade noch bremsen. Immerhin sind Vince' Personalien ordnungsgemäß von der Polizei aufgenommen worden, da sollte ich jetzt nicht rumlügen.

Auch wenn ich nicht verstehe, was die Frage nach ihm in dieser Tonlage soll, deshalb meine ich auch Zeit schindend: »Ich verstehe die Frage nicht.«
Die Augenbrauen meines Vaters wandern nach oben. »So? Die Polizei sagte mir, dass sie dich bei einem jungen Mann namens Vincent Junker aufgegriffen hätten. Nach seinen Angaben ist das deine zweite Nacht bei ihm gewesen. Ein anonymer Anrufer sprach jedoch von mindestens einer Woche.«
Schweigend warte ich ab, ob da noch etwas kommt. Als das nicht der Fall zu sein scheint, will ich wissen: »Und?«
Er und meine Mutter tauschen einen kurzen, bezeichnenden Blick miteinander aus, dann fragt mein Vater beinahe nüchtern: »Hat er dich gegen deinen Willen festgehalten?«
Ich bin so entgeistert, dass ich gar nicht merke, wie mir die Kinnlade herunter kracht. »Wie bitte?« Geschockt starre ich von ihm zu meiner Mutter rüber, deren Augen auf einmal verdächtig wässrig sind. Ich fass' es nicht! »Nein, verdammt! Natürlich nicht! – Und bevor ihr fragt: Er hat mich auch zu nichts gezwungen, was ich nicht ausdrücklich wollte.« Heilige Scheiße! Sie kennen Vince natürlich nicht, aber trotzdem können sie ihm doch nicht einfach, so aus der Luft heraus gegriffen, so was unterstellen!
»Nichts, was du nicht ausdrücklich wolltest?«, wiederholt mein Vater lauernd. »Also hat er etwas gemacht?«
Auweia. Vorsicht, Maxi, Falle! Natürlich hat er etwas... *gemacht*, aber erst, nachdem ich ihn ohne Ende gedrängt habe. Aber selbst das kann ich nicht sagen, wenn ich mich nicht zufällig outen und Vince obendrein in Schwierigkeiten bringen will. Bei meinem Glück bezichtigt mein Vater ihn dann trotzdem, mich schwul gemacht zu haben oder so einen Blödsinn.
»Er hat mich nicht vergewaltigt als Gegenleistung für einen Schlafplatz, wenn es das ist, was ihr wissen wollt«, knalle ich ihnen die Wahrheit an den Kopf, ohne zu lügen.
Meine Mutter schnappt ein bisschen überfordert nach Luft.
»Maxim!«

»Was denn?«, maule ich. »Ihr wolltet es doch so deutlich hören, oder?«
»Ja«, bekräftigt mein Vater, während meine Mutter immer noch etwas geschockt aussieht. Andererseits aber auch sehr, sehr erleichtert. Ich fasse es nicht, dass sie tatsächlich geglaubt hat... Schätzungsweise sind Mütter einfach so. Nehmen immer gleich das Schlimmste an. »Trotzdem würde es mich beruhigen, noch etwas mehr über diesen jungen Mann zu erfahren.« Na, wen wundert's. Der Tag, an dem er mir mal irgendwas auf Anhieb glaubt, wird garantiert zum Feiertag erklärt. »Wer ist Vincent Junker? Kanntest du ihn schon vorher?«
»Nein.« Demonstrativ greife ich nach meinem Besteck. »Wo bleibt eigentlich der Fisch?«
Mein Vater ignoriert mich geflissentlich und fragt gnadenlos weiter:
»Wie lange bist du bei ihm gewesen? Tatsächlich eine Woche?«
Shit, wenn Vince der Polizei gesagt hat, dass es nur zwei Tage gewesen sind, kann ich nun ja schlecht was anderes behaupten, ohne ihn damit in Schwierigkeiten zu bringen. Scheiß auf den anonymen Anrufer, welcher Vollpfosten das auch immer gewesen sein mag. »Nee, zwei Tage stimmen schon.«
Die Augen meines Vaters werden schmal und scannen mich mit ziemlich undurchdringlicher Miene, aber ich versuche mir, so gut es geht, nichts anmerken zu lassen. »Und er hat dich einfach so bei sich aufgenommen?«
»Ja.«
»Ohne jedwede Gegenleistung?«
»Ja.«
»Du hast ihm nichts versprochen?«
»Nein.« Ich werde das Fahrrad von meinem eigenen Geld auf meinen eigenen Konten bezahlen, also geht ihn das ja wohl, verdammt noch mal, nichts an.
»Dann bist du bei dem Herrn Junker ja an einen echten Samariter geraten.«

»Tja, stell' dir vor, so was soll's sogar noch geben.«
Erneut übergeht er mich und meinen schnippischen Tonfall, um mich weiter mit seinen Fragen zu bombardieren. »Wie viele andere Samariter sind dir denn in den drei Wochen noch über den Weg gelaufen?«
Uh, Achtung, noch eine Falle. Es würde ihn höchst misstrauisch stimmen, wenn ich jetzt zwei, drei weitere Gutmenschen aus dem Ärmel zaubere. »Keiner. Im Gegenteil«, folge ich dann einem Geistesblitz. »Einer ist sogar auf mich losgegangen, weil der geglaubt hat, ich wollte mich an seinen Sachen vergreifen.«
»Oh Gott, Maxim!« Meine Mutter sieht mich mit schreckensgeweiteten Augen an. »Hat er dir was getan?«
»Nee«, wiegele ich schnell ab, »halb so schlimm.« Auf eine Leibesvisitation kann ich jetzt wirklich verzichten. Sind zwar nur noch ein paar blasse Flecken übrig, aber sicher ist sicher.
Es folgen ein paar weitere, unangenehme Fragen zu meinem Verbleib und was ich wo wie lange getrieben habe. Ich versuche, so gut es geht, bei der Wahrheit zu bleiben, um mich nicht in allzu große Lügengeschichten zu verstricken und meinen Vater misstrauisch werden zu lassen. Zweifellos glaubt er mir die Zwei-Tage-Vince-Geschichte nicht und bei ein paar meiner Antworten sieht er mich ziemlich skeptisch an, so dass ich schon befürchte, mich irgendwo verzettelt zu haben. Vielleicht lüge ich auch einfach nur so schlecht, dass er mich schlicht durchschaut. Möglicherweise hätte ich doch bestätigen sollen, dass es beinahe eine Woche gewesen ist, die ich bei Vince verbracht habe, obwohl es in Wirklichkeit mehr Tage gewesen sind. Andererseits hätte das bestimmt ein paar weitere unangenehme Fragen heraufbeschworen, ganz zu schweigen von Ärger für Vince, weil er die Polizei belogen hat.
Ach, fuck! Ich weiß nicht, was die bessere Variante gewesen wäre, ich weiß nur, dass ich Vince so gut wie irgend möglich aus allem heraushalten möchte. Aber so, wie mich mein Vater jetzt ansieht, habe ich offensichtlich alles picobello in den Sand gesetzt.

Allerdings lässt er uns nicht wissen, was er sich eventuell zusammengereimt hat, sondern weist uns nur daraufhin, dass Frau Niemaier nun langsam mal den Fisch bringen könnte.
Das hat zur Folge, dass ich das komplette Wochenende über hypernervös bin. Ich weiß gar nicht so genau, womit ich rechne, aber im Endeffekt geht es darum, dass mein Vater Vince zu Leibe rückt – und das ist, in egal welcher Vorstellung, einfach nur absolut grausam. Habe ich ihm eigentlich zu irgendeinem Zeitpunkt gesagt, dass meine Eltern *nicht* wissen, dass ich schwul bin? Denn falls nicht und er das zufälligerweise ausplaudert... heilige Scheiße, dann kriegt mein Vater ihn vermutlich noch wegen Umpolung oder so einem ausgemachten Schwachsinn dran! Und ich kann rein gar nichts dagegen tun, weil ich dann wahrscheinlich schon in diesem beschissenen Eliteinternat in England hocke!
Meine Mutter ist auf den famosen Gedanken gekommen, mir Imagebroschüren und Infoheftchen von dem Internat zu geben. Ich brauche die Dinger nur anzugucken und schon bekomme ich schlimme Würgekrämpfe. Deshalb ist der ganze Klumpatsch vorsorglich auch erst mal in meinem Mülleimer gelandet. Die können mir auch immer noch vor Ort sagen, wie genau ich meine Socken zu falten habe oder wie lang meine Haarspitzen sein dürfen. Irgendwelche Wahlfächer habe ich mir auch noch nicht ausgesucht – das hat mein Vater erstaunlicherweise noch nicht für mich *geregelt*! Scheint auch eine Schule zu sein, in der Sport ganz groß geschrieben wird. Da kann ich mich vor Freude wirklich kaum noch einkriegen, besonders, weil ich mit meiner Größe und Statur bestimmt die Lachnummer des Jahrgangs sein werde. Hoffentlich gibt's wenigstens einen Golfkurs, darin bin ich gut. Aber um im Infoheft nachzuschlagen, bin ich zu verstimmt. Und auch zu niedergeschlagen.
Er hat sich immer noch nicht gemeldet...
Außerdem hat Britta das Heft schon vor einer halben Stunde aus dem Mülleimer gewühlt und blättert die ganze Zeit so verzückt

darin herum. Dabei ist heute Weihnachten, aber bis bei ihr um fünf die Verwandtschaft eintrudelt, hat sie wohl noch etwas Zeit zu verplempern.

»Hast du dir schon die Fotos von den Schülerzimmern angesehen?«

»Nein.«

»Ziemlich geräumig für ein Internat.«

»Hm-hm.«

»Und du bist nur mit einem weiteren Schüler auf einem Zimmer. Und du hast sogar dein eigenes Badezimmer! Also, mit deinem Zimmerkumpel zusammen.« Es raschelt links von mir und aus den Augenwinkeln heraus sehe ich, wie Britta mir das Infoheft aufdrängen will. »Hier, siehst du?«

»Wenn du das alles so superklasse findest, warum gehst du dann nicht an meiner Stelle nach England?«

»Ha!«, johlt sie. »Wenn ich das *könnte*, glaub' mir, Maxi, dann würde ich das sofort tun.«

Stirnrunzelnd drehe ich den Kopf und sehe sie an. »Du passt da doch gar nicht rein.«

»Na und? Ist doch bestimmt trotzdem lustig. Ich schneide mir die roten Dinger ab« – sie zupft an ihren Haarspitzen – »ziehe mir eine sexy Schuluniform an und angle mir den Mannschaftskapitän der Fußballmannschaft. Und nebenbei kriege ich noch einen Freifahrtschein für die Zukunft. Mann« – sie stößt mich an – »danach kannst du doch machen, *was du willst*! Wie geil ist das denn?« Das Strahlen in ihren Augen nimmt ein wenig ab und sie nimmt das Infoheft wieder herunter. »Natürlich«, seufzt sie und stopft das Heft zurück in den Mülleimer, »muss man sich einen Besuch an diesem Internat leisten können.«

Okay, so gesehen... für Britta ist das bestimmt tatsächlich eine riesengroße Chance, die ihr den Weg in die Zukunft oder wohin auch immer bereitet. Wenn ich an ihrer Stelle wäre, würde ich vielleicht auch zugreifen... ähem, ganz vielleicht. Aber so, wie es aussieht, kriege ich sowieso alles, was ich will, beziehungsweise

kann alles machen, was ich will. Da muss ich vorher nicht extra so ein blödes Eliteinternat mit einem Arsch voll strengen Vorschriften besuchen.
Britta steht vom Fußboden auf und sieht mir auf meinem Schreibtischstuhl über die Schulter. »Was machst du da eigentlich?«
»Erst habe ich versucht, innerhalb von« – ich schiele auf die Uhr am unteren Bildschirmrand – »vier Stunden Weihnachtsgeschenke für meine Eltern zu shoppen –«
»Du hast noch keine Geschenke für deine Eltern?!«, platzt es aus Britta raus. »Es ist halb drei am 24. Dezember!«
»Ach!«
Ruckartig packt sie mich am Arm und zerrt mich vom Stuhl runter. »Los! Schuhe an! Wir gehen in die Stadt!«
»Was? Bist du noch zu retten?« Ich rupfe meinen Arm frei. »Da wirst du heute totgetreten!« Außerdem ist mir gerade absolut nicht nach vielen Menschen oder gar Shopping zumute. Schon gar nicht, wenn ich damit meinen Eltern was Gutes tun soll.
»Ja, und? Dann hättest du dich eben schon mal früher um Geschenke kümmern müssen.«
Ich schnaube. »Wirklich? Wann denn? Als ich siebzehn Cent für ein Brötchen vom SB-Bäcker ausgegeben habe, vielleicht?«
Britta rollt mit den Augen. »Mann, Maxi! Du siehst auch immer überall nur Probleme!« Sie schnappt sich meine Maus und klickt systematisch alle Browserfenster zu, ehe sie den Computer herunterfährt. Dann schleift sie mich hinter sich her aus dem Zimmer und ins Erdgeschoss hinunter. »Außerdem: Warum hattest du denn bitte schön *Google* offen? Wolltest du nach *Weihnachtsgeschenke für Eltern, die schon alles haben* suchen?«
»Nein«, brummle ich bedrückt. »Ich hab' nach Vince' gesucht. Oder nach seiner Telefonnummer... irgendwas.«
»Oh.« Innerhalb weniger Sekunden schlägt ihre Stimmung um. Mitfühlend legt Britta einen Arm um mich. »Er hat sich immer noch nicht gemeldet?«
Als Antwort darauf schüttle ich nur mit dem Kopf, weil meine

Augen beinahe wie von selbst zuklappen und sich mein Hals ganz gemein zuschnürt. Fuck. Heute ist Dienstag. Freitag hat mich die Polizei bei ihm abgeholt — wie lange braucht er denn noch, um wahnsinnig zu werden? Ich laufe jetzt schon die Wände hoch und überlege, wie ich an einen von den Privatdetektiven meines Vaters herankomme.
Und Vince? Der ist wahrscheinlich damit beschäftigt, sich kräftig zu entlieben.

***

Weihnachten ist noch nie so schlimm gewesen wie dieses Jahr. Die Zeit geht überhaupt nicht rum, während wir im trauten Familienkreis mit meinen Großeltern zusammen im Esszimmer am Tisch sitzen und Gänsebraten essen. Die Gespräche zu irgendwelchen Themen, die mich nur mäßig interessieren, plätschern uninteressant an mir vorbei und ich langweile mich zu Tode. Von meinem Abenteuerurlaub — inzwischen ist die Bezeichnung offiziell — darf ich auch ein bisschen was erzählen und wie ich denn vorhabe, den Rückstand in der Schule wieder aufzuholen.
»Gar nicht«, antworte ich schlicht. »Bin doch nach den Weihnachtsferien sowieso auf einer anderen Schule. Wozu sich also die Mühe machen?«
Das ist zweifellos nicht die Antwort gewesen, die speziell mein Vater gerne hören wollte. Er wirft mir auch dementsprechend einen finsteren Blick zu, möchte die anheimelnde Weihnachtsstimmung aber offensichtlich nicht durch einen Streit zerstören und enthält sich jeden Kommentars. Besser so, denn würde es zu einem Streit kommen, würde ich wahrscheinlich ziemlich explodieren, um meinen Frust loswerden zu können.
Irgendwie habe ich idiotischerweise angenommen, dass Vince sich — wenn er es schon bis jetzt nicht getan hat —, sozusagen als Überraschung, zu Weihnachten melden würde. Mit einem winzigen Anruf, einer kleinen Mail, einer kitschigen Weihnachtskarte...

Aber offensichtlich sieht es so aus, als müsste ich mal wieder die Initiative ergreifen, wenn ich nicht will, dass er mich komplett vergisst.
Wobei ich mich ernsthaft frage, wie er das hinbekommt. Mittlerweile vermisse ich ihn so sehr, dass keine Minute vergeht, in der ich nicht auf irgendeine Art und Weise an ihn denke. Wütend, traurig, sehnsüchtig – eigentlich ist alles dabei, und ich dreh' noch durch bei dem Gedanken, dass Vince mich genauso einfach aus seinem Herzen geworfen hat wie aus seiner Wohnung.
Gleich am nächsten Tag will ich am liebsten einen Detektiv beauftragen, komme aber erst mal zu gar nichts. Vormittags ruft Britta an und quatscht mich über eine Stunde damit zu, wie Weihnachten bei ihr gewesen ist, und will natürlich, dass ich ihr auch ein bisschen was erzähle. Dann sind wir zum Mittagessen bei meinen Großeltern väterlicherseits eingeladen, weil meine Oma immer etwas pingelig ist, was das Weihnachtsessen angeht. Traditionsgemäß möchte sie uns vernünftig bekochen – was sie im Gegensatz zu meinen Eltern auch tatsächlich selbst macht. Allerdings ist sie es auch gar nicht anders gewöhnt, weil sie nämlich im Gegensatz zu ihrem Sohn und seiner Familie eher bescheiden mit meinem Opa in einem kleinen Haus mit riesigem Garten am Stadtrand wohnt.
Ich fühle mich eigentlich noch sehr genudelt vom gestrigen Abendessen, esse aber brav meine Teller leer. Schätzungsweise ist mein Magen etwas geschrumpft, während ich die Vince-Diät gemacht habe. Abends steht dann die Weihnachtsparty von Freunden von meinen Eltern auf dem Tagesplan, und weil das ein gesellschaftlich wichtiges Ereignis ist, auf dem die halbe Nachbarschaft erscheint, muss ich natürlich auch mit und mehrmals meine Abenteuerurlaubsgeschichte zum Besten geben. Ich glaube, wenn ich das noch einmal machen muss, ohne Vince erwähnen zu dürfen, platze ich. In der Nacht falle ich dann so müde, vollgefressen und kaputt ins Bett, dass ich erst mal den halben Vormittag vom zweiten Weihnachtstag verpenne.

Shit.
Ich jumpe aus dem Bett und gleich unter die Dusche. Frühstück und Mittag lasse ich zur Abwechslung mal ausfallen, weil wir nachmittags zu meinen Großeltern mütterlicherseits unterwegs sind – Kuchen essen. Im Backen ist meine andere Oma nämlich ganz groß.
Trotzdem ist es bestimmt schon gegen sechs, als mein Vater den Jaguar zurück auf den Hof lenkt. Da wir bei den sehr gut betuchten Eltern meiner Mutter gewesen sind, durfte es auch das exquisitere Auto sein und nicht der BMW wie gestern; der hätte vor der riesigen Villa auch etwas fehl am Platz gewirkt.
»Was ist das denn?«, will mein Vater verstimmt wissen.
»Was denn, Schatz?«
Unmotiviert hänge ich hinten auf der Rückbank rum und starre in die andere Richtung aus dem Fenster. Interessiert mich nicht wirklich, wenn in unserem Vorgarten ein Blumentopf umgefallen ist oder irgendwas anderes Banales. Außerdem ist mir ein bisschen schlecht von dem vielen Essen der letzten Zeit. Aber was würde ich jetzt nicht alles geben für eine winzige Portion Spaghetti mit Semmelbrösel. Oder ein lahmes Schinken-Käse-Sandwich. Oder –
»Wer ist das?«, verlangt mein Vater in einem seltsam indignierten Tonfall zu wissen. »Kennst du den Mann, Liebling?«
Mann? Was für ein Mann?
Jetzt drehe ich doch ein wenig neugierig den Kopf herum, um durch die verdunkelten Scheiben zu unserem Eingangsbereich hinüberzusehen. Im nächsten Augenblick sitze ich mit einem Ächzen kerzengerade auf der Rückbank und reiße die Autotür auf, obwohl der Wagen noch nicht steht.
»Maxim!«, ruft meine Mutter entsetzt. »Was machst du denn?«
Mein Vater hört sich eher an wie ein Donnergrollen, als er raunzt: »Maxim! Komm sofort zurück!«
Selbst wenn ich wollte, könnte ich gar nicht zu laufen aufhören. Ehrlich nicht. Das ist der reinste Automatismus.

Einmal aufgezogen, nicht mehr zu stoppen. Oder fast nicht. Als ich mich ihm mit ausgebreiteten Armen entgegen werfe, bleibe ich ziemlich abrupt stehen, auch wenn Vince daraufhin ein paar Schritte zurücktaumelt, um die Wucht des Zusammenstoßens ausbalancieren zu können. Seine Arme legen sich trotzdem wie von selbst um mich, und das fühlt sich so großartig an, dass mein Herz in meiner Brust noch ein bisschen schneller wummert, obwohl ich jetzt schon ganz aus der Puste bin.

»Vince!«, entfährt es mir in einem halben Jauchzen und einem halben... Schluchzen? Shit! Meine Augen brennen und mein Hals ist auf einmal ziemlich eng geworden. Zum Glück liegt mein Gesicht an seiner Brust verborgen, sonst könnte das hier ganz schön peinlich für mich werden.

Mir liegen ungefähr tausendundeine Begrüßung auf der Zunge — angefangen von: »Ich freu' mich so wahnsinnig, dich wiederzusehen«, bis hin zu: »Warum zum Teufel kommst du erst jetzt?!« —, aber ich kriege keine einzige davon heraus und beschränke mich darauf, mich sehnsüchtig an ihn zu schmiegen.

Verdammt, hat er mir gefehlt!

»Hey«, kommt es ihm leicht verdutzt über die Lippen, während er mit den Händen beruhigend über meinen Rücken streichelt. Offenbar fehlen ihm im ersten Moment auch die Worte, weil er nichts weiter sagt.

Ich schmuggle meine Hand zwischen uns und wische mir damit kurz über die Augen, ehe ich von unten zu ihm hoch schaue und seinem Blick begegne. Sofort flattert mein Herz noch ein wenig stärker, aufgeregter, weil ich in seinen Augen die gleiche Wiedersehensfreude erkenne, wie ich sie verspüre. Und noch etwas mehr. Ich möchte ihn auf der Stelle um den Verstand küssen!

Stattdessen höre ich allerdings ein ziemlich deplaziert wirkendes Geräusch, das wie mit einer Kettensäge durch das hübsche Szenario durchfährt: ein demonstratives Räuspern, gefolgt von einem auffordernden: »Maxim?«

Fuck! Meine Eltern!

Schnell, aber gleichzeitig mehr als widerwillig lasse ich Vince los, murmle so leise wie möglich: »Lass mich das machen«, und drehe mich dann um.

Nach meinem spektakulären Sprung aus dem Auto heraus muss mein Vater den Jaguar gleich an Ort und Stelle angehalten haben, damit die zwei mir eilig über den Rasen nachjagen konnten, weil beide leicht aus der Puste sind. Vielleicht haben sie auch gedacht, ich wollte die Gunst der Sekunde nutzen und wieder abhauen. Außerdem wahren sie einen gewissen Abstand zu Vince und mir, als wüssten sie nicht so genau, was sie von dem, was sie sehen, halten sollen. Aber *dass* sie es gesehen haben, steht außer Zweifel. Beide haben da so einen Blick drauf, der augenblicklich nach einer Erklärung verlangt.

»Mama, Papa, darf ich euch Vincent Junker vorstellen. – Vince, das sind meine Eltern.« Auweia, hat jemals jemand schon mal auf eine schrecklichere Art und Weise seine Eltern mit dem – hoffentlich baldigen – Freund bekannt gemacht? Ich glaube nicht.

»Junker?«, wiederholt mein Vater, obwohl der Name natürlich sofort alle Glocken bei ihm hat klingeln lassen. Argwöhnisch taxiert er Vince, während meine Mutter strahlend meint: »Der Mann, bei dem Maxim übernachten durfte, natürlich!«

Sie macht ein paar Schritte auf uns zu, bis sie Vince die Hand hinstrecken kann, die der zum Glück gleich ergreift und brav schüttelt. »Es freut mich sehr, Sie endlich mal kennenzulernen. Sie hätten anrufen sollen, dass Sie vorbeikommen wollen, dann hätten Sie nicht so lange auf uns warten müssen. Wie lange warten Sie denn schon hier?«

»Nicht lang.«

»Trotzdem«, findet meine Mutter und scheint Vince' kurz ausgefallene Antwort nicht im Mindesten unhöflich zu finden. »Bei der Kälte! Kommen Sie doch erst einmal mit rein und wärmen Sie sich auf. Sie bleiben natürlich zum Abendessen.«

»Eigentlich –«, will Vince sichtlich unbehaglich einwenden, aber

da schalte ich mich schnell dazwischen: »Sehr gute Idee, Mama.« Er hat ja wohl nicht vor, gleich wieder nach Hause abzudampfen?! Nee, nee, dem schieben wir mal schnell einen Riegel vor.
»In der Tat.« Mein Vater lässt sich auch endlich dazu herab, Vince die Hand hinzustrecken, und lässt ihn gleichzeitig keine Sekunde lang aus den Augen. »Dann können Sie uns Ihre Sichtweise der Dinge erzählen. Wie lange durfte sich Maxim noch mal bei Ihnen aufhalten?«
Ich fange einen Hilfe suchenden Blick von Vince auf und sage: »Zwei Tage, das hab' ich dir doch schon erzählt.«
»Natürlich.« Sein Blick analysiert immer noch Vince.
Zweifellos glaubt er die Geschichte jetzt noch viel weniger als vor einer Woche, nachdem er uns zwei gerade in trauter Wiedersehensfreude erblicken konnte, aber vielleicht fällt mir dazu noch eine Erklärung ein. Auch wenn ich dafür eventuell zugeben müsste, dass ich vorher gelogen habe. »Na, wie dem auch sei« – meine Mutter deutet einladend auf die Haustür – »lasst uns erst mal hineingehen, hm?« Sie geht uns voraus und schließt die Haustür auf. »Macht es euch doch einfach schon mal im Wohnzimmer bequem, ich werde mal nachsehen, ob Frau Niemaier noch irgendetwas zu Essen in der Küche hat.«
Ha, jetzt kommt der spannende Teil. Frau Niemaier hat über die Weihnachtsfeiertage frei und meine Mutter wird jetzt bestimmt eine halbe Stunde lang die Küche auf den Kopf stellen oder sämtliche Cateringfirmen durchtelefonieren, bis sie sicher sein kann, dass wir was Anständiges auf die Gabel bekommen. Und mein Vater wird Vince und mich in der Zwischenzeit auseinander nehmen. Shit, und wir hatten nicht mal Zeit, uns vorher abzusprechen!
Das, was meine Mutter so anheimelnd *Wohnzimmer* genannt hat, ist in Wirklichkeit nur wenig wohnlich. Helles Holz, helle Möbel, helle Teppiche, helle Kissen und viel Glas in einem schier riesigen Raum. Das ist das Wohnzimmer für die breite Öffentlichkeit. Wir haben auch noch ein kleineres, das etwas gemütlicher eingerichtet

ist, aber das wird sogar für Gäste wie Vince nicht angesteuert. Dabei traut er sich hier schon kaum, sich hinzusetzen, so wie das aussieht. Deshalb werfe ich mich etwas schwungvoller als nötig auf die schicke Designercouch, um ihm zu demonstrieren, dass die Dinger nicht so leicht auseinanderbrechen. Mein Vater verzieht daraufhin gleich angefressen die Lippen, sagt aber nichts dazu. Gesittet lässt er sich auf dem Sessel nieder, der schräg gegenüber dem Sofa steht, und bietet Vince mit einer Handbewegung einen Platz an.

»Bitte, setzen Sie sich, Herr Junker.«

Herr Junker – grauenhaft. Vince ist nicht viel älter als ich, aber darum geht es gar nicht. Wenn hier mit *Herr Junker* und *Herr Sander zu Carlbergen* jongliert wird, steht außer Frage, wer den Ton angibt.

»Nun, was verschafft uns denn die Ehre Ihres kleinen Überraschungsbesuchs?«

Ich schätze, Vince würde nicht einmal mir den wahren Grund geradeheraus gestehen, also antworte ich für ihn: »Er wollte mich besuchen, was sonst? Gucken, wie es mir geht. Oder, Vince?« Ich werfe ihm einen eindringlichen Blick zu.

»Ganz genau.«

»Ah. Sie haben Maxim während der zwei Tage wirklich sehr ins Herz geschlossen.«

Gut, langsam wird's lächerlich. Er glaubt mir das sowieso nicht.

»Okay, du hast gewonnen. Bevor du da jetzt noch weiter drauf herumreitest: Es waren keine zwei Tage.«

Er spielt nicht mal den Überraschten. »Wirklich nicht?«

»Nein. Ich habe Vince gesagt, dass er das sagen soll, um ihm so viel Ärger wie möglich zu ersparen. Er wusste nicht, wer ich bin, als er mich aufgenommen hat. Und er hat mich bleiben lassen, weil... weil« – fuck! Ich merke, wie ich über die Erklärung stolpere, und hasple den Satz schnell zu Ende – »er ein guter Mensch ist und wir uns ganz gut leiden können. Es war ein Gefallen unter Freunden.«

Aus den Augenwinkeln heraus sehe ich, wie Vince eine Augenbraue hochzieht. Glücklicherweise ist er so klug, dazu nichts zu sagen. Mein Vater muss nicht unbedingt etwas von dem Schuldschein wissen. Oder unserer genauen Beziehung zueinander.
Mein Vater nickt bedächtig, während er mich keine Sekunde aus den Augen lässt. Sauer scheint er allerdings nicht zu sein. Eher... triumphierend. Auf eine nicht ganz angenehme Art und Weise.
»Das dachte ich mir schon«, gibt er dann auch unverwandt zu. »Du bist viel zu clever, als dass du tatsächlich drei Wochen lang auf der Straße herumstromern würdest. Mal ganz davon abgesehen, dass ich dir das nicht mal im Ansatz zugetraut habe.«
Wie bitte?! Er hat es mir nicht *zugetraut*?! Dabei *habe* ich mich, bevor ich auf Vince gestoßen bin, über eine Woche lang auf der Straße durchgeschlagen! Abzüglich der zwei Tage, die ich in der Jugendherberge verbracht habe. Von denen ich ihm jetzt aber garantiert nichts mehr erzählen werde.
Aber ich komme gar nicht dazu, ihm das zu sagen, weil er gnadenlos mit seiner Rede fortfährt: »Das habe ich auch deiner Mutter immer wieder gesagt. Sie hat sich wirklich Sorgen um dich gemacht, Maxim. Aber das ist dir ja völlig egal gewesen, als du zu deinem kleinen Sonderurlaub aufgebrochen bist. Dabei hast du bloß drei Wochen auf der faulen Haut gelegen, und das auch noch auf Kosten anderer.« Er wendet sich Vince zu, der sich unter der laufenden Strafpredigt für mich nicht wirklich hat entspannen können. »Wir werden Sie natürlich für die Zeit entschädigen, die Maxim bei Ihnen verbracht hat. Stellen Sie doch in den nächsten Tagen einen Kostenvoranschlag zusammen, dann werden wir uns schon einig.«
Ich glaub', es hackt! Er glaubt doch nicht ernsthaft, dass Vince nur hier vorbeigekommen ist, um sich bezahlen zu lassen?!
»Nein, danke«, entgegnet Vince, noch bevor ich auf diese Ungeheuerlichkeit reagieren kann. Um seinen Mund herum ist schon wieder dieser grimmige Zug aufgetaucht und in seinen Augen blitzt ein Anflug vom Killerblick.

Erst jetzt, wo ich beides wieder sehe, fällt mir auf, dass er schon lange nicht mehr so geguckt hat. »Ich hab' Maxi freiwillig bei mir aufgenommen. Ich will keine Entschädigung dafür.«
Er sagt das so ruhig und ernst, dass auch ich glatt auf ihn hereingefallen wäre. Aber am Anfang ist es leider ganz und gar nicht freiwillig gewesen.
»Nicht?« Jetzt ist mein Vater doch ein wenig erstaunt. »Warum sind Sie dann hier?«
»Papa!«, raunze ich reflexartig. »Das hab' ich doch schon gesagt.«
»Richtig. Aber ich würde es gerne von ihm hören.«
»Wie Maxi schon sagte: Ich wollte ihn besuchen«, wiederholt Vince dann wie aufs Stichwort meine Worte von vorhin. »Und er war keine drei Wochen bei mir, sondern dreizehn Tage.«
Ich blinzle ihn überrascht an. Nicht nur, weil er mit dieser Tatsache meinem Vater auf die Füße tritt, sondern auch, weil er offensichtlich eine Strichliste geführt hat. Ich hätte erst einmal nachrechnen müssen.
»Tatsächlich? Was hast du dann die restlichen Tage gemacht?«
»Bin durch die Straßen gestromert.«
Seine Augen werden schmal, aber offensichtlich möchte er sich nicht vor einem Gast in einen ausgewachsenen Streit stürzen, weil er sich sichtlich zusammenreißt. Stattdessen erhebt er sich vom Sessel und verkündet, mal nachsehen zu wollen, wie weit meine Mutter mit dem Abendessen ist. Das kann ich ihm auch sagen, ohne in die Küche zu sehen: nicht weit.
Trotzdem kommt es mir sehr gelegen, dass er den Raum verlässt, denn kaum ist die Tür hinter ihm zugefallen, schmeiße ich mich Vince auf den Schoß. Mit beiden Händen umfasse ich sein Gesicht und ziehe es zu einem langen, sehnsüchtigen Kuss zu mir heran. Heilige Scheiße, ist das gut! Und wie sehr ich das vermisst habe! Seine Lippen, seinen Geruch, seine Stimme, sogar der grimmige Ausdruck in seinen Augen — einfach absolut alles.
»Maxi...!«, japst Vince dazwischen und umfasst meine Handgelenke, damit er sie von seinem Gesicht wegziehen kann.

Beim Klang meines Spitznamens durchflutet mich eine ziemlich abgedrehte Freude; er verzichtet immer noch auf die grässlich distanzierte Vollversion. »Deine Eltern!«
»Kann nich' anders«, murmle ich und küsse ihn noch mal. Er hat mir so gefehlt.
Für ein paar viel zu kurze Sekunden lässt er mich gewähren, dann legt er seinerseits die Hände an mein Gesicht und schiebt mich nachdrücklich von sich. »Deine Eltern wissen nicht, dass du schwul bist.«
Es ist keine Frage, sondern mehr eine Feststellung, aber nachdem, was ich gerade von *guten Freunden* gefaselt habe, ist das vermutlich auch sehr klar geworden. »Nein.«
»Dann solltest du von mir runter steigen, bevor dein Vater wieder reinkommt.«
Ich schnappe nach seinen Lippen. »Spielverderber.« Vince sieht mich nur nachdrücklich an. »Ja, ja, schon gut«, maule ich und klettere von ihm runter. »Wobei du ihm gerade schon ganz famos die Stirn geboten hast.« Ich streichle seinen Oberschenkel. »Bin stolz auf dich.«
»Danke«, sagt er lapidar, packt meine Hand und schiebt sie von seinem Bein. »Ich bin wirklich nicht wegen des Geldes hier.«
»Daran habe ich auch keine Sekunde lang gedacht.« Dafür habe ich gar keine Zeit gehabt vor lauter Wiedersehensfreude. Obwohl ich den Grund natürlich trotzdem sehr gerne aus seinem Mund hören möchte. Daher sage ich auch – sozusagen als Aufhänger: »Ich hab' dich vermisst.«
»Hm-hm«, brummt er nichtssagend als Antwort, ehe er in Richtung Küchentür nickt. »Scheint, als hättest du Ärger bekommen, weil du weggelaufen bist.«
Seufzend lege ich den Kopf in den Nacken. Okay, vielleicht habe ich ihn etwas überrumpelt. Und vielleicht ist das auch nicht ganz der richtige Ort und die richtige Zeit, so zwischen Tür und Angel, wenn jederzeit mein Vater wieder hereinkommen kann.
»Glücklich waren sie darüber nicht.«

Das ist eine sehr allgemeine Antwort, aber ich wiederum finde, dass das nicht der richtige Zeitpunkt ist, um ihm von England zu erzählen. Dann sehe ich ihn nämlich wahrscheinlich geradewegs zur Tür herausdampfen. Wenn er schon Ewigkeiten bis nach Düsseldorf gebraucht hat, kann ich es völlig vergessen, wenn es mich nur in England gibt.

Aus den Augenwinkeln heraus fasse ich Vince' Blick auf mir auf und drehe mich ihm leicht zu. »Was?«

»Du siehst ganz anders aus.«

Ich schnaufe spöttisch. »Eher so, wie du es von einem Sander zu Carlbergen erwarten würdest?« Unwillkürlich fahre ich mit den Fingern durch mein ausnahmsweise glatt gekämmtes Haar und reibe dann über die Stelle, wo normalerweise mein Piercing sitzt. Geschminkt bin ich auch nicht und zur Abwechslung trage ich eine — wenn auch etwas zu verwaschene — Jeans und ein schlichtes grünes Longsleeve.

»Einfach nur anders.«

Seine Stimme klingt leicht belegt und jagt mir einen wohligen Schauer nach dem anderen den Rücken hinunter. Wenn wir nicht in diesem verdammten Wohnzimmer sitzen würden, hätte ich mich ihm schon längst wieder an den Hals geworfen. Shit. Ist ja nicht zum Aushalten.

»Wir kommen gerade von den Eltern meiner Mutter«, fasle ich los, bevor ich dem Kribbeln in meinen Fingerspitzen, meinem Bauch und... eigentlich überall... nachgeben kann. »Wichtige Leute mit viel Geld. Die hätten mich direkt in die Klapse gesteckt, wenn ich mit einem Stecker in der Augenbraue zum Kaffee vorbeigekommen wäre.«

»Schon okay. So meinte ich das nicht. Ist mir nur so aufgefallen.«

Hä? Wie meinte er es dann? Ich komme aber nicht dazu nachzufragen, weil just in diesem Moment mein Vater zurückkommt. Erstaunlicherweise bittet er uns ohne weitere Verzögerungen ins Esszimmer, wo meine Mutter in der Zwischenzeit tatsächlich aufgedeckt hat:

Es gibt kalte Köstlichkeiten, wie sie es scherzhaft nennt. Das bedeutet, alles, was die Küche so hergibt. Und das meine ich wörtlich, weil der Tisch sich unter der Last schon leicht durchzubiegen scheint. Mir wird schon beim Anblick etwas mulmig, weil es in den vergangenen Tagen so viel gab – wie muss es dann Vince erst gehen?
Trotzdem setzen wir uns alle artig an den Tisch und verbringen dort bei oberflächlichem Geplauder beinahe zwei Stunden. Hin und wieder fällt das Gesprächsthema natürlich auf Vince' und meine gemeinsame Zeit, aber es befindet sich alles noch im Rahmen. Ich habe zwar das Gefühl, dass mein Vater gerne tiefer bohren möchte – auch generell, was Vince' Leben angeht –, aber meine Mutter schiebt ihm da glücklicherweise immer wieder charmant einen Riegel vor.
Dennoch fühlt Vince sich merklich nicht wohl in seiner Haut und sitzt etwas steif neben mir auf seinem Stuhl. Außerdem braucht er beinahe immer zehn Minuten, ehe er sich für irgendwas entscheiden kann, womit er sein Baguette belegen könnte. Klar, ist ein bisschen mehr Auswahl da als bei ihm zu Hause.
Als wir allmählich alle satt sind, überredet meine Mutter Vince noch, für heute hier zu übernachten, weil das doch sicherlich viel bequemer für ihn ist. Vince kann dem gar nicht viel entgegensetzen, da zeigt sie ihm auch schon das Gästezimmer mit angeschlossenem Gästebad im ersten Stock.
»Wenn Sie noch irgendetwas brauchen, können Sie sich jederzeit an Maxim wenden. Sein Zimmer ist den Flur runter links.«
»Okay. Danke.«
Vince sieht hoffnungslos überfordert aus, ringt sich aber trotzdem ein Lächeln ab, als meine Mutter sich zum Gehen wendet. Dann betrachtet er nachdenklich das breite, frisch bezogene Bett und lässt den Blick anschließend durch das voll eingerichtete Zimmer schweifen. Es gibt sogar einen Fernseher mit DVD-Recorder und einen Schrank voller ausrangierter DVDs, daneben ein gut gefülltes Bücherregal.

Wenn man es nicht besser wüsste, könnte man glatt denken, das Zimmer gehört meinem nicht anwesenden Bruder oder so.
»Vielleicht sollte ich doch lieber wieder gehen.«
»Bist du wahnsinnig?« Ich trete an ihn heran und küsse ihn sanft auf die Lippen, aber Vince dreht den Kopf weg. Shit, was soll das denn jetzt werden? Fängt er jetzt wieder von vorne an, sich zu zieren? Ich warte schon den ganzen, verdammten Abend darauf, dass wir endlich allein sind! »Ich bin froh, dass du hier bist«, säusle ich und sehe ihn verführerisch von unten her an, damit er auch ja nicht die Doppeldeutigkeit in den Worten verpasst.
Anstatt darauf anzuspringen, verzieht er jedoch nur unwillig die Mundwinkel. »Sieh mich nicht so an.«
»Wie denn?«
»So!«
Genervt rolle ich mit den Augen. »Okay, Vince, wo liegt dein Problem?«
»Ich habe kein Problem.«
»Oh doch!« Ich versetze ihm einen nachdrücklichen Stoß vor die Brust, der ihn zurücktaumeln und gegen das Bett stoßen lässt. Kurz ringt er um sein Gleichgewicht und landet dann doch rückwärts in den Kissen. Bevor er sich wieder aufrappeln kann, setze ich ihm nach und lasse mich auf seinem Bauch nieder, die Hände flach auf seiner Brust aufgestützt, damit er auch bleibt, wo er ist.
»Was soll das werden? Ist das deine Vorstellung von einer Verführung?«
Ich beuge mich zu ihm herunter, bis sich unsere Nasenspitzen fast berühren. »Möchtest du denn, dass ich dich verführe?«
Seine Augen werden schmal. »Nein, im Moment nicht.«
Ich kann nicht verhindern, dass mich dieser winzige Satz mit der Wucht einer Pistolenkugel mitten in die Brust trifft. »Wieso nicht?«, will ich aufgebracht wissen. »Du hast doch ein Problem!«
»Nein, ich...« Er schließt kurz die Augen. »Maxi –«
»Ich wusste es! Spuck's aus!«

»Wenn du mich mal ausreden lassen würdest?«
»Tu ich doch! Aber nur, wenn du keinen Schwachsinn erzählst! Ich meine, du musst doch wenigstens ein bisschen so wie ich empfinden, wenn du schon mal hier bist, oder? Das Scheißzugticket wär's dir doch sonst gar nicht wert gewesen!«
»Das war sozusagen ein Geschenk.«
»Ein Geschenk?«, will ich verwirrt wissen, während mir gleichzeitig nur zu gut bewusst ist, dass wir vom Thema abkommen. Warum zur Hölle darf ich ihn nicht verliebt anlächeln?! »Zu Weihnachten, oder was?«
Er nickt. »Von Patrizia.«
Großartig! Was kommt als nächstes? Er will mir persönlich sagen, dass er wieder mit der Schnepfe zusammen ist, oder was?!
»Sie hat mir die Hälfte vom Finderlohn für dich aufgedrückt. Fünfhundert Euro. Ich dachte, die investiere ich sinnvoll.«
Entgeistert starre ich ihn an. »Und wenn sie dir das Geld nicht gegeben hätte, wärst du gar nicht hergefahren?«
»Nein.«
»*Nein*?! Heilige Scheiße!« Ich kann mich nicht zurückhalten und schlage ihm mit einer Hand gegen die Brust. Mein Hals fühlt sich entsetzlich eng an und mein Herz hämmert viel zu schnell, viel zu schmerzhaft. »Was läuft eigentlich schief in deinem verdammten Schädel?!«
Ich hole wieder aus, aber dieses Mal hält er meine Hand fest. »Ich meinte: Nein, das stimmt nicht. Scheiße.« Mit der freien Hand reibt er sich über die Brust. »Das tat weh.«
»Das sollte es auch!« Ich rupfe meine Hand frei. »Kannst du jetzt einmal vernünftig sagen, was Sache ist? Bevor ich hier noch durchdrehe? Warum bist du hier? Warum darf ich dich nicht verliebt ansehen und warum darf ich nicht über dich herfallen? Kurz: Wo liegt dein verdammtes *Problem*?«
Er setzt zum Sprechen an, überlegt es sich dann aber offensichtlich im letzten Moment noch mal anders und schließt den Mund wieder.

Die berühmt-berüchtigten Denkerfalten tauchen wieder auf seiner Stirn auf. Dann will er wieder was sagen, tut es aber doch nicht.
»Lass dir Zeit«, entgegne ich bissig, »ich hab' bestimmt noch fünfzig, sechzig Jahre zu leben.«
Genervt legt er den Kopf schief, weil er das wohl nicht so lustig findet. »Das ist alles nicht so einfach.«
»Was? Was ist nicht so einfach?« Meine Fresse, der Kerl bringt mich noch mal um den Verstand!
»Wir! Maxi...« Kurzerhand packt er mich bei den Hüften und hebt mich mit vernichtender Leichtigkeit von sich runter, so dass er sich aufrecht hinsetzen kann. Automatisch bringt er dadurch etwas Distanz zwischen uns, weil es jetzt keinen harmlosen Grund mehr gibt, ihn anzufassen. Gefällt mir nicht. Warum will er Distanz? »Mach doch mal die Augen auf. Du bist... du, und ich bin... ich.«
»Na, Gott sei Dank«, schnaube ich. »Was willst du mir damit sagen?«
»Dass wir drei Stunden Zugfahrt auseinander wohnen.«
»Ja, wenn man die Bimmelbahn nimmt, die an jeder Milchkanne... entschuldige.« Natürlich fährt Vince – selbst mit fünfhundert Euro in der Tasche – nicht mit dem ICE, sondern mit der Regionalbahn. »Trotzdem: Dann sind es eben ein paar Kilometer. *Na und?!*« Ist ihm so eine Fernbeziehung etwa zu teuer und zu anstrengend? Was ist dann eine Beziehung, die bis nach England reichen muss? Intergalaktisch? »Du hast doch Gefühle für mich, oder? Sonst hättest du mich doch nicht vermisst und wärst hergekommen. Ist doch scheißegal, wo du wohnst und wo ich wohne.«
»Du hast nach meinem Problem gefragt.«
»Das ist dein Problem?« Ich lache frustriert auf. »Das ist kein Problem, das ist Einbildung. Du versuchst immer noch, Gründe zu finden, mich loszuwerden.«
»Das stimmt nicht.«
»Dann sag' mir jetzt, verdammt noch mal, warum du hier bist!«

Statt einer Antwort lehnt er sich spontan zu mir rüber, schiebt eine Hand in meinen Nacken, damit ich ihm nicht abhauen kann, und küsst mich. Ich bin so überrumpelt, dass ich automatisch mitmache, weil das eigentlich das Einzige ist, was ich im Moment tun möchte: Vince küssen, Vince anfassen, Vince lieben. Halbherzig versuche ich mich an den Gedanken zu klammern, den ich kurz vor seinem Überfall gehabt habe, aber wenn er mich weiter so verwöhnt, vergesse ich gleich nicht nur den, sondern auch noch meinen Namen.

Als er von mir ablässt, sage ich mit noch geschlossenen Augen: »Das zählt nicht, du hast kein Wort gesagt.«

Mit dem Daumen streichelt er an meinem Hals entlang. »Mir fällt ohne dich die Decke auf den Kopf.«

»Hm, klingt schon besser.« Ich blinzle ihn unter halb geschlossenen Lidern an. Ob da wohl noch mehr kommt?

»Und wenn du drei Zugstunden weit weg bist...«, setzt er an, vergräbt sein Gesicht aber dann an meinem Hals und reibt mit seiner Nasenspitze sachte an meiner Haut entlang.

Mein Herzschlag gerät ins Flattern und mein Hals wird schon wieder sehr eng – dieses Mal jedoch aus einem anderen Grund.

»... vermisst du mich?«, hauche ich schwach.

»Sehr«, murmelt er zurück und streift jetzt mit seinen Lippen über meine Haut.

Shit. Ich glaub', ich schmelze.

»Und warum...« Angestrengt versuche ich, meine Gedanken beisammen zu halten, als Vince von meinem Hals ablässt und mein Gesicht so dreht, dass sich unsere Blicke begegnen.

»Du stellst zu viele Fragen.«

»Weil du gar keine stellst. Und nebenbei auch keine Antworten gibst. Außerdem« – ich lege meine Hand auf seine – »willst du nicht mit mir schlafen.«

Er runzelt die Stirn. »Was?«

»Hast du gerade gesagt.«

»Ich habe gesagt, dass ich nicht von dir verführt werden will.«

Beleidigt schürze ich die Lippen. »Ist doch das gleiche.«
»Nein.«
Ich warte kurz ein paar Sekunden, ob er vorhat, das noch näher auszuführen, aber offensichtlich nicht. »Mann, Vince! Dein ewiges Herumgedruckse macht mich wahnsinnig!«
»Ich will mit dir schlafen«, platzt es dann unerwartet geradlinig aus ihm heraus, wobei ich merke, wie sich seine Hand unter meiner etwas verkrampft. So was zu sagen, fällt ihm offensichtlich echt nicht leicht. »Aber ich weiß nicht, ob das gut ist. Ob ich... dann jemals wieder hier wegkomme.«
Heilige Scheiße, jetzt muss ich seine Hand etwas kräftiger drücken. Mein Herz bollert so heftig und laut in meiner Brust, dass er glauben muss, irgendwo in der Nähe geht eine Lawine ab.
»Und ob das Ganze... funktionieren kann. Ich... ich bin nicht gut in Beziehungen.«
Unwillkürlich muss ich grinsen. »Echt? Wär' mir jetzt gar nicht aufgefallen.« Oh Mann, ist das meine Stimme gewesen?
Vince grinst nicht. »Ich mein' das ernst.«
»Entschuldige.«
»Mit Patrizia hat es in einer Katastrophe geendet.«
Meine Augenbrauen wandern nach oben. Das verkorkste Ding mit Patrizia ist bisher seine einzige Beziehung gewesen? Kein Wunder, dass er Bammel davor hat und lieber von vornherein alles schwarz sieht und in den Sand setzen will, als wieder an so einen Punkt zu kommen. Aber wer nicht wagt, der nicht gewinnt, richtig?
»Aber du willst, dass es funktioniert?«, hake ich daher nach.
»Ja.« Wie schön, dass er da gar nicht lange zu überlegen braucht.
Ich gebe ihm einen kurzen Kuss auf die geschlossenen Lippen. »Dann funktioniert es auch.« Denn auch ich habe die feste Absicht, dass es funktioniert. Auch wenn ich bald in England hocken werde. Fuck. Aber das sage ich ihm jetzt ganz bestimmt nicht. Soll er erst mal selbst dran glauben, dass es bis nach Düsseldorf klappt. Dann kann der Hammer kommen.
Ich ziehe seine Hand weg, schwinge ein Bein wieder über ihn

und lasse mich wie zuvor auf seinem Schoß nieder. »Können wir jetzt miteinander schlafen? Oder hast du noch mehr Probleme, die geklärt werden müssen?«
Brummig verzieht er die Mundwinkel. »Du bist unmöglich.«
»Bin ich das?« Ich lege ihm die Arme um den Hals und verschränke die Finger in seinem Nacken. »Ich dachte, das tun frisch verliebte Pärchen? Und falls du dir immer noch Sorgen machst, dass du mich vor lauter Sehnsucht vielleicht nicht mehr verlassen kannst: Meine Mutter bietet dir das Gästezimmer bestimmt auch bis zum Ende der Ferien an.« Hm, auch ein sehr netter Gedanke, Vince noch eine Woche lang am Stück haben zu können. Dazu sollte ich ihn vielleicht tatsächlich überreden, auch wenn er jetzt schon wieder mürrisch das Gesicht verzieht.
»Musst du mich daran erinnern, dass deine Eltern unten hocken?«
Ich unterdrücke ein Auflachen. »Wieso? Hast du Hemmungen?« Lasziv schmiege ich mich enger an ihn und rutsche aufreizend auf ihm herum. Beinahe sofort legen sich seine Hände auf meine Hüften und versuchen, mich festzuhalten.
»Du könntest vorher wenigstens die Tür abschließen. Ist ja erst früher Abend.«
Okay, er hat ja Recht. Nachher fällt meiner Mutter ein, dass sie uns noch was zu knabbern bringen könnte, oder meinem Vater, dass er Vince noch ein paar Fragen stellen muss. Ich bin wirklich nicht scharf darauf, einen von beiden plötzlich im Zimmer stehen zu haben, wenn wir hier zugange sind. Dann sollen sie lieber wegen der verschlossenen Tür erst mal misstrauisch werden.
Ich kann mir sowieso nicht so wirklich vorstellen, dass sie sich noch keine Gedanken über meine sexuelle Neigung gemacht haben. Ich meine, ich bin fast siebzehn und habe ihnen noch nie von irgendeinem Mädchen erzählt, das mich interessiert oder so. Außer von Britta, aber die zählt nicht. Stattdessen hantiere ich viel mit irgendwelchen Jungennamen herum. Könnte ihnen aufgefallen sein.
Seufzend steige ich von Vince runter und flitze schnell zur

Zimmertür, um sie abzuschließen, bevor mir noch was anderes einfällt.
»Lauf nicht weg«, weise ich ihn über die Schulter hinweg an und lege dann einen kurzen Sprint zu meinem Zimmer zurück, um noch ein paar notwendige Gegenstände zu holen.
Zurück im Gästezimmer angekommen, schließe ich erst ab und werfe dann Kondome und Gleitmittel neben Vince aufs Bett und mich wieder auf ihn. Dieses Mal mit so viel Schwung, dass Vince nach hinten kippt und unter mir liegt, während ich mich auf seinen Mund stürze. Scheint ihm aber nicht so viel auszumachen, weil seine Hände augenblicklich unter mein Longsleeve fahren und herrlich fest über meine Haut hinweg streichen.
Scheiße, wie ich das vermisst habe!
Ich schmiege mich noch enger an ihn, weil ich unbedingt mehr von ihm spüren muss, aber das ist mir schon nach zwei Sekunden nicht genug. Also richte ich mich wieder auf und zerre mir das Oberteil über den Kopf. Wer weiß, wann Vince vorhat, mir das auszuziehen. Ich bin heute definitiv nicht zu einem langen Vorspiel aufgelegt. Dafür haben wir gerade schon zu lange gequatscht.
Ich werfe das Teil achtlos neben das Bett und mache gleich mit seiner Jeans weiter. Schnaufend hält er meine Hände jedoch auf und richtet sich ebenfalls auf. Er drückt einen langen Kuss auf mein Schlüsselbein, knabbert dann kurz darüber hinweg und lässt mich dadurch wohlig erschauern.
Dann schaut er zu mir hoch. »Hast du's eilig?«
»Um ehrlich zu sein...« Ich vergrabe meine Finger in seinem Haar und ziehe seinen Kopf nach hinten, um stürmisch seinen Mund zu erobern. Vince keucht sowohl überrascht als auch lustvoll auf, lässt mich aber machen. »... sehr«, murmle ich anschließend atemlos an seinen Lippen. »Ich hätte dich schon an der Haustür angefallen, wenn meine Eltern nicht hinter mir gewesen wären.«
Seine Mundwinkel zucken. »Wär' 'n bisschen kalt geworden. Und unbequem.«

»Deswegen sind wir jetzt ja hier.«
Ich presse meinen Mund wieder auf seinen und ziehe gleichzeitig seinen Pullover nach oben, so dass ich nur ganz kurz von ihm ablassen muss, um ihm das Teil über den Kopf zu ziehen. Vince' Hände liegen warm und fest an meiner Taille, seine Finger graben sich in unregelmäßigen Abständen angenehm in meine Haut, machen sich dann aber auch an meiner Jeans zu schaffen, als ich bei ihm das Gleiche tue. Hastig befreien wir uns von unseren restlichen Klamotten und Vince rollt sich wieder über mich. Zum Glück kommt er meinem Wunsch nach ein bisschen Eile nach und greift sofort nach dem Gleitgel, ohne dabei unseren Kuss zu unterbrechen. Aber die Streicheleinheiten können wir locker auf später verschieben. Oder aufs nächste Mal. Jetzt will ich ihn einfach nur.
Einladend stelle ich meine Beine auf und spreize sie weit für ihn, was seine Ungeduld genauso anzukurbeln scheint wie meine. Als er mit dem ersten Finger in mich eindringt, ist er fast etwas zu stürmisch, aber die Lust explodiert trotzdem wie ein Blitz in meinem Unterleib. Keuchend recke ich mich ihm entgegen und zittere am ganzen Körper vor Erregung, als er weitere Finger hinzunimmt. Unglaubliche Hitze saust wie ein Sturm durch meine Adern und lässt mein Herz rasen. Meine Hand zuckt immer wieder zu meinem Glied hin, das er bis jetzt noch sträflich vernachlässigt hat, aber bevor ich es tatsächlich berühren kann, schnappt sich Vince mit der freien Hand meinen Arm und hält ihn fest. Bei der plötzlichen Bewegung durchzuckt es mich erregend. Das Kribbeln in meinem Unterleib wird stärker.
»Vince...«, entfährt es mir halb wimmernd an seinen Lippen. Fahrig streiche ich mit meinem anderen Arm über seinen erhitzten Rücken und schmiege mich noch dichter an ihn. Aber es reicht nicht, ist zu wenig, macht mich wahnsinnig. Blind taste ich nach dem Kondom, von dem ich weiß, dass ich es hier irgendwo hingeworfen haben muss, und schiebe es in sein Gesichtsfeld, auch wenn wir dafür den Kuss unterbrechen müssen.

Vince greift danach und sieht mir dann die ganze Zeit geradewegs in die Augen, während er die Verpackung aufreißt und sich das Kondom überrollt. Ich spüre es aufgeregt in meiner Brust flattern, weiche seinem Blick aber nicht aus. Meine Haut fängt zu prickeln an, obwohl er mich für den Moment kaum bis gar nicht berührt. Aber das, was in seinen Augen aufblitzt, ist besser als jede Berührung.

Ich versuche, mich daran festzuhalten und nicht die Augen zu schließen, als er in mich eindringt. Ich will genau sehen, wann er sich endgültig in mir verliert. Am Anfang geht das auch noch gut, weil er sich nur sehr langsam bewegt, aber dann stößt er plötzlich mit einem unerwarteten Ruck in mich.

Aufstöhnend werfe ich den Kopf in den Nacken und kann mir nur gerade noch so auf die Lippe beißen, um nicht ganz so laut zu werden. Er fühlt sich absolut herrlich an. Und ich habe Vince in der kurzen Zeit, die wir uns erst kennen, schon so verdammt heftig ins Herz geschlossen, dass ich erst jetzt merke, wie wahnsinnig er mir wirklich gefehlt hat. Ich will nicht, dass er jemals wieder geht. Die Zeit soll stehen bleiben. Genau jetzt.

Leidenschaftlich schlinge ich die Arme um ihn, presse mich so dicht wie möglich an ihn und bestürme seine Lippen so wild, dass mir ganz schwindelig dabei wird.

»Vince«, sage ich wieder, dieses Mal bewusster, und bewege mein Becken ungeduldig gegen seines, damit er noch tiefer in mich kommt, obwohl wir schon verzweifelt eng aneinander kleben. Aber das reicht nicht. Ich will *noch* mehr. Und Vince soll genau das Gleiche wollen.

Entschlossen dränge ich ihn erst zur Seite und schließlich auf den Rücken, auch wenn er dabei wieder aus mir heraus gleitet.

Verwirrt sieht er mich an, als ich mich auf ihn drauf schiebe. »Was ist? Alles okay?«

»Ja, ich will nur...« Ich richte mich ein wenig auf und taste nach seinem Glied, was ihn leicht überrascht aufkeuchen lässt. Dann greift er allerdings nach mir und gibt mir etwas Halt, als ich mich

vorsichtig auf ihm niederlasse.
Ah, besser. Viel, viel besser!
»Maxi...!« Vince schnappt nach Luft und seine Finger graben sich wieder heftiger in meine Hüften, während er mich gleichzeitig auf sich runterzieht. Kaum ist er ganz in mir, fangen wir auch schon beide an, uns zu bewegen. Stöhnend drücke ich den Rücken durch und streiche fahrig über Vince' Brust hinweg, bis ich mit einer Hand über seinem wie verrückt hämmernden Herzen innehalte. Beinahe im Einklang mit meinem. So wunderbar.
Seine Stöße werden härter. Verzückt erschauere ich bei jedem einzelnen von ihnen und bewege mich als Antwort darauf schneller auf ihm. Eine unglaubliche Hitze pulsiert unter meiner Haut, fegt in wohligen Wellen durch meinen ganzen Körper hindurch und vertreibt zunehmend alle unnützen Gedanken aus meinem Kopf. Bis auf einen.
Vince. Vince. Immer wieder Vince.
Der gerade eine Hand von meiner Hüfte löst, um damit sachte über meinen Schwanz zu streichen. Empfindlich zucke ich zusammen. Die federleichte Berührung macht mich völlig fertig, denn anstatt etwas von dem Druck, der sich in mir aufgebaut hat, zu nehmen, verschlimmert sie ihn nur noch. Automatisch versuche ich, in seine Hand zu stoßen, woraufhin Vince mich etwas fester anfasst. Erleichtert seufze ich auf und von da an dauert es nicht mehr lange, bis ich mit einem ungehemmten Stöhnen komme und mich dabei über seinen Bauch und die Brust ergieße.
Vince kommt mit einigen Sekunden Verzögerung und richtet sich anschließend auf, um mich fest mit beiden Armen zu umschlingen. Seine Lippen suchen gierig nach meinen und für einen atemlosen Kuss ist es mir dann sogar egal, dass sich mein Sperma klebrig zwischen uns verteilt. Aber ich kann einfach nicht genug von ihm bekommen, jetzt, wo er bei mir ist. Ich streiche mit den Händen seinen Rücken entlang, fahre hoch in seine Haare und intensiviere den Kuss noch mal, obwohl ich jetzt schon kaum Luft bekomme. Egal, völlig egal. Shit, ich möchte ihn nicht loslassen.

Er soll hier bleiben, bei mir bleiben, das ist so unbeschreiblich schön... Mein Herz kann nur so wundervoll schlagen, wenn er da ist. Aber wie soll das funktionieren? Oh nein, jetzt wird mein Hals schon wieder so eng...
Vince legt seine Hände vorsichtig rechts und links an mein Gesicht und schiebt mich ganz behutsam ein paar Zentimeter auf Abstand. Es ist mir beinahe etwas peinlich, seinem Blick zu begegnen, deshalb schließe ich die Augen erst einmal und hoffe, dass sich das verräterische Glänzen darin schnell wieder legt.
»Maxi?«
Oh Gott, seine Stimme klingt wahnsinnig erregend. Sexy, rau... und sehr, sehr zärtlich.
»Alles in Ordnung? Du... hab' ich...«
»Vince...« Ich sehe auf und küsse ihn noch mal. Dieses Mal fast verzweifelt. Mein Herz geht beinahe über vor lauter... Gefühlen für ihn. »Ich... ich geh' nach England.« Meine Stimme im Gegensatz zu seiner klingt schrecklich und besteht nur aus einem einzigen Zittern. »Mein Vater hat mich auf dieser Eliteschule angemeldet. Nach... nach den Weihnachtsferien bin ich... weg.«

# 15

*Vincent*

Verblüfft starre ich ihn an. Nur ganz langsam sickern seine Worte bis in mein bewusstes Denken vor, das – zugegeben – ein bisschen langsamer ist als gewöhnlich. Sein erhitzter Körper ist immer noch dicht an mich gepresst und ich bin noch immer in ihm, kann sogar noch die leichten Nachwehen des Orgasmus spüren und Maxis Sperma zwischen uns.

Er geht weg. Noch weiter weg. In ein verdammtes, anderes Land.

»Vince – autsch.«

Etwas unsanft hebe ich ihn von mir runter. »Gibt's hier irgendwo Taschentücher?«

Er nickt zum Nachtschrank rüber, auf dem eine Tempobox steht. Er wartet, bis ich mich rübergelehnt und ein paar Tücher daraus hervorgezogen habe, um mich damit notdürftig zu säubern und das Kondom zu entsorgen, ehe er haucht: »Könntest du bitte etwas dazu sagen?«

»Was soll ich denn sagen?«, knurre ich scharf zurück, obwohl ich gar nicht so raunzen wollte. Weiß auch nicht, wo das hergekommen ist. Dann ist es eben England statt Düsseldorf, na und? Wäre doch sowieso nicht gut gegangen. Hätte nie geklappt. Scheiße. Aber er hätte es mir verdammt noch mal vorher sagen können, dann hätte ich nicht mit ihm geschlafen! Dann würde ich jetzt schon wieder im Zug nach Hause sitzen – ach was, ich wäre gar nicht erst hergekommen! – und hätte mir gar keine unnützen Hoffnungen gemacht! Nun muss ich wieder von vorne anfangen, mich zu entlieben. Grandios.

»Irgendwas.«

»Du hättest mir das eher sagen sollen.«

»Weil du dann sofort wieder gegangen wärst?«

»Ja.«

Maxi schließt mit einem gequälten Gesichtsausdruck die Augen.

Dann wirft er sich mir plötzlich in die Arme. »Ich will aber nicht, dass du gehst. Überhaupt nicht.«
Ich schnaufe unglücklich. »*Du* gehst doch.«
»Aber nicht freiwillig. Und ich würde dich mitnehmen, wenn ich könnte. Oder gleich zurück zu dir ziehen.« Er hebt leicht den Kopf an, um mir einen Kuss aufs Kinn zu drücken. Diese winzige Geste ist so schmerzhaft, als hätte er mir direkt ins Gesicht geschlagen. »Bitte glaub' mir das.«
»Ich glaube dir«, flüstere ich an dem Kloß in meinem Hals vorbei. »Aber... Maxi, England?«
»Wir kriegen das hin!«
Das bezweifle ich. Ich hätte nicht mal Düsseldorf hinbekommen. Ich *habe* nicht mal Düsseldorf hinbekommen, sonst wäre ich jetzt wohl kaum hier. Es ist einfach keinen Tag länger mehr ohne ihn gegangen. Ich kann das gar nicht beschreiben, wie sehr er mir gefehlt hat, wie sehr mich alles dazu gedrängt hat, auf der Stelle in den nächsten Zug zu springen. Nichts hat funktioniert ohne ihn. Ich bin abwechselnd frustriert, verzweifelt und kreuzunglücklich gewesen und vor Sehnsucht nach ihm beinahe vergangen. Er hat meine Gedanken beherrscht, mein Handeln und... meine Gefühle. Einfach alles. Ich... er bedeutet mir so wahnsinnig viel, dass mir das Ganze selber unheimlich ist, aber ich kann es nicht ändern.
Vielleicht, ganz, ganz vielleicht hätte Düsseldorf geklappt. Wenn er jedes Wochenende zu mir hochgefahren wäre oder ich hin und wieder zu ihm runter. Irgendwie hätte ich die fünf Tage dazwischen bestimmt überlebt.
Aber England? Seine Eltern werden ihm niemals jedes Wochenende einen Flug nach Hause spendieren. Und ich kann mir das auch nicht leisten.
Scheiße. Und wie soll ich damit jetzt umgehen?
Niedergeschlagen streiche ich ihm durch das verstrubbelte Haar und vergrabe anschließend mein Gesicht darin. Undeutlich murmle ich: »Und wie?«
»Wir telefonieren täglich.«

Halb belustigt, halb verzweifelt schließe ich die Augen, was er zum Glück nicht sehen kann. Das ist sein Plan? Das wird die kürzeste Fernbeziehung der Weltgeschichte.
»England liegt auch nur eine Stunde hinter uns, da dürfte das kein Problem sein, oder?«
»Hm«, mache ich nichtssagend, weil er offensichtlich auf eine Antwort wartet.
»Und ich werde meine Eltern dazu überreden, mich einmal im Monat nach Hause fliegen zu lassen.«
Einmal im Monat!
Ich schlucke schwer. Selbst wenn er sich damit durchsetzen kann, wollen seine Eltern doch bestimmt auch etwas von ihm haben, wenn er dann schon mal hier ist, oder? Bleibt vielleicht noch ein halber Tag für mich...
»Die Ferien werde ich dann selbstverständlich auch bei dir verbringen. Oder du bei mir. Wie du möchtest.«
Langsam schüttle ich den Kopf. Das ist das reinste Hirngespinst. Maxi hat überhaupt keinen Plan. Ich sollte mich besser schon mal jetzt an den Gedanken gewöhnen, ihn gehen lassen zu müssen.
»Und wie erklärst du das deinen Eltern?«
»Was?«
»Dass du nur nach Hause fliegst, um mich zu sehen?«
Die Stille, die sich daraufhin zwischen uns ausbreitet, sagt mir, dass er daran nicht gedacht hat. Seine Eltern wissen nicht, dass er schwul und obendrein mit mir zusammen ist.
»Dann... dann oute ich mich eben.« Er weicht ein Stückchen zurück, um mich ansehen zu können. »Jetzt gleich.« Kaum hat er zu Ende gesprochen, will er auch schon vom Bett runtersteigen, aber ich halte ihn am Arm fest.
»Maxi...«, beginne ich vorsichtig, weil ich nicht weiß, ob er überhaupt versteht, was er da sagt, »... überleg' dir das gut. Du kannst so was doch nicht aus einer Laune heraus entscheiden.«
»Wieso nicht? Heiße ich Vince und muss meine Entscheidungen tagelang vor mir herschieben?« Maxi zuckt mit den Schultern.

»Ich muss es ihnen sowieso irgendwann sagen.«
Ach ja? Ich habe nicht vor, es meiner Oma zu beichten. »Aber doch nicht jetzt. Und aus diesem Grund.«
Verständnislos wirft er den freien Arm in die Luft. »Warum nicht?«, fragt er wieder. »Gibt es einen besseren Grund als den, mit seinem Freund zusammenbleiben zu wollen? Ich finde keinen.«
»Aber wenn du dich outest, heißt das doch nicht automatisch...« Mit einem genervten Seufzen breche ich ab und fahre mir mit einer Hand durchs Gesicht. Er stellt sich das alles immer viel einfacher vor, als es in der Wirklichkeit dann tatsächlich ist. Glaubt er denn, seine Eltern werden seine Homosexualität einfach so hinnehmen, wo er doch der einzige Sohn von ihnen ist? Wahrscheinlich veranlassen sie dann, dass Maxi so lange wie irgend möglich in England festgehalten wird, damit unser Kontakt ganz abbricht, anstatt Maxi eine Dauerflugkarte oder was auch immer in die Hand zu drücken, mit der er jederzeit mal eben nach Deutschland rüberjetten kann.
»Nun« – schelmisch grinst er mich an, während er schon mal anfängt, seine Sachen zusammenzusuchen – »das wissen wir erst, wenn ich's ihnen gebeichtet habe, oder?«
Oh Mann, wie kann man nur so realitätsfremd sein? »Maxi –«
»Schon gut, Vince«, unterbricht er mich locker. »Meine Entscheidung ist gefallen. Du kannst mich nicht mehr umstimmen.«
Hervorragend! Könnte jemand diesem kleinen Freak vielleicht mal etwas Verstand einbläuen?! So heftig haben wir gerade doch auch nicht gevögelt! »Dann spring' aber vorher wenigstens kurz unter die Dusche.«
Maxi lacht. »Hast du Angst, ihre Reaktion könnte schlimmer ausfallen, wenn ich nicht nur schwul bin, sondern auch noch schwulen Sex habe?«
»Die denken wahrscheinlich sowieso, dass du von Tuten und Blasen noch keine Ahnung hast«, brumme ich. Und wenn er dann frisch befriedigt da unten aufkreuzt, machen seine Eltern mich

wahrscheinlich für alles verantwortlich.
Jetzt grinst er mich offen heraus an und kommt noch mal zum Bett zurück geschlendert, um mir einen liebevollen Kuss zu geben. »Weißt du, in Anbetracht der Tatsache, dass *ich* vorhabe, mich zu outen, bist *du* ganz schön nervös.«
Ich habe Angst vor seinem Vater und der Macht, die sich hinter ihm zusammen ballt, das ist alles. »Quatsch. Ich denke nur, dass du einen Fehler machst.«
»Wir werden sehen.« Er dreht sich um und geht.
»Vergiss das Duschen nicht.«
Lässig hebt er eine Hand und winkt mir damit zu, dreht sich aber nicht um. Dann huscht er nackt und nur mit einem Berg Klamotten auf den Armen aus meinem Zimmer raus. Mir bleibt dabei fast das Herz stehen. Ich dachte, er springt unter die Dusche in meinem angrenzenden Gästebad. Sein Vater köpft mich auf der Stelle, sollte der jetzt gerade zufällig die Treppe hochkommen. Es bleibt allerdings alles ruhig, so dass sich mein Puls langsam wieder auf Normalschlag einpendelt.
Nervös bin ich trotzdem. Im Grunde outet sich Maxi für mich. Weil er die völlig irrationale Hoffnung hat, dass sich dadurch irgendetwas an dieser festgefahrenen Englandsituation ändert.
Ich kann nicht ruhig auf dem Bett sitzen bleiben und stehe daher ebenfalls auf, um duschen zu gehen. Ist vermutlich auch besser, falls seine Eltern eine Konfrontation wollen. Vielleicht sollte ich abhauen, ehe es soweit kommen kann.
Argh, nein, natürlich haue ich nicht ab. Selbst wenn ich es wirklich wollte, könnte ich Maxi jetzt nicht einfach allein lassen. Immerhin geht es mich auch etwas an, wie das Outing von seinen Eltern aufgenommen wird.

***

Es vergehen gefühlte Stunden, ehe sich etwas tut. Die Warterei macht mich wahnsinnig und irgendwann schalte ich unruhig den Fernseher ein, weil mich die Stille noch zappeliger macht. Ich weiß nicht, ob die Diskussion, die unten mit Sicherheit stattfindet, so gesittet und zivilisiert abläuft, dass einfach nichts davon bis hier oben hinauf dringt, oder aber ob die Wände zu dick sind, um das Geschrei hindurch zu lassen.
Als Maxi jedoch irgendwann wieder ins Zimmer tritt, bin ich erst einmal ziemlich erleichtert: weder sein Vater, noch seine Mutter. Allerdings sieht er etwas verwirrt aus, was wiederum mich stark irritiert.
»Und?«, will ich neugierig wissen und schaue an ihm vorbei auf die Zimmertür, aber es folgt ihm niemand.
»Hm...«, macht er nachdenklich. Eine ziemlich unbefriedigende Antwort. Ich möchte ihn am liebsten packen und alles aus ihm herausschütteln, aber ich halte mich zurück. Ist ja sein Outing gewesen, nicht meins. »Es war... okay. Glaube ich.«
»Aha. Was heißt das? Ihr wart jedenfalls ziemlich ruhig.«
Maxi schnauft und wirft sich neben mich aufs Bett. »Ruhig? Mein Vater ist total ausgeflippt.«
Scheiße. Ich wusste es. Zu dicke Wände.
Als Maxi mich daraufhin von unten her anblinzelt, ahne ich auch schon, was seine nächsten Worte sein werden. »Er wollte erst dir die Schuld dafür in die Schuhe schieben – dass du mich verführt hättest. Oder gleich gezwungen.« Er grinst kurz. »Dabei war's ja wohl eher andersherum.«
Unwillig verziehe ich die Mundwinkel. »Weiter«, dränge ich ihn ungeduldig.
»Ich hab' das natürlich richtig gestellt. Und von meinen bisherigen Beziehungen erzählt. Also, dass du da eben überhaupt keinen Einfluss drauf hattest. Na ja« – nichtssagend zuckt er mit den Schultern –

»dann haben wir noch ein bisschen diskutiert und so.«
»Diskutiert und so?«, bohre ich angespannt nach. Was soll ich denn bitteschön darunter verstehen?
»Na ja, wie sicher ich mir damit bin, ob ich glücklich bin, safe bin, ob ich das nur mache, um sie zu ärgern... Diskutiert eben. Aber als ich dann England ins Spiel gebracht hab', wurde es irgendwie komisch. Also, mein Vater ist davon überzeugt, unter diesen Umständen gerade die richtige Entscheidung getroffen zu haben, aber meine Ma ist ein bisschen sauer geworden.«
»Auf dich?«
»Nee, auf meinen Vater. Das ist ja das, was mich so irritiert hat.« Er richtet sich in eine sitzende Position auf und sieht mich offen heraus an. »Dann wollte sie noch wissen, wie viel du mir bedeutest und dann hat sie mich rausgeschickt, um mit meinem Vater allein weiterzudiskutieren.«
Mein Herz macht einen unangenehmen Hüpfer. »Und?«, frage ich leise. »Was hast du gesagt?« Inzwischen glaube ich ihm zwar, dass er in mich verliebt ist und seine Gefühle mir gegenüber echt sind, aber so etwas vor anderen – und dann auch noch den eigenen Eltern – zuzugeben, ist noch mal eine ganz andere Kategorie.
Maxi sieht mich mit einer Mischung aus Unglauben und Resignation an, ehe er eine Hand an meinen Hals legt und mich zu einem kurzen Kuss zu sich heranzieht. »Du hast echt ein sehr schlechtes Bild von mir, Vince. Die Wahrheit, natürlich. Ich hab' die Wahrheit gesagt.« Er lehnt sich näher zu mir rüber, damit ich ihn auch verstehe, als er raunt: »Dass ich wahnsinnig in dich verliebt bin. Dass ich... dich liebe.«
Bei seinen Worten rinnt mir ein wohliges Kribbeln die Wirbelsäule entlang und bringt meine Finger zum Zittern, als ich sein Gesicht in beide Hände nehme, um ihn lange und sehr leidenschaftlich zu küssen. Schwer vorstellbar, aber neben Patrizia ist er der Einzige, der mir bisher so etwas gesagt hat – meine Oma und meine Eltern natürlich ausgenommen.
Bei Patrizia ist es jedoch etwas ganz anderes gewesen.

Meine Gefühle ihr gegenüber sind nie so intensiv gewesen wie die, die ich jetzt für Maxi habe. Immer, wenn sie mir ihre Liebe gestanden hat, habe ich das zwar aufgenommen und auch erwidert, weil ich zu dem Zeitpunkt der Meinung gewesen bin, dass es der Wahrheit entspricht, aber als Maxi das gerade gesagt hat...

Ich möchte ihm alles geben. Alles, was ich habe.

»Wow...«, grinst Maxi atemlos, als ich von ihm ablasse, um selbst Luft zu holen. »Den Knopf sollte ich öfter drücken.«

Die sanfte Spöttelei ignorierend, küsse ich ihn gleich noch mal. Ich bin froh, dass er nicht darauf pocht, dass ich ihm eine Antwort oder etwas dergleichen schuldig bin. Ich hoffe, die Intensität des Kusses gibt einiges von dem wieder, was sich in meinem Inneren abspielt.

Versonnen seufzt Maxi in den Kuss hinein und mit viel Phantasie könnte ich meinen Namen verstehen. Ihn immer noch festhaltend, ziehe ich ihn auf meinen Schoß und umschlinge ihn fester mit beiden Armen, bin allerdings etwas irritiert, als er mich leicht wegschiebt.

»Shit. Sorry.« Er lehnt seine Stirn gegen meine. »Ich glaub', mein Schädel platzt gleich.«

Verständnislos sehe ich ihn an. »Was willst du mir damit sagen?«

Verdutzt sieht er zurück und bricht dann in schallendes Gelächter aus. »Oh Mann, Vince, du machst mich fertig! Wenn wir hier weiter so rummachen, bin ich gleich das reinste Wachs in deinen Händen und du kannst mit mir machen, was du willst.«

»Und was ist daran so schlecht?«, feixe ich zurück und schiebe eine Hand hinten in seine Hose hinein, woraufhin Maxi leicht den Rücken durchdrückt.

»Hm.« Er schürzt nachdenklich die Lippen. Ich kann nicht widerstehen und schnappe nach ihnen, was Maxi kichernd zurückweichen lässt. »Ich weiß nicht, ob du mit der Verantwortung zurecht kommst«, meint er in einem spöttisch ernsten Tonfall, während er mich mit einer Hand auf Abstand hält. »Ich bin sehr zerbrechlich.«

Jetzt ist es an mir, spöttisch die Augenbrauen anzuheben.

Dann umfasse ich ihn, drehe mich mit ihm herum und lasse ihn langsam unter mir aufs Bett sinken. »Vielleicht probieren wir es einfach aus?«
Seine Augen glitzern etwas merkwürdig und seine Mundwinkel zucken immer wieder leicht nach oben. »Ich... ich dachte, du willst nicht, weil alles so verkorkst ist?«
Vorsichtig senke ich meine Lippen auf seinen Hals hinab und knabbere leicht daran entlang, bis Maxi verzückt aufkeucht. »Ich fürchte, da hab' ich überhaupt keinen Einfluss drauf«, raune ich und kehre dann zurück zu seinem Mund. »Ich bin dir total verfallen.«

***

Und vermutlich ist es einzig diesem Umstand zu verdanken, dass ich mich nach ewigem Betteln und Bitten von Maxi dazu überreden lasse, ein paar Tage zu bleiben. Wohl ist mir dabei allerdings überhaupt nicht. Der Grund dafür sitzt gleich am nächsten Morgen mit mir am Frühstückstisch. Ich habe das untrügliche Gefühl, Jonathan Herman Sander zu Carlbergen lässt mich keine Sekunde aus den Augen. Oder blinzelt gar einmal. Die hellgrünen Augen, die Maxis so ähnlich sind, bohren sich unentwegt in meine, wenn ich zufällig seinem Blick begegne. Ansonsten spüre ich sie überdeutlich auf mir liegen, wenn ich einmal wegsehe. Trotzdem spricht er nicht mit mir, worüber ich mich jedoch nicht beklagen will. Stattdessen verwickelt mich seine Mutter in oberflächliches Geplänkel.
Allerdings weiß ich nicht, ob mir das besser gefällt.
Diese Situation, morgens mit der Familie zusammen am Frühstückstisch zu sitzen, kenne ich gar nicht mehr. Andererseits komme ich mir nicht wirklich willkommen vor. Maxis Mutter versucht zwar mit aller Macht, mir dieses Gefühl zu vermitteln, aber ein weiterer, eisiger Blick von seinem Vater macht diese Bemühungen gleich wieder zunichte.

Außerdem bin ich mir ziemlich sicher, dass seine Mutter auch nicht recht weiß, was sie von den neuesten Erkenntnissen zu halten hat. Das Thema Homosexualität umschifft sie wie einen gigantischen Eisberg.

Einzig Maxi scheint mit sich und der Welt rundum zufrieden zu sein. Offenbar macht es ihm tatsächlich großen Spaß, seine Eltern mit allem möglichen aus der Bahn zu werfen. Und als wollte er mich für das Verhalten seiner Eltern entschädigen, küsst er mich beinahe in jedem unbeobachteten Moment und kommt nachts immer in mein Zimmer rübergeschlichen.

Ich weiß nicht, ob seine Eltern etwas davon mitbekommen oder es zumindest erahnen, aber vorerst bin ich ganz froh, dass Maxi seine Zuneigung mir gegenüber nicht vor ihnen auslebt. Das würde die Blicke von Jonathan Herman Sander zu Carlbergen vermutlich noch unerträglicher machen. Zum Glück begegne ich ihm tagsüber nie allein auf irgendeinem Flur des riesigen Hauses, weil er viel unterwegs ist und ansonsten Maxi dabei ist.

Nur einmal bin ich ihm versehentlich doch allein über den Weg gelaufen – ein sehr gruseliger Moment. Wir sind beide wie erstarrt auf der Stelle stehen geblieben, nur dass er sich wesentlich schneller wieder gefangen hat und plötzlich zügigen Schrittes auf mich zugekommen ist. Als hätte er nur darauf gewartet, mich endlich mal allein zu erwischen. Mir sind schon die verrücktesten Gedanken durch den Kopf geschossen – von Erpressung über Drohungen bis hin zu Mord –, aber letztendlich hat er nur abfällig geschnaubt und ist dann an mir vorbei marschiert. Das, was er eigentlich wohl sagen wollte, hat er runtergeschluckt.

Als ich Maxi davon erzähle, spielt er es – wie eigentlich alles, was mit dem Verhalten seiner Eltern zu tun hat – herunter. Mit Küssen und ein paar zärtlichen Streicheleinheiten versucht er, mich auf andere Gedanken zu bringen. Schließlich fragt er sogar, während er sacht an meinem Hals knabbert: »Darf ich heute gleich hier schlafen? Ich will jetzt nicht wieder rüber rennen.«

»Maxi…«, setze ich unbehaglich an.

»Es kommt sowieso niemand hoch und will mir *Gute Nacht* oder so sagen«, unterbricht er mich. »Das Hin- und Herrennen zwischen den Zimmern ist völlig paranoid. Und für mich echt ungemütlich«, setzt er noch anklagend hinterher.
»Ist mir aber immer noch lieber, als wenn dein Vater mir den Kopf abreißt«, brumme ich und komme mir dabei gleichzeitig wie ein ziemliches Weichei vor. Andererseits ist sein Vater definitiv ein Mann, vor dem man Angst haben kann.
»Ach, Quatsch. Hat er in den vergangenen zwei Tagen doch auch nicht gemacht.«
Ich schnaube. »Du bist es ja auch nicht, der die ganze Zeit seine finsteren Blicke ertragen muss.«
»Bitte? Ich lebe schon beinahe siebzehn Jahre mit ihm zusammen. Das, was du finstere Blicke nennst, ist sein Alltagsgesicht.«
»Witzig«, knurre ich.
»Wenn du nicht willst, dass ich hier schlafe, kannst du zur Abwechslung ja auch mal zu mir ins Zimmer kommen. – Aber darauf kann ich wahrscheinlich lange warten, nicht wahr?«
Mürrisch schweige ich und suche stattdessen seine Lippen für einen langen Kuss. Es stimmt, die letzten zwei Nächte ist er immer zu mir rüber geschlichen und anschließend wieder zurück geschlichen, während ich es schön bequem in meinem Bett gehabt habe. Es ist ja nicht so, dass ich nicht auch mal über den Flur rennen würde, aber... wenn sein Vater mich dabei erwischt oder in Maxis Bett antrifft, erhebt er vielleicht doch noch die Anschuldigung, ich zwinge seinen Sohn zu irgendetwas. Wenn er von sich aus freiwillig zu mir rüberkommt, kann er das nur schlecht behaupten, oder?
Allerdings ist Maxi diese Nacht sehr überzeugend. Immer wieder treibt er mich bis an den Rand des Höhepunkts, nur um dann abrupt aufzuhören und mich unschuldig zu fragen: »Darf ich hier schlafen?«
Als er das Spielchen zum vierten Mal mit mir treibt und ich frustriert und bebend und gleichzeitig bis in die Haarspitzen

erregt unter ihm liege, stöhne ich schließlich ergeben: »Ja, du verdammter Erpresser!«
Anschließend komme ich so heftig, dass ich beinahe das Bewusstsein verliere. Verflucht, dieser blöde Freak bringt mich noch ins Grab.
Richtig sauer kann ich ein paar Minuten später aber schon nicht mehr auf ihn sein, weil er sich zufrieden an mich kuschelt und mir ein säuseliges: »Nacht, Vince«, entgegen haucht.
Ich bin so eingenommen von ihm, seinem Körper und der Wärme, die er ausstrahlt, dass ich es einfach nicht über mich bringe, ihn nun doch noch aus dem Bett zu schmeißen. Seufzend ziehe ich ihn eng an mich, was Maxi mit einem wohligen Geräusch belohnt, das sich beinahe wie ein Schnurren anhört.

***

Am nächsten Morgen bin ich natürlich vor Maxi wach, da meine innere Uhr immer noch aufs frühe Aufstehen programmiert ist. Maxi liegt mit dem Rücken dicht an mich geschmiegt da und schläft noch tief und fest. Ich genieße und verliere mich einige Zeit lang in diesem Anblick. Beiläufig streiche ich ihm durch das struppige Haar und habe plötzlich den trägen Gedanken, dass es ruhig immer so sein könnte.
Beinahe wären mir dabei die Schritte auf dem Flur entgangen, aber da sie an meiner Zimmertür vorbei marschieren, schenke ich ihnen keine weitere Beachtung. Außerdem haben wir ja abgeschlossen.
Irgendetwas in meinem Hinterkopf stolpert über diesen Gedanken. Haben wir tatsächlich abgeschlossen? Maxi hat gestern noch was davon gefaselt, dass eh keiner hochkommen würde. Habe ich darauf bestanden, dass er abschließt?
Unvermittelt macht mein Herz einen hektischen Satz, aber da ist es auch schon zu spät. Die Schritte poltern über den Flur zurück und keine Sekunde später fliegt die Zimmertür auf und Jonathan

Herman Sander zu Carlbergen steht mitten im Zimmer. Ich starre ihn mindestens genauso erschrocken an wie er mich.

»Großer Gott!«

Ach du Scheiße.

Nachdem der kurze Schreckensmoment vorbei ist, sagt sein Blick mehr als tausend Worte. Am liebsten würde er mich auf der Stelle aus dem Bett und von seinem Sohn fortzerren und anschließend direkt aus dem Fenster werfen.

»MAXIM!«, brüllt er dann so durchdringend, dass Maxi in meinen Armen augenblicklich zusammenfährt und sich völlig verpeilt im Raum umsieht.

»Hnmjawasn?«

»Was – zum – Teufel...?!«

Wegen der unmöglichen Lautstärke am frühen Morgen zuckt Maxi noch mal zusammen und blinzelt dann verpennt in Richtung seines Vaters. »Papa? Was...« Ihm scheint bewusst zu werden, wo er sich gerade befindet, und hat zumindest den Anstand, leicht zu erröten. »Oh.« Verlegen schiebt er meinen Arm von sich runter, zieht die Decke etwas höher und setzt sich dann auf. »Gibt's was... äh, Bestimmtes?«

»Ja – du steigst auf der Stelle aus diesem Bett!«

Das ist definitiv der falsche Tonfall gewesen. In Maxis Augen blitzt es trotzig auf und er lehnt sich wieder dichter zu mir rüber. »Nein. Wozu? Ihr wisst doch jetzt, dass ich schwul bin. Das hier gehört mit dazu.« Demonstrativ beugt er sich zu mir runter und gibt mir einen harmlosen Kuss auf die geschlossenen Lippen. Das erste Mal vor einem Elternteil.

Ich fühle mich ganz eindeutig nicht allzu wohl dabei, für Maxis Provokationen missbraucht zu werden, und brummle daher mahnend: »Maxi...«

Als Antwort schnaubt er nur. »Wieso, ich hab' doch Recht?« Er sieht wieder seinen Vater an, der immer noch mitten im Raum steht, als erwarte er, vom Blitz getroffen zu werden. Oder vielleicht ist er auch schon getroffen worden, so wie er guckt.

»Also, was wolltest du?«
»Mit dir reden«, knirscht Jonathan zwischen zusammengebissenen Zähnen hervor.
»Mitten in der Nacht?«
»Es ist halb zehn«, kläre ich Maxi leise auf.
»Oh«, macht er wieder und feixt mich dann an. »Hab' selten so gut geschlafen, dass ich die Zeit vergessen habe.«
Sein Vater knurrt verärgert und schießt einen besonders zornigen Blick in meine Richtung ab, als wüsste er ganz genau und in allen bildhaften Details, was wir in der Nacht getrieben haben. Bei der Vorstellung wird mir noch mulmiger zumute und ich muss seinem durchdringenden Blick ausweichen.
»Hättet ihr dann die Güte, euch anzuziehen? Weil ich nämlich eigentlich auch mit... mit *ihm* reden will.« Er deutet mit einem kurzen Kopfnicken auf mich.
»Vincent«, zischt Maxi sofort. »Ich glaube, du hast ihn schon kennengelernt.«
»Ja. Zieht euch an.«
Mit diesen Worten dreht er sich einfach um und verlässt das Zimmer. Offensichtlich erwartet er, dass seinem Befehl ohne Weiteres nachgegangen wird. Aber zumindest ich bin mir noch ganz und gar nicht sicher, ob ich ein weiteres, stocksteifes Frühstück im Kreise der Sander zu Carlbergens über mich ergehen lassen möchte, nachdem Jonathan uns hier gerade so vorgefunden hat. Außerdem... was haben Maxis Vater und ich schon miteinander zu reden? Beim letzten Mal wollte er mich entgeltlich dafür entlohnen, Maxi bei mir aufgenommen zu haben. Will er jetzt darüber verhandeln, was es ihn kostet, dass ich im Nirwana verschwinde und Maxi in Ruhe lasse? Hat er das eigentlich gestern schon ansprechen wollen?
»Ich weiß auch nicht, was er will«, meint Maxi ins Blaue hinein, weil er wohl meine Gedanken erraten haben muss. Liebevoll streichelt er über meine in Falten gelegte Stirn. »Am besten wir finden's heraus, hm? Ich beschütz' dich im Zweifelsfall auch.«

»Sehr komisch«, murre ich und schiebe seine Hand weg. Er muss mich nicht unbedingt vor seinem Vater im wahrsten Sinne des Wortes beschützen. Darum geht es mir überhaupt nicht. Außerdem halte ich Jonathan Sander zu Carlbergen nicht für einen Mann, der sich auf sein Gegenüber stürzt und die Fäuste schwingt, sobald ihm was nicht passt. Wenn es so wäre, wäre er zweifellos nicht so weit in seiner beruflichen Karriere gekommen – und nach der Begegnung im Flur gestern läge ich wahrscheinlich schon irgendwo verscharrt.

Aber das ist das Problem. Er ist quasi ganz oben und ich ziemlich weit unten. Wenn er wollte, könnte er mir das Leben mit Sicherheit zur reinsten Qual machen, besonders in Anbetracht der paar Schulden, die ich noch zu begleichen habe. Ich pflege nicht gerne Kontakt mit solchen Leuten, wenn ich ihnen selbst nichts entgegenzusetzen habe. Das ist schon bei Patrizias Eltern nicht anders gewesen. Die haben mich auch das eine oder andere Mal versucht zu kaufen. Und sei es nur bei solchen Lappalien gewesen, mir Geld für Klamotten *auszulegen*, damit ich auch ja schick genug für ein Familienfest gewesen bin.

Verdammt, jetzt werfe ich Maxi und Patrizia schon wieder in einen Topf.

Mit dem einzigen Unterschied, dass Patrizia jedes Mal vor Entzücken ganz außer sich gewesen ist, wenn ich was Schickes von Armani oder weiß der Geier wem angehabt habe. Und warum ich so was nicht mal öfter anziehen könnte?

Irgendwie bezweifle ich, dass Maxi auf dieselbe Art und Weise reagieren würde.

Nachdem wir uns geduscht, gewaschen und angezogen haben, folge ich Maxi die Treppe ins Erdgeschoss hinunter, aber sobald wir auf einer Ebene stehen, greift er nach meiner Hand und verschränkt seine Finger mit meinen.

Unwillkürlich zucke ich etwas davor zurück. »Musst du ihnen das so auf die Nase binden?«

Maxi rollt mit den Augen.

»Mache ich doch gar nicht. Ich verhalte mich immer so, wenn ich verliebt bin.«
Ach ja, und warum die letzten zwei Tage nicht? Da hat er das auch gut ohne ständigen Körperkontakt hinbekommen.
»Das gestaltet das Gespräch bestimmt nicht angenehmer«, versuche ich, vernünftig zu sein. Worüber auch immer gesprochen werden soll.
Finster sieht er mich an und lässt dann urplötzlich wieder meine Hand los, wirft sie regelrecht von sich, insofern das möglich ist.
»Manchmal könnte ich dir wirklich den Hals umdrehen«, zischt er und geht dann wieder mir voraus ins Esszimmer. Der Tisch biegt sich wieder unter den ganzen Lebensmitteln durch, nur dass sich dieses Mal schon wieder ganz andere Sachen darauf zu befinden scheinen, als bei den Frühstücken zuvor. Jedes Mal wieder eine kleine Entdeckungsreise.
»Morgen«, grüßt Maxi fröhlich in die Runde. In Null Komma Nichts hat er schon wieder auf gute Laune umgeschaltet.
Über das Gesicht seiner Mutter verläuft ein Strahlen, das ich so in den letzten Tagen auch noch nicht gesehen habe. »Ah, guten Morgen, ihr beiden.«
Ich nuschle ebenfalls einen Gruß und setze mich dann wie immer neben Maxi. Überhaupt erinnert mich der Verlauf des Frühstücks stark an die vorherigen Essen hier. Es geht mit Smalltalk und freundlichem Geplänkel los. Seine Mutter erzählt, was sie heute noch alles vorhat, während sich sein Vater stur bedeckt hält. Ich fange die obligatorischen, mürrischen Blicke von ihm auf, versuche aber, mich davon nicht beeindrucken zu lassen. So langsam bekomme ich Übung darin.
In einer kleinen Gesprächspause wendet er sich allerdings zum ersten Mal seit zwei Tagen direkt und ziemlich abrupt an mich: »Also, Vincent, Sie wollen Maxim genauso wenig verlassen wie er offensichtlich Sie, sehe ich das richtig?«
Maxis Mutter sieht nicht sehr begeistert aus, als ihr Mann direkt mit der Tür ins Haus fällt, aber mir ist das – ehrlich gesagt –

beinahe lieber, als dieses Drumherumreden und sture Schweigen, wenn man ganz genau weiß, dass am Ende der Berg erst noch kommt. Und ich mache drei Kreuze, wenn *dieser* Berg überwunden ist. Dann kriege ich vielleicht auch mehr zum Frühstück runter als ein paar Schluck Kaffee.

»Ich denke schon, ja.«

»Sie denken?« Mit einem unfrohen Lächeln im Gesicht lehnt er sich auf seinem Stuhl zurück. »Dann scheint mein Sohn Sie falsch verstanden zu haben, was den weiteren Verlauf Ihrer Beziehung zueinander anbelangt.«

»Papa...«, will Maxi ansetzen, aber ich lege ihm eine Hand aufs Bein, damit er sich zurückhält. Vielleicht wird das Ganze hier einfacher, wenn ich zur Abwechslung mal selbst für mich spreche. Obwohl mir dabei wirklich der Herzschlag in den Ohren dröhnt und meine Brust schmerzhaft malträtiert.

»Ich will ihn nicht verlassen, richtig.« Ich fühle mich wie auf dem Prüfstand, weil ich ihm so genau darlegen muss, was ich empfinde und denke. Ich kann so was ja nicht mal vernünftig vor Maxi aussprechen, und jetzt muss ich seinem Vater Rede und Antwort stehen? Irgendwas läuft da doch schief. Am liebsten würde ich dazu gar nichts sagen, aber dann komme ich aus der Nummer gar nicht mehr raus.

Unwillig verzieht er die Mundwinkel. »Was machen Sie nach dem Abitur, Vincent? Schon irgendwelche Pläne?«

Ich presse die Lippen zusammen. Das ist jetzt schon mein zweiter wunder Punkt. Schießt er einfach nur drauf los oder kann er mich wirklich so gut durchschauen? Na ja, er hatte zwei Tage Zeit, mich zu beobachten und tiefere Erkundigungen über mich einzuziehen.

»Das ist noch nicht so ganz raus«, sage ich vage. Unglücklicherweise hat es in letzter Zeit wieder die eine oder andere Absage gegeben.

»Was heißt das?«

»Dass es noch nicht so ganz raus ist, Papa«, entfährt es Maxi scharf. Seine Hand schleicht sich zu meiner auf seinem Oberschenkel,

bleibt jedoch ebenfalls im Schutz des Tisches verborgen. Solidarisch verschränkt er wieder die Finger mit meinen. Dieses Mal lasse ich ihn. Alles andere ist auch zu auffällig. Allerdings weiß ich nicht, ob ich es gut finde, dass er sich ständig ins Gespräch einmischt. Auch wenn es zum Teil der Wahrheit entspricht, soll sein Vater bloß nicht glauben, Maxi müsste mich vor ihm... *beschützen*.
Sein Vater seufzt kurz genervt auf, dann sieht er wieder mich an. »Wie gut sprechen Sie Englisch?«
Augenblicklich erstarre ich auf meinem Stuhl. Die Richtung gefällt mir nicht. »Wieso?«, will ich misstrauisch wissen.
»Vielleicht würden Sie es gerne verbessern? Oder perfektionieren? Ihren Lebenslauf mit einem Auslandsaufenthalt aufpeppen?«
Das kann ja wohl nicht wahr sein.
Maxis Händedruck unterm Tisch verstärkt sich. »Worauf willst du hinaus, Papa?«
Entgeistert drehe ich den Kopf, um ihn anzusehen. Die Hoffnung sprüht nicht nur aus seiner Stimme heraus, sondern funkelt auch in seinen hellen Augen. Grandios. Wirklich grandios. Da habe ich mich wohl doch in ihm getäuscht.
Mit einem unzufriedenen Brummen wendet sich Jonathan seinem Sohn zu. »Deine Mutter hat mich davon überzeugt, dass ich dir hin und wieder etwas entgegenkommen muss, wenn ich nicht will, dass du wieder abhaust. Oder dich gar ganz von uns abwendest, sobald du volljährig bist.« Er macht eine unbestimmte Geste in meine Richtung. »Und wenn das bedeutet, dass du ihn in deiner Nähe haben willst, dann muss ich dafür sorgen, dass das funktioniert.«
Dann muss er dafür sorgen, dass das funktioniert?! Bin ich ein verdammtes Spielzeug, dass er Maxi großmütig überlässt, obwohl die Altersfreigabe erst ab 18 ist?!
Nein. Das geht auf gar keinen Fall. Ich lasse mich nicht schon wieder derartig herumschubsen.
»Was halten Sie von einem einjährigen Praktikum in England,

Vincent? Dann wären Sie zumindest vorerst in Maxims Nähe. Das Internat ist nicht weit weg von dem Unternehmen.«
Scheiße, ich hab's geahnt. Knirschend beiße ich die Zähne zusammen. »Nichts. Davon halte ich gar nichts.«
Aus den Augenwinkeln heraus bemerke ich, wie Maxis Kopf entsetzt zu mir herumfährt, aber ich fixiere weiterhin seinen Vater. Der lacht bei meiner konsequenten Absage kurz belustigt auf, was meine Wut noch zusätzlich anfacht.
»Seien Sie nicht albern, Vincent. Ich habe ein bisschen herumtelefoniert und einen erstklassigen Praktikumsplatz in der Marketingabteilung einer nicht gerade kleinen Kosmetikfirma für Sie aufgetan, bei der ich Investor bin. Die Firma genießt also einen wirklich hervorragenden Ruf. Und das Praktikum wird vergütet. Vermutlich reicht es im Monat nicht ganz, aber auch das werden wir irgendwie hinkriegen.«
Ach ja, und wie? Will er mir auch Geld *auslegen*?!
Maxi drückt auffordernd meine Hand, damit ich ihn ansehe. Eindeutig ein Fehler. Inzwischen strahlen nicht nur seine Augen, sondern auch sein ganzes Gesicht, weil er mich breit angrinst. »Hast du das gehört?«
Mir wäre es lieber, ich hätte es nicht gehört. Oder seine Reaktion darauf nicht bemerkt. Findet er es denn wirklich so in Ordnung, wenn sein Vater mich ein Jahr lang aushält und obendrein seine Beziehungen für einen Job für mich spielen lässt? Weil ich es alleine ja offensichtlich nicht auf die Reihe bekomme? Kann er sich nicht denken, dass mir dasquer geht?
Verdammt.
Ich lasse Maxis Hand los und sehe wieder Jonathan an. »Danke, aber ich verzichte.«
»Was?! Vince!«
»Ich brauche keine Almosen und ich will auch keine. Ich komm' sehr gut allein zurecht.«
Jonathan schnaubt halb amüsiert, halb spöttisch. »Das bezweifle ich stark.«

Ruckartig stehe ich vom Stuhl auf. »Wenn das so ist...«
Auf dem Absatz drehe ich mich um und verlasse das Esszimmer. So was muss ich mir echt nicht geben.
Ja, verdammt, ich habe ein paar Probleme mit meiner Zukunft, die sich noch nicht so klar vor mir ausstreckt wie wahrscheinlich Maxis – aber das ist noch lange kein Grund für irgendeinen dahergelaufenen Vater, mich seinem Sohn quasi zum Geschenk zu machen! Oh, ach, wo Sie doch eh nichts Besseres zu tun haben: Leisten Sie meinem Sohn in England doch ein bisschen Gesellschaft, dann habe ich auch noch die nächsten dreißig Jahre meine Freude an einer rundum glücklichen Vater-Sohn-Beziehung!
Scheiße. Scheiße! Und Maxi ist ganz hin und weg von der Idee gewesen! Hat er vielleicht auch mal eine Sekunde an mich gedacht? Und wie ich mich dabei fühle?!
»Vince!«
Plötzlich werde ich mitten beim Treppenhochlaufen am Arm gepackt und festgehalten, so dass ich beinahe rückwärts die Treppen wieder runtergesegelt wäre.
»Was zum Teufel soll das werden?!«, bollert Maxi gleich weiter, während ich noch nach meinem Gleichgewicht suche. »Fuck, das ist die Lösung für unser Problem und du rennst weg, als hättest du –«
»Das ist die Lösung für dein Problem, Maxi«, fauche ich ihm dazwischen und entreiße ihm meinen Arm, um die Stufen weiter in den ersten Stock hochzusprinten.
»Was?«, platzt es verständnislos aus Maxi heraus, der mir natürlich sofort nachjagt. »Meine Fresse, Vince, red' Klartext mit mir, sonst versteh' ich dich nicht und wir kriegen uns nur wieder unnötig in die Haare!«
Wir erreichen das Gästezimmer. »Ich hab' schon gesagt, was ich zu sagen habe. Ich brauche die Hilfe deines Vaters nicht.«
»Doch, natürlich! Das ist die Möglichkeit, zusammenzubleiben. Du in England! Mit einem Job.«

»Alles von deinem Vater inszeniert und bezahlt, um dich glücklich zu machen?«, spotte ich und werfe meinen Rucksack aufs Bett.
»Um *uns* glücklich zu machen, du hirnverbrannter Hornochse! Und uns einen Gefallen zu tun! Was ist so verflucht verkehrt daran?« Aufgebracht fuchtelt Maxi mit den Armen in der Luft herum und sieht mich in einer Mischung aus Zorn und Verständnislosigkeit an.
»Ich lasse mich weder von ihm aushalten, noch herumschubsen oder kaufen. Das ist mein Leben, auch wenn es im Moment nicht besonders gut läuft. Und ich will mir das Zusammensein mit dir nicht von ihm bezahlen lassen. Dann fühle ich mich...« Ich verschlucke, was ich eigentlich sagen wollte, und korrigiere ungelenk: »Dabei ist mir nicht wohl.«
Daraufhin sagt er nicht sofort etwas, sondern lässt die Worte erst einmal sacken. Dann nickt er einmal. »Das verstehe ich«, sagt er ernst. »Aber... aber kannst du das Ganze nicht als Chance sehen, mit mir... zusammenzubleiben? Ungeachtet der Umstände? Ich meine, das... das willst du doch, oder?«
Er versteht es nicht. Grandios. Aber wie soll er auch mit seinem Hintergrund?
»Ich will es aber nicht so«, bleibe ich stur und schiebe ihn zur Seite, um meine wenigen, ausgepackten Sachen aus dem angrenzenden Gästebad zu holen.
»Nicht so? Aber wie denn dann?« Inzwischen klingt er wieder gereizt. »Du hast doch keinen besseren Plan! – Und was zur Hölle machst du da eigentlich?« Er wirft sich aufs Bett und umklammert den Rucksack fest mit beiden Armen, als wäre es das letzte Stückchen Treibholz auf offener See, bevor ich meine Waschsachen da drin verstauen kann.
»Ich packe!« Unwirsch zerre ich am Rucksack, aber Maxi lässt nicht los.
»Wieso?« Ein leiser Hauch von Panik schleicht sich in seine Stimme ein. »Ich dachte, du bleibst bis zum Ende der Ferien hier?«
»Um dann von hier direkt in den Flieger zu steigen, mir vom

Geld deines Vaters eine Wohnung anzumieten, sie komplett neu einzurichten und mir eine neue Garnitur Kleider zu kaufen?«
Aus großen Augen starrt er mich fassungslos an. Dann richtet er sich plötzlich auf die Knie auf, um mit mir auf einer Augenhöhe zu sein, und sagt bestimmt: »Um mit mir zusammen zu sein.«
Obwohl er mich nicht anschreit, sondern in einem völlig normalen Tonfall spricht, kommen die Worte trotzdem mit der Wucht einer Kanonenkugel bei mir an. Aufgebracht fahre ich mir durch die Haare. »Das will ich ja auch, Maxi, aber –«
»Echt?«, unterbricht er mich. »Kommt mir gerade nicht so vor.« Er zupft am Rucksack. »Du packst, du willst mich nicht nach England begleiten, du –«
»Ich will dich schon nach England begleiten, wenn ich könnte. Aber ohne die Hilfe deines Vaters, verdammt!«
»Aber ohne seine Hilfe kannst du nicht!«
»Richtig!«
Zornig blitzt er mich an. »Na also!«
»Nichts, *na also!*«, zische ich zurück und entreiße ihm grob meinen Rucksack, um die Waschsachen darin zu verstauen. »Wir müssen uns was anderes einfallen lassen.«
Maxi gibt einen frustrierten Laut von sich und wirft sich mit einem lauten: »FUCK!«, aufs Bett. »Warum bist du nur so stur?«
»Warum bist du so arrogant und verwöhnt, dass du nicht verstehst, worum es mir hier geht?«
»Ah, du hältst mich also für arrogant und verwöhnt, ja?!«, faucht er und richtet sich wieder auf. Im Liegen streitet's sich wohl schlecht.
»Ja!«, poltere ich. »In dieser Hinsicht bist du das.«
»Und weißt du, was du bist? Du bist verbohrt, dickköpfig und absolut nicht auszuhalten in deinen falschen Vorstellungen von Ehre und Moral oder was auch immer! Mein Vater will dir *helfen,* verflucht! Uns! Ohne jeglichen Hintergedanken – außer vielleicht dem, mich glücklich zu machen. Und da du dieselbe Absicht haben solltest, solltest du dich nicht so anstellen und sein Angebot

*— verdammt noch mal —* annehmen!«

Sprachlos starre ich ihn an. Ich bin nur Millimeter davon entfernt, ihm eine reinzuschlagen. Und er hält sich für *nicht* arrogant?!

Gott, ich weiß gar nicht, wohin mit diesem riesigen Wutballen in meinem Bauch. Ich beiße die Zähne so hart aufeinander, dass sie jeden Moment splittern könnten.

Ich muss hier raus. Sofort.

Zum Glück habe ich nicht viel mehr ausgepackt, das erlaubt mir, auf der Stelle kehrt zu machen und das Zimmer zu verlassen.

»Wo willst du hin? Vince!«

Ich höre seine Schritte hinter mir, bleibe aber nicht stehen, sondern raunze über die Schulter: »Ehrlich, Maxi, wenn du nicht willst, dass ich dir eine reinhaue, lässt du mich jetzt in Ruhe.«

Er gibt ein spöttisches Schnauben von sich, heftet sich aber weiterhin an meine Fersen, als ich den Flur entlang gehe. Wenn er wollte, könnte er mich bestimmt überholen oder gar berühren, aber offensichtlich hält ihn meine Warnung vorerst noch davon ab.

»Du willst jetzt also einfach so abhauen, ja? Das ist deine Lösung? Toll, wirklich ganz toll, Vince. Und wenn ich Glück habe, bekomme ich zweimal im Monat einen Anruf von dir, wie es mir geht, oder was?!«

Ich schließe kurz die Augen, öffne sie dann aber schnell wieder, weil ich keine Lust habe, die Treppe runterzufallen. »Ich hab' dir gestern schon gesagt, dass ich mit der Entfernung nicht klar komme.«

»Ja, wunderbar!«, bollert Maxi zornig. »Die Scheißentfernung ist aber da, wenn du Sturschädel das Angebot meines Vaters nicht annehmen willst, also entweder reißt du dich zusammen oder du bist wirklich so schlecht in Beziehungen, wie du dir selbst einzureden versuchst!«

Meine Hand krampft sich um den Trageriemen meines Rucksacks zusammen. Verdammt, er sagt das so einfach, aber hat er vielleicht während der Woche ohne ihn in mir drin gesteckt?!

Ich verstehe es ja selbst nicht, aber ich habe auch keinen Nerv dazu, mich zwei Jahre lang so zu fühlen, bis er dann mit der Schule fertig ist — abzüglich der paar Tage, die er dann von seinen Eltern vielleicht mal nach Hause geholt wird.
Und Jonathans Angebot anzunehmen, kommt für mich nicht in Frage.
Wenn es nur diese Möglichkeit gibt oder keine... dann muss es eben keine sein. Vielleicht dauert es ein bisschen, sich Maxi aus dem Kopf zu schlagen, aber unterm Strich knabbere ich da bestimmt keine zwei Jahre lang dran. Und was dieses lästige Verliebtsein angeht... ich glaube, ich bin fast besser ohne dran. Das ist nicht so anstrengend. Außerdem ist ja nicht gesagt, dass ich nicht noch mal solche Gefühle entwickeln kann — dieses Mal für jemanden, der in meiner Nähe ist. Und der nicht so nervenaufreibend wie Maxi ist.
»Shit, Vince, hörst du mir überhaupt zu?!«, macht Maxi sich wieder bemerkbar, als ich den unteren Treppenabsatz erreicht habe. »Willst du nichts zu deiner Verteidigung sagen?«
»Nein. Dazu gibt es nichts mehr zu sagen. Ich hätte gar nicht herkommen sollen.« Ich erreiche die Haustür und reiße sie auf.
Hinter mir japst Maxi erschrocken nach Luft. »Du hättest...!«
Unvermittelt bekomme ich einen harten Stoß in den Rücken, der mich regelrecht zur Tür hinausstolpern lässt. Bevor ich mich bremsen kann, wirble ich wütend zu Maxi herum, was ich lieber nicht hätte tun sollen.
Die hellen Augen glitzern verräterisch, aber ich bin mir nicht hundertprozentig sicher, dass das nur von seiner Wut auf mich kommt, auch wenn sein Gesicht zweifellos hauptsächlich vor Zorn verzerrt ist. Und seine Stimme transportiert dieselbe Botschaft, als er ruft: »Dann verpiss' dich doch endlich! Hat dich sowieso niemand hierher eingeladen! Na los! Was zum Teufel stehst du da noch so bescheuert rum, wie bestellt und nicht abgeholt?! Verschwinde!«
Wenn ich nicht schon dabei wäre, mich von Maxi loszusagen,

ihn für alle seine kleinen und großen Fehler zu hassen und die unverständlichen Gefühle für ihn zu begraben, würden mich seine Worte sicherlich sehr hart und schmerzhaft treffen.
Das tun sie jetzt auch, aber ich nehme sie beinahe dankbar entgegen. So kann ich leichter mit ihm abschließen, als wenn er mir einen Abschiedskuss entgegen hauchen würde.
Dabei fällt mir ein: »Ich bekomme noch ein Fahrrad von dir.« Am besten schließen wir alles auf einmal ab. Dann muss ich mich nachher nicht noch deswegen mit ihm beschäftigen.
Maxi erstarrt im Türrahmen und verschränkt bebend die Arme vor der Brust. Mit schmalen Augen zischt er mir zu: »Keine Sorge. Dass vergess' ich schon nicht. – Und jetzt hau' ab!«
Ich nicke einmal kurz, dann drehe ich mich um und gehe.

# 16

*Maxi*

»Oh, Maxi, bitte«, murmelt Britta hilflos und streicht mir abermals tröstend über den Arm. »Ich kann's nicht haben, wenn du weinst.«
»Ich weine nicht«, schniefe ich erbärmlich und zupfe ein weiteres Taschentuch aus der Tempobox. »Bin bloß allergisch gegen Sauerstoff.« Mit dem Tuch wische ich mir unter den Augen entlang. Wozu habe ich mir heute Morgen eigentlich ganz euphorisch und selbstbewusst Kajal und Wimperntusche ins Gesicht geknallt? Inzwischen dürfte ich aussehen wie eine Wasserleiche.
Ich blinzle Britta, die neben mir auf meinem Bett sitzt, lieb an. »Könntest du mich vielleicht ersticken? Dann geht's mir auch wieder besser.«
Sie zwingt sich dazu, ihre Mundwinkel leicht nach oben zucken zu lassen, aber lustig findet sie das keineswegs. Stattdessen schlingt sie nun beide Arme um mich und drückt mich an sich. »Scheiße, Maxi. Du hättest mich gestern schon anrufen sollen, sobald die Knalltüte hier verschwunden ist. Dann wäre ich gleich zum Bahnhof gesaust und hätte mir diesen Vollpfosten vorgeknöpft. Und ihn wenigstens mal *gesehen*.«
Ha, wie hätte ich sie gestern denn anrufen sollen? Ich konnte mich den ganzen Tag nicht vernünftig artikulieren.
»Aber so toll kann er doch wirklich nicht sein, hm?« Zärtlich streicht sie mir über das strubbelige Haar. »Ich meine, wenn er dich quasi für nichts in den Wind schießt?«
»Arschloch«, stimme ich seufzend zu und werfe das Taschentuch zu dem Berg, der sich auf dem Boden vor dem Bett angesammelt hat. Dann ziehe ich den Katalog wieder näher an mich heran und blättere weiter. 1.499 € finde ich noch zu wenig. Ich bin mehr wert. Irgendwo gibt's bestimmt noch was Teureres.
»Klar, eine Fernbeziehung ist schon schwierig, aber er hätte sich auch für eine normale Beziehung etwas ins Zeug legen müssen.

Ist ja kein Kinderspiel. Aber der Typ hat wohl gar nichts gecheckt.«
»Hm-hm...«
»Andererseits...«, setzt Britta vorsichtig an und gibt mir einen versöhnlichen Kuss auf die Schläfe, »... kann ich es verstehen, wenn er sich nicht... nun, alles von deinem Vater finanzieren lassen möchte.«
Verblüfft zucke ich zusammen und sehe sie wieder an. Gleichzeitig schiebe ich ihre Arme von mir runter. »Was? Das ist doch Bullshit!«
»Nein, Maxi, ist es nicht.«
Ich schnaube verächtlich. »Es wäre ja auch nicht direkt ein Geschenk gewesen. Er hätte es meinem Vater ja zurückzahlen können, was er ihm ausgelegt hat. Außerdem« — verärgert schubse ich den Katalog etwas von mir — »wäre das unsere Chance gewesen, verdammt! Es war ein gut gemeinter Gefallen gewesen. Für mich und für... für Vince. Das hatte überhaupt nichts damit zu tun, dass mein Vater ihn kaufen wollte oder was auch immer!«
Britta lässt sich von meinem pampigen Tonfall nicht im Mindesten beeindrucken, sondern lehnt sich etwas weiter nach hinten und streckt die langen Beine aus. »Glaub' mir, Maxi, ich denke, ich kann ihn besser verstehen als du. Zumindest hierbei.«
»Ach, und warum? Weil ihr euch schon öfter getroffen habt als ich ihn, schon klar!«, patze ich und muss nach noch einem Taschentuch greifen, weil meine Nase zusitzt. Fuck. Ich hasse es zu heulen.
»Nein, weil wir ungefähr denselben, finanziellen Hintergrund haben, wenn ich ihn richtig einschätze von dem, was du mir über ihn erzählt hast.«
»Shit!« Das Taschentuch fliegt zu den anderen auf den Boden. »Was hat das denn damit zu tun? Ich weiß doch auch, in welcher Situation Vince ist. Ich hab' zwei Wochen bei ihm gewohnt, schon vergessen? Das Duschwasser war grundsätzlich kalt, er kriegt ständig Mahnschreiben und einmal ist sogar die Heizung ausgefallen und Vince musste sich ernsthaft Gedanken darüber

machen, wie er das Ding reparieren lässt.« Ich sehe sie triumphierend an. »Ich *weiß* also, dass bei ihm das Geld nicht so locker sitzt.«
»Das ist aber was anderes, als das selbst zu erleben. Oder hast du schon mal ein Mahnschreiben bekommen?«, spöttelt Britta sanft.
»Nein«, raunze ich, weil sie das ja wohl weiß. Den Unterschied verstehe ich trotzdem noch nicht. »Du etwa?«
Sie zögert kurz, zuckt dann mit den Schultern und meint schlicht: »Ja.«
»Was? Echt?« Davon weiß ich gar nichts. Andererseits... wenn Vince damit lieber hinterm Berg hält, macht Britta das vielleicht auch?
»War nur für meine Handyrechnung, aber immerhin. Das ist nicht lustig.«
»Das behaupte ich ja auch nicht. – Außerdem habe ich auch die Erfahrung gemacht, wie es ist, kein Geld zu haben.« Zu meinem Erstaunen und meinem Ärger fängt Britta daraufhin schallend zu lachen an. Grimmig versetze ich ihr einen Stoß gegen die Schulter. »Wirklich!«
»Ach ja?«, giggelt sie. »Wann?«
»Als ich auf der Straße unterwegs war, zum Beispiel?«, schlage ich angefressen vor. Zumindest in der Zeit zwischen Jugendherberge und Vince. Aber das habe ich auch schon als nicht angenehm empfunden! Und immer so mit Geld haushalten zu müssen, stelle ich mir auch nicht supertoll vor.
Anstatt einsichtig zu nicken oder so, lacht Britta jetzt noch lauter und kugelt sich etwas auf meinem Bett herum. »Oh Gott!«, japst sie. »Aber das war doch was ganz anderes, Maxi. Ein Anruf und du wärst wieder hier gelandet.« Sie macht eine umfassende Geste mit dem Arm, die wohl mein Zimmer und meine allgemeine Situation umfassen soll.
»Und da wollte ich ja auch unbedingt wieder hin«, knurre ich verstimmt. Britta seufzt und richtet sich wieder in eine sitzende Position auf. Halb besänftigend, halb beschwörend legt sie mir eine Hand auf den Unterarm.

»Der Unterschied dabei ist einfach, dass du jederzeit zurück *könntest,* wenn du wolltest. Außerdem bist du an Geld gewöhnt, Maxi. Du bist damit aufgewachsen und es hat quasi keine Bedeutung für dich. Andere«, betont sie, »würden dafür morden.«
Ich lasse die Worte kurz sacken. Okay, klingt plausibel. Bis auf das mit dem Morden. »Vince würde dafür nicht morden.«
»Nein, das meinte ich damit nicht. Aber für ihn hat Geld eine ganz andere Bedeutung als für dich. Und wenn dein Vater daher kommt und damit um sich wirft, ihm was leihen oder gleich schenken will, ist das für ihn... das ist... erniedrigend«, versucht Britta, zu erklären. »Verstehst du das?«
Jetzt, wo sie es so deutlich sagt und aufdröselt, kann ich es schon bis zu einem gewissen Grad nachvollziehen. Auch wenn ich es mir nur sehr schwer vorstellen und mich nur sehr schwer in Vince' Situation hineinversetzen kann. Erstaunlicherweise. Allerdings bestätigt Vince' Verhalten gestern am Frühstückstisch und auch danach oder davor eigentlich alles, was Britta gerade versucht, mir zu erläutern.
Fuck. Ich bin wirklich verwöhnt und arrogant.
Seufzend schließe ich die Augen, als es wieder heiß hinter ihnen zu brennen anfängt. Verdammt. Irgendwann ist doch mal gut.
»Oh nein.« Verzweifelt nimmt Britta mich erneut in den Arm. »Fang bitte nicht wieder an, Maxi. Es tut mir Leid. Tut mir Leid.«
Sie zupft ein Taschentuch aus der Tempobox und hält es mir hin.
Schniefend greife ich danach. »Danke«, fiepe ich und putze mir wieder die Nase. Gleich sehe ich aus wie ein blöder Clown mit dem roten Ding mitten im Gesicht.
»Ich wollte dich nicht wieder an ihn erinnern.«
»Schon okay. Hast ja Recht.«
»Also verstehst du ihn?«
»Hm.«
Was ich nicht verstehe, ist, warum es jetzt plötzlich aus zwischen uns ist. Ich meine, es ist doch nicht zu übersehen, dass er mich sehr mag, oder? Weswegen sträubt er sich dann sogar ge-

gen eine Fernbeziehung? Warum er nicht nach England kommen will, verstehe ich jetzt ja, aber warum will er es nicht wenigstens versuchen? Wir sind doch nicht das erste Paar, das ein bisschen Distanz überwinden muss. Außerdem ist das doch nicht für ewig. Zwei mickrige Jährchen. Na und? Ich bin total bereit, dem Ganzen eine Chance zu geben.

Warum Vince nicht? Dann... dann kann er mich ja wirklich nicht so sehr lieben wie ich ihn. Oder?

Aber für solche Überlegungen ist es jetzt eh zu spät. Von England aus kann ich unsere Beziehung ganz bestimmt nicht retten. Also muss ich auch endlich mit ihr abschließen.

Ich ziehe wieder den Katalog dichter zu mir heran und blättere ihn weiter durch. Irgendwo wird doch noch ein Fahrrad zu finden sein, dass die 1.499 € toppen kann.

»Was machst du da eigentlich die ganze Zeit?«, will Britta neugierig wissen und lugt mir über die Schulter. »Frustshoppen? Fährst du überhaupt Rad?«

»Natürlich fahre ich Rad«, entgegne ich erst mal kategorisch, ehe ich einschränke: »Manchmal.« Immerhin habe ich eine 1a Vespa in der Garage stehen und damit durch die Stadt zu sausen, kann kein Fahrrad der Welt jemals aufwiegen. Auch wenn's im Winter etwas kalt da drauf ist.

»Aha, manchmal.« Ich höre das Grinsen in ihrer Stimme, obwohl sie immer noch schräg hinter mir sitzt. »Ist wahrscheinlich noch dein Kinderrad, was da im Schuppen verstaubt. Mit Stützrädern und Fähnchen.«

»Haha, sehr witzig.«

»Und jetzt hast du beschlossen, wieder mehr Rad zu fahren, und willst dir ein neues zulegen?«

Ich zögere kurz, weil ich gerade ein Rad für 1.559 € entdeckt habe, und mache schnell einen Knick in die Seite. Außerdem weiß ich nicht so genau, ob Britta verstehen würde, was ich hier treibe. »Nee.«

»Nee? Was denn dann?«, quengelt sie ungeduldig.

»Gott, lass dir doch nicht alles aus der Nase ziehen!«
»Das ist für Vince.«
»Vince?«, wiederholt sie alarmiert. »Warum willst du dem Knallfrosch denn jetzt noch ein Fahrrad kaufen? Ich glaube nicht, dass er das so gut findet.«
»Das glaube ich auch nicht.«
Ganz besonders nicht, weil ich das teuerste aussuchen und ihm eine kleine Nachricht mitschicken werde. Ich kann immer noch nicht fassen, dass das Letzte, was er mir zu sagen gehabt hat, die Erinnerung an diesen beknackten Schuldschein gewesen ist. Wir haben uns gerade getrennt, aber das Drecksfahrrad – das will er bitteschön noch haben! Lieber das als mich. Blöder Vollpfosten.
Jetzt bekommt er das Beste vom Besten und soll sich gefälligst jedes Mal, wenn er das Rad ansieht, an mich erinnern und daran, dass ich ihm offenbar die ganze Zeit über nur so viel wert gewesen bin wie sein neues Fahrrad. Während der kurzen Sekunden, die wir halbwegs glücklich miteinander verbracht haben, hat er das Thema nämlich überhaupt nicht zur Sprache gebracht, aber kaum trennen wir uns, bringt er es wieder auf den Tisch.
Ich bin quasi sein Fahrradersatz gewesen. Wenn ich könnte, würde ich für das Rad noch mehr ausgeben, aber irgendwie gibt's in diesem dummen Katalog nichts richtig Luxuriöses. Vielleicht sollte ich den Lenker noch mit Edelsteinen oder so verzieren lassen? Ein vergoldeter Rahmen? Ach, irgendwas wird sich schon finden.

***

Der Tag meiner Abreise nach England. Mir geht's, gelinde gesagt, beschissen. Aus mehreren Gründen.
Ich habe Vince' Topmountainbike für knapp zweieinhalbtausend Euro so schnell wie möglich gekauft und per Eilsendung verschickt, so dass es möglichst noch vor meiner Abreise bei ihm ankommt, damit ich seine Reaktion noch abfangen kann.

Aber bist jetzt hat Vince noch keinen Ton von sich hören lassen. Ehrlich gesagt, ich habe wenigstens mit einem wütenden Anruf oder etwas dergleichen gerechnet, weil er sich entweder über die pure Geldverschwendung oder meinen kleinen Brief aufregt:

*Ich hoffe, du wirst damit glücklicher als mit mir.*

Ich habe mit voller Absicht keinen Gruß und keinen Absender draufgeschrieben, aber er wird auch so schon wissen, von wem er das Rad geschenkt bekommen hat. Und ich bin mir auch ziemlich sicher, dass es inzwischen angekommen sein müsste. Warum zum Teufel meldet er sich dann nicht bei mir? Findet er das etwa in Ordnung, so, wie wir auseinander gegangen sind? Findet er das Fahrrad angemessen?

Fuck. Fuck!

Aber *ich* kann mich doch nicht bei ihm melden. Nicht nach dem, wie ich ihn aus meinem Haus rausgeworfen habe. Außerdem *will* ich mich auch gar nicht bei ihm melden. Er hat diese Scheiße verzapft mit seinen ewigen Zweifeln und seinem verdammten, total unangebrachten Stolz, also muss er auch bei *mir* angekrochen kommen.

Ist er aber nicht.

Und jetzt stehe ich auf dem verdammten Flughafen, mein Flieger geht in einer Stunde, Gepäck ist schon aufgegeben – und ich starre alle fünf Sekunden auf mein Handy. Wahlweise um seinen Anruf herbei zu zwingen oder um seine Nummer gleich selbst zu wählen. Shit.

»Was siehst du denn alle paar Minuten auf dein Handy, Schatz?«, will meine Mutter mit leicht besorgtem Unterton wissen und streichelt mir liebevoll über den Rücken. »Du hast dich doch vorhin schon von Britta verabschiedet, hm?«

Oh ja. Die reinste Katastrophe. Unglaublich, wie schrecklich ich sie vermissen werde. Wie schrecklich ich sie bereits *jetzt* vermisse. Aber mit ihr kann ich wenigstens noch tagtäglich telefonieren.

Das ist eine Situation wie während meines kleinen *Abenteuerurlaubs*. Irgendwie zu schaffen.

Aber Vince...

Oh Mann, kann man mir den nicht mal endlich aus dem Schädel prügeln?!

»Bin nervös«, nuschle ich undeutlich, weil ich keine Lust habe, hier jetzt einen kompletten Seelenstriptease hinzulegen. Außerdem weiß sie ja auch, dass mich allein die Tatsache, nach England abgeschoben zu werden, alles andere als fröhlich stimmt.

»Ach was, das musst du nicht sein, Maxim. Es wird schon alles gut werden. Du wirst dich bestimmt ganz schnell einleben, neue Freunde finden und...«

Ich blende ihre gut gemeinten, tröstenden Worte aus, weil ich die gerade nicht aushalte.

Freunde finden? Du meine Fresse, bin ich zwölf? Mir doch scheißegal, wenn ich *keine* Freunde finde. Habe ich hier an der Schule doch auch kaum gehabt. Es wäre schön, jemanden zum *Vögeln* zu finden, damit ich nicht ständig an Vince denken muss.

Ach, verdammt...!

Um ausnahmsweise nicht andauernd auf mein Handy zu starren, lasse ich meinen Blick durch die riesige Flughafenhalle schweifen. Mein Vater steht etwas abseits an einer Wand und telefoniert immer noch wie wild mit irgendeinem Geschäftspartner in London. Deswegen begleiten mich meine Eltern auch auf dem Hinflug. Irgendwas Geschäftliches in London, gefolgt von ein paar Tagen Urlaub in einem Luxushotel.

Zumindest ist das der Grund, den sie vorschieben.

*Ich* denke ja, dass sie Angst haben, dass ich direkt vom Flughafen aus wieder stiften gehen könnte. Da eskortieren sie mich lieber persönlich bis direkt vor die riesigen Pforten des englischen Internats. Ich lasse meinen Blick weiterwandern und möchte im nächsten Moment am liebsten laut schreien. Fuck, jetzt *denke* ich nicht nur die ganze Zeit an Vince, sondern sehe ihn auch noch überall, oder was?

Komm, Maxi, konzentrier' dich gefälligst auf was anderes. Hast du auch alles Wichtige eingepackt? Sachen zum Wechseln, saubere Unterwäsche, Kondome...?

Wie von selbst wandern meine Augen wieder zu dem Vince-Double rüber, das etwas verpeilt am Eingang der Wartehalle rumsteht und sein Ticket studiert.

Mann, ist ja echt unheimlich, wie ähnlich der ihm auf die Entfernung hin sieht. Dasselbe dunkelbraune Haar, die gleiche Frisur, Statur, dieselben Denkerfalten und der grimmige Gesichtsausdruck.

Andererseits projiziere ich dem Typen das auf die Distanz hinweg wahrscheinlich nur ins Gesicht. Das *kann* überhaupt nicht Vince sein. Immerhin hat der offensichtlich ein Flugticket in der Hand und ist zum Verreisen hier. Nicht zum Verabschieden oder um sonst was zu tun. Also kann der Typ gleich doppelt nicht Vince sein, weil der schließlich noch mitten in seinem letzten Schuljahr steckt.

Seufzend drehe ich den Kopf wieder weg, verschränke die Arme vor der Brust und rutsche tiefer in den unbequemen Stuhl hinein. Meine Ma, die neben mir sitzt, hat das erbärmliche Geräusch natürlich gehört und sieht mich verwundert an. »Ist alles in Ordnung, Maxim? Ist dir schlecht?«

»Nee. Mir geht's gut.« So gut es mir eben gehen kann unter der Voraussetzung, ständig an Vince denken zu müssen und als Folge davon Halluzinationen zu bekommen. Vielleicht sollte ich was lesen, um mich abzulenken?

»Ach, was ich dir noch sagen wollte...«

Heilige Scheiße, nicht noch eine Du-wirst-ganz-bestimmt-schnell-Anschluss-finden-Rede, bitte.

»Ich wollte wirklich, dass dein Freund... Vincent... mit dir nach England fährt.«

Überrascht hebe ich den Kopf und sehe sie an. Gleichzeitig zucken meine Augen bei der bloßen Erwähnung seines Namens zu dem Double rüber, aber das ist inzwischen offensichtlich in der Menge

verschwunden, denn ich kann es nicht mehr entdecken.
»Ja, ehrlich«, lächelt sie als Reaktion auf meinen verdutzten Blick. »Ich muss mich – zugegeben – erst an den Gedanken gewöhnen, dass du... dass du...« Sie macht eine wegwerfende Handbewegung und legt anschließend ihre Hand liebevoll auf meinen Arm. »Aber wenn es so ist, dann ist es eben so«, umschifft sie das Thema etwas ungelenk. »Ich bin deine Mutter und ich kann es nicht ertragen, dich unglücklich zu sehen.« Sie streicht mir durch das frisch gestylte Haar, was ein leichtes Brummen meinerseits zur Folge hat.
»Das weiß ich doch, Ma«, murmle ich und streiche ein paar Strähnen wieder an Ort und Stelle zurecht.
»Und deinem Vater geht es genauso.« Sie zwinkert mir verschwörerisch zu. »Auch wenn er das nicht immer ganz so gut zeigen kann.«
Ich lächle sie an. »Auch das weiß ich.« Immerhin verstehe *ich* – im Gegensatz zu gewissen anderen Personen –, dass das Jobangebot für Vince tatsächlich nur aus dem einfachen Grund entstanden ist, weil mein Vater mich glücklich machen wollte.
Wenn der Riesenhornochse zu bescheuert ist, das anzunehmen, ist das seine eigene Schuld. Meiner Ansicht nach hätte er da ruhig mal über seinen Schatten springen können, ganz egal, ob ich seine Beweggründe durch Brittas Einführung in das Leben des einfachen Mannes nun besser nachvollziehen kann oder nicht.
Unvermittelt schnappt meine Mutter erschrocken nach Luft und verstärkt ihren Griff auf meinen Arm. »Maxim!«
»Was?«, will ich sofort hektisch wissen. Was ist denn jetzt wieder los? Habe ich was Falsches gesagt, getan, gemacht? Bekommt sie Kreislaufprobleme? Flugangst?
»Da drüben! Das... das ist doch... Vincent?«
Ach so. Ich entspanne mich wieder und löse ihre verkrampften Finger um meinen Arm, ohne ihrem Wink mit dem Kopf überhaupt zu folgen. »Nee, habe ich vorhin auch schon gedacht.«

»Aber...« Sie verstummt ratlos. »Na schön. Vielleicht erkundigt er sich nur nach irgendetwas. Er sieht so verwirrt aus, als wäre er noch nie geflogen.«

Was wiederum auf Vince zutreffen würde. Er ist noch nie geflogen.

Beinahe gegen meinen Willen sehe ich nun doch auf. Shit. Ich will nicht die ganze Zeit diese blöden Hoffnungsfetzen in mir drin haben. Das arme Double bekommt noch eine waschechte Herzattacke, wenn ich mich dem gleich verblendet an den Hals werfe.

Aber dass das Double ausgerechnet meinen Vater anquatscht, um nachzufragen, wie das hier alles läuft, beschert mir dann doch einen sehr großen Kloß im Hals. Vor allem, weil er das Handy gerade erst weggepackt haben dürfte.

Du meine Fresse! Das... das ist doch nicht wirklich... Vince?!

Mit einem Satz bin ich von den unbequemen Wartebänken aufgesprungen und marschiere schnellen Schrittes auf die beiden zu. Nicht zu schnell. Damit ich rechtzeitig umdrehen und auf die Toilette stürzen kann, falls er es doch nicht ist. Vor Britta heulen ist in Ordnung – in aller Öffentlichkeit jedoch eher weniger angebracht. Und so, wie mein Herz jetzt schon wieder vor unbändiger Vorfreude und überschwappenden Glücksgefühlen hämmert, wird das garantiert eine niemals endende Tränenflut werden.

Fuck, Maxi, reiß dich zusammen. Wahrscheinlich ist er es sowieso nicht. Er hat eine verdammte Tasche fürs Handgepäck dabei! Und ein Ticket!

Mein Vater entdeckt mich zuerst, dann dreht sich das Vince-Double – *heilige Scheiße*!

Wie vom Donner gerührt, bleibe ich fünf Meter von den beiden entfernt stehen, weil mein Herz plötzlich so heftig losbollert, dass mir kurz schwindelig wird und ich absolut keine Kontrolle mehr über gar nichts habe.

Für ein paar Millisekunden stürmen so unendlich viele Gefühle auf einmal auf mich ein, dass ich kurzzeitig absolut gar nichts mit ihnen anfangen und Vince nur anstarren kann.

Vince.

Er ist hier.

Mit Tasche.

Und Ticket.

Mein Vater tritt auf mich zu und klopft mir im Vorbeigehen kurz auf die Schulter, wobei er etwas widerwillig meint: »Ich lasse euch zwei mal allein.«

»Hm«, mache ich völlig perplex, rühre mich aber noch immer kein bisschen vom Fleck. Ich verstehe nur Bahnhof.

Eine Weile starrt Vince undurchschaubar zurück. Dann setzt er sich langsam in Bewegung, als er offensichtlich erkennt, dass ich zu einer Statue mutiert bin. Als er direkt vor mir steht, ändert sich das jedoch prompt.

Ich kriege weiche Knie und meine Haut fängt angenehm zu prickeln an. Ich möchte versonnen aufseufzen, mich in seine Arme werfen, ihn küssen, ihn spüren, ihn...

Shit! Wie peinlich ist das denn, bitte? Schalt mal dein Gehirn online, Maxi!

»Hey.«

Wow, Top-Begrüßung. Kann ich auch: »Hey.«

Schweigen. Wahnsinn. Könnte der aufhören, mich so anzusehen, und bitte etwas sagen? Ich bin immer derjenige, der zuerst die Klappe aufmacht! Ich finde, jetzt ist er mal an der Reihe. Kann mich ja nicht ständig darum kümmern, dass er der Welt seine Bedürfnisse mitteilt.

»Ganz schön groß, so ein Flughafen, was?«, murmelt er, als ich schon glaube, er ist im Stehen und mit offenen Augen eingeschlafen.

Wie bitte?! Das ist ja wohl nicht sein Ernst!

»Vince...« Genervt rolle ich mit den Augen.

»Ja, schon gut.« Besänftigend hebt er eine Hand. »Also... es tut mir Leid.«

Oh. Überrascht hebe ich die Augenbrauen an. So direkt hätte ich damit nicht gerechnet.
»Wie wir letztens auseinander gegangen sind... das war nicht okay. Aber ich war wütend, du warst wütend... und manchmal bist du so anstrengend.«
Ich schnaube abfällig. Mann, Hammerentschuldigung, wirklich!
»Vielen Dank«, knurre ich spöttisch.
»Du hast mich einfach nicht verstanden.«
»Du hast dir auch nicht die Mühe gemacht, es mir zu erklären.« Im Gegensatz zu Britta.
»In deinen Sturschädel geht ja nichts rein.«
Gegen meinen Willen zucken meine Mundwinkel etwas. »In deinen auch nicht.«
Ratlos zuckt er mit den Schultern. »Wahrscheinlich nicht.«
Wieder Schweigen. Shit, sollte uns einer beobachten, hält der uns bestimmt für verkappte Roboteridioten. Aber ich habe noch nichts von dem gehört, was ich eigentlich hören wollte. Okay, die Entschuldigung ist ein netter Anfang gewesen, aber eigentlich... eigentlich will ich ja was ganz anderes von ihm.
»Du fehlst mir, Maxi«, murmelt er schließlich leise.
Hart beiße ich die Zähne zusammen, damit mir nicht versehentlich dieselben Worte als Erwiderung darauf herausrutschen.
»Ich hab' jetzt schon zum zweiten Mal versucht, dich zu vergessen, aber das war noch schlimmer als beim ersten Mal. Ich... ich schätze, ich bin ziemlich verliebt in dich.«
Ich muss sehr an mich halten, um mich ihm nicht auf der Stelle an den Hals zu werfen. Hilfe, ist das süß, wie er das sagt. Obwohl ich förmlich *sehen* kann, wie er das vorher vor dem Badezimmerspiegel oder sonst wo geübt hat. Es fällt ihm keinesfalls leicht, das alles zu sagen.
»Und ich möchte... also, ich möchte bei dir sein, wenn das für dich okay ist.«
»Okay?«, rutscht mir heraus.
»Oh Mann, Vince!«

Ich werfe meine Zurückhaltung über Bord und mich ihm so heftig in die Arme, dass er einen Schritt zurücktaumelt, ehe er sein Gleichgewicht wiederfindet. Meine Arme schlingen sich ganz fest um ihn und ich vergrabe mein Gesicht tief in seiner Brust, obwohl mir etwas mit mehr Haut lieber wäre. Aber dafür bin ich zu klein und er zu groß.

Mit einem dumpfen Geräusch landet sein voll gestopfter Rucksack neben uns auf dem Boden, dann spüre ich, wie auch er seine Arme eng um mich legt und ganz dicht an sich heranzieht. Seine Nase vergräbt er in meinem strubbeligen Haar und ich bin mir beinahe sicher, dass er ein paar Mal tief einatmet.

»Ich hab' dich auch wahnsinnig vermisst«, nuschle ich gegen seinen Pullover. »Und nebenbei hab' ich dich verflucht, weil du ständig in meinem Kopf warst.«

Er sagt nichts dazu, sondern krault zärtlich meinen Nacken. Mhm, fehlt nicht mehr viel und ich schnurre.

»Britta hat versucht, mir zu erklären, warum du so ausgetickt bist. Ich finde es immer noch schwachsinnig, aber – *aber*« – ich halte ihn bestimmt fest, als er sich leicht versteift und ich befürchte, dass er sich von mir losmachen will – »ich versuche, das nachzuvollziehen. Und zu respektieren. Wenn wir es beide wirklich wollen, schaffen wir es auch zwei Jahre lang eine Fernbeziehung...«

Ich unterbreche mich selbst. Moment mal. Wir stehen ja auf dem Flughafen. Er mit Ticket und Tasche im Gepäck.

Ruckartig fahre ich zurück und starre ihn aus großen Augen an. »Vince, was... was machst du eigentlich hier? Ich meine, wir sind hier schon in der Wartehalle und du hast... ein Ticket.«

Er verzieht die Mundwinkel zu einem spöttischen Halbgrinsen. »An dir ist ein echter Detektiv verloren gegangen.«

Ungeduldig schlage ich ihm gegen den Oberarm. »Fuck, los! Sag schon! Du fliegst mit nach England? Wieso? Ich dachte, du... ich meine, du wolltest doch nicht... also...« Heilige Scheiße, ich bin ganz durcheinander.

Und als Vince dann auch noch anfängt zu lächeln, vergesse ich spontan, was Sprechen eigentlich bedeutet.

»Ich habe deinen Vater noch mal angerufen, nachdem ich von euch abgereist bin.«

»WAS?!«, entfährt es mir verdattert. Automatisch drehe ich den Kopf und halte nach meinem Vater Ausschau, der gerade irgendetwas mit meiner Mutter diskutiert. Und dieser miese Kerl hat es nicht für nötig gehalten, das mal kurz zu erwähnen! Shit! Hat der keine Augen im Kopf und nicht gesehen, wie ich auseinander gefallen bin, nachdem Vince weggegangen ist?! Blöder Arsch.

»Ich wollte, dass er mir die Kontaktdaten von der Firma gibt, weil ich mich alleine und vernünftig bei denen bewerben wollte. Natürlich ist mir klar, dass dein Vater auch dabei seine Finger im Spiel hat, sonst wäre das alles niemals so schnell gegangen – trotz Online-Bewerbung und allem. Und wahrscheinlich hätte ich ohne ein bisschen Hilfe auch gar keine Chance gehabt«, gesteht er etwas zerknirscht ein, »aber... mir geht es damit besser.«

Gut, dass er in dieser Hinsicht so einsichtig ist. Ich hätte ihm ungern seine kleine, heile Welt kaputt gemacht. Wobei es meinen Vater bestimmt nicht allzu viel gekostet hat, dem Unternehmen eine billige Arbeitskraft in Form eines Praktikanten aufzuschwatzen. Das hätte auch ein weniger hohes Tier geschafft.

»Jedenfalls habe ich dann einen Anruf von der Firma bekommen, was wohl nicht ganz so vorteilhaft für mich war. Ich habe gar nicht damit gerechnet, und dann auch noch auf Englisch telefonieren...« Er lässt den Satz unvollendet im Raum stehen und zückt stattdessen das Ticket. »Jetzt haben sie mich zu einem persönlichen Gespräch eingeladen, weil sie sich davon versprechen, mich besser kennenzulernen. Reisekosten gehen auf deren Konto. Und ich weiß, dass dein Vater auch dabei wahrscheinlich was gedreht hat, aber... wie schon gesagt: Es fühlt sich besser an.« Er macht eine kurze Pause. »Verstehst du das?«

Nein. »Ja«, lüge ich dennoch. Mir scheißegal, aus welchem Grund er mitfliegt, Hauptsache er tut es. »Und... und was heißt das jetzt

für uns?«
»Wenn ich Glück habe und die mir morgen zusagen, dann... bin ich nach dem Abi für ein Jahr Praktikant in der Marketingabteilung einer Londoner Kosmetikfirma.«
Ich spüre regelrecht, wie das Grinsen auf meinem Gesicht explodiert wie eine Supernova. Mit einem ziemlich peinlichen Jauchzen werfe ich die Arme erneut um Vince, dieses Mal jedoch, um ihn etwas zu mir herunterzuziehen und hungrig meine Lippen auf seine zu pressen. Keinen Schimmer, ob das angebracht ist oder ob wir da noch was klären müssen, aber in diesem Augenblick schreit alles in mir danach.
Zu meiner unendlichen Freude geht Vince sofort auf den Kuss ein, so dass ich mich als Antwort darauf auch noch begehrlich an ihn schmiege. Oh Gott, hat mir das gefehlt! Mein Herz bollert hektisch in meiner Brust vor sich hin und mein Gesicht wird vor lauter Glück ganz warm. Ach was, mein Gesicht! Mein ganzer Körper!
»Und sollte es klappen«, will Vince fortfahren, aber ich lasse ihn nicht, weil ich meine Hände rechts und links an sein Gesicht lege und ihn nicht mehr weglasse.
*Sollte* es klappen, pff! Natürlich wird das klappen. Praktikanten werden immer gesucht, dafür muss man nicht mal sonderlich qualifiziert sein. Und gibt's dann noch einen kleinen Schubser von meinem Vater hinterher...!
Du meine Fresse, Vince ist in einem halben Jahr bei mir in England!
»Dann...« Vince' Hände legen sich um meine, um sie von seinem Gesicht wegzuziehen.
»Nicht reden. Küssen.« Schade, dass wir mitten auf dem beschissenen Flughafen stehen. Wenn wir so weiter machen, reicht mir Küssen gleich nicht mehr.
Mit Nachdruck löst er meine Hände und richtet sich aufrecht auf. Außerhalb meiner Reichweite.
»Ey!«
»Dann werde ich dein Fahrrad verkaufen müssen.«

»Hä?«
»Das Fahrrad. Mit deiner kindischen Notiz dran.«
»Die war nicht kindisch, sondern Ausdruck meiner inneren Verletztheit.«
»Sag ich ja. Kindisch.«
Unwillig verziehe ich die Mundwinkel, verkneife mir aber ein unfreundliches Schimpfwort. »Warum?«
»Weil ich von dem Praktikantengehalt allein kein möbliertes Zimmer mieten und davon leben kann. Und wenn das Geld aufgebraucht ist, suche ich mir noch einen Nebenjob. Schlimm?«
»Dass du dir einen Nebenjob suchst?« Unsinn, wie soll er es sonst hinbekommen, wenn er sich von meinem Vater nicht aushelfen lassen will? Aber damit fühlt er sich wahrscheinlich auch *besser*.
»Dass ich dein Fahrrad gleich wieder verkaufe.«
»Quatsch.« Ich schüttle heftig den Kopf. Die Frage kann ja wohl nicht ernst gemeint gewesen sein. »Ich habe eh damit gerechnet, dass du's verkaufst, das Geld einstreichst und dir eine gebrauchte Rostlaube für zwanzig Euro kaufst.«
Er grinst. »Du kennst mich gut.«
Ich grinse zurück. »Das liegt daran, weil ich dich liebe«, säusle ich verführerisch und stelle mich mit gespitzten Lippen einladend auf die Zehenspitzen. Ein bisschen muss er mir aber dennoch entgegenkommen.
»Hm.« Er legt seinen Mund kurz auf meinen, ohne das Ganze zu vertiefen. »Ich dich auch«, flüstert er dann so leise, dass es im allgemeinen Wartehallenlärm beinahe untergegangen wäre.
Mein Herz macht einen gewagten Bungeejump bis hinunter in meine Fußspitzen, um dann hoch in meinen Hals zu sausen, wo es mir beinahe die Luftzufuhr abschneidet. »Echt?«, japse ich atemlos.
»Nee, unecht«, grinst Vince mich an und küsst mich dann noch mal richtig, so dass bei mir im Kopf alle Lichter ausgehen.
So ineinander verschlungen, hätte ich ohne Probleme noch zwei Ewigkeiten stehen bleiben können, aber mein Vater macht uns

irgendwann grimmig darauf aufmerksam, dass wir hier mitten in der Flughafenhalle rausstechen wie ein bunter Hund und ob wir uns denn nicht etwas am Riemen reißen könnten?
Um ehrlich zu sein: Nein.
Aber da wir noch alle Zeit der Welt vor uns haben, tun wir ihm den Gefallen.